I volti della storia

220

Titolo originale: *The Flight of the Patriot*


Traduzione dall'inglese di Nello Giugliano

Prima edizione: febbraio 2012

Roma, Casella postale 6214

ISBN 978-88-541-3336-5

www.newtoncompton.com

Realizzazione a cura di Il Paragrafo, Udine - www.paragrafo.it
Stampato nel febbraio 2012 presso Puntoweb s.r.l., Ariccia (Roma)
su carta prodotta con cellulose senza cloro gas provenienti
da foreste controllate, nel rispetto delle normative ambientali vigenti.

Yadi Sharifirad

# L'amore ai tempi della rivoluzione

In Iran, uno dei regimi più repressivi al mondo,
un uomo lotta disperatamente per la libertà

Newton Compton editori

*Dedico questo libro a mia moglie Akram e ai nostri tre figli, Shahram, Shahrokh e Mahrokh. Ai miei amici turchi Maksüt Demir e alla sua famiglia, e soprattutto alla memoria del defunto Emel Demir, spentosi nel 1999: furono loro a salvarmi in Turchia; e ad Ahmet Ergönen e alla sua famiglia, per l'aiuto e il sostegno incondizionati che mi hanno offerto mentre mi trovavo nel loro splendido paese.*

ROTTA DELLA FUGA
UZBEKISTAN
GEORGIA
ARMENIA
AZERBAIGIAN
mar Caspio
TURKMENISTAN
Dogubayazit
Jolfa
Maako
Marand
Tabriz
TURCHIA
Bostan Abad
lago di Urmia
Miyneh
MONTE ALBORZ
Zanjan
Taleqan
Qazvin
Teheran
DESERTO DASHT-E KAVIR
Lago Salato
Qom
AFGHANISTAN
IRAQ
I R A N
KUWAIT
ARABIA SAUDITA
golfo Persico
QATAR
N
EMIRATI ARABI UNITI
golfo di Oman
0
500 Km
OMAN

# All'ombra della forca

*Di nuovo in volo! In alto sopra le colline della mia gioventù, in volo sopra le terme, è come stare nella mano di Dio! Ora sono a terra, piccolo, spaventato: una lepre! D'un tratto sono la preda, il cuore mi batte all'impazzata mentre fuggo a perdifiato dall'ombra del predatore che oscura il sole. Da un momento all'altro verrò trafitto dagli artigli e portato via dalla faccia della Terra. Corri, Sharifi, corri...*

«Numero 109! Mettiti la benda!».

*Maadar jen!* Figlio di puttana! Quante volte è successo? Svegliato dalla guardia per affrontare un incubo peggiore di qualsiasi cosa io abbia mai sognato.

**Teheran, Iran (inizi di aprile 1988)**

Novantatré giorni dal mio arresto. Un'altra linea incisa con le unghie sul muro della cella, uno spazio non più ampio di una tomba, e quasi altrettanto buio. Con le guardie non avevamo ancora raggiunto un accordo circa i miei crimini, il che forse spiegava perché fossi ancora vivo e potessi incidere quelle linee e sognare. Cominciava a essere così difficile rammentare la mia vita precedente fuori da quelle mura che non ero neanche più sicuro di crederci. Gli ultimi ricordi ad abbandonarmi furono quelli più vecchi, di quando da ragazzo correvo dietro ai conigli e sognavo di essere un'aquila. Questo spiegava i sogni. Le aquile mi ricordavano le tante volte che avevo rischiato la vita per il mio paese. Ma a che pro? Che fine avevo fatto. In un labirinto sotterraneo. Senza neanche più un nome.

«Numero 109!».

Spesso era "Hadji", pellegrino, per ribadire che ero destinato a un viaggio verso l'altro mondo, una volta che fossero riusciti a strapparmi una confessione con la tortura. La cosa peggiore in quelle notti infinite era ascoltare i pianti e le urla di altri che, come me, si rifiutavano di inventare bugie per salvarsi la vita. Quelle voci, coraggiose all'inizio, col tempo intonavano solo richieste di pietà. L'unica risposta che abbia mai sentito era il secco schiocco della fune della forca o la raffica di colpi del plotone d'esecuzione. Ognuno di quei proiettili significava un padre o una madre in meno, un fratello o una sorella, genitori sottratti ai figli, figli strappati ai loro familiari. Chi in Iran avrebbe potuto immaginare una cosa del genere? Un governo che distrugge la sua stessa società. Che distrugge non solo l'amore, ma il pensiero. Immaginate che vi venga negato il diritto di credere in ciò in cui credete, di pensare ciò che pensate. Immaginate che il sole si spenga per sempre, insieme a qualsiasi speranza di un futuro che non sia fatto di un'oscurità ancora più triste e profonda. Immaginate di non conoscere altro che la paura fino al giorno in cui sentite quel tono speciale nella voce della guardia quando urla il vostro numero: «109!». Finalmente il sollievo, benedetto, terrificante. E comincia quell'ultima passeggiata nella notte. Ricordo. Eravamo in tre, uno accanto all'altro, le mani legate dietro la schiena, il cappio infilato in testa. I miei due tristi compagni, andarono loro per primi. Li vidi dibattersi appesi a una fune, una reazione frenetica e istintiva contro una fine urlata in maniera irrevocabile dalla ciabatta che scivolò da un piede morto sul freddo terreno sottostante. In quel momento, qualcosa dentro di me si rifiutò di morire.

«Non potete impiccarmi», ordinai. «Sono un ufficiale. Ho il diritto di essere giustiziato da un plotone d'esecuzione».

«Come preferisci, Hadji», fu la risposta annoiata. «Domani».

Quella notte, mentre me ne stavo steso sul freddo pavimento della cella, l'ombra della Morte ricadde su di me, invadendo cuore e anima, scacciando l'ultimo fantasma di una tenue speranza per il giorno successivo.

# 1
# Aquile

Sono nato in un villaggio sulle colline dell'Iran settentrionale. I miei antenati avevano coltivato un albero genealogico con radici che traevano nutrimento dalle caratteristiche del popolo persiano: forza, pazienza e compassione. Famiglie orgogliose come la nostra vivevano libere in una striscia di villaggi lungo il fiume Shahroud, pascolando le pecore e coltivando orzo e frumento. Avevamo figli che avrebbero avuto altri figli per badare ad altre pecore, e così sin dai tempi di Ciro il Grande, duemilacinquecento anni prima.

Dalla mia famiglia ho imparato lealtà e amore, onore e dovere. Ma nella natura ho scoperto l'immaginazione. Le brulle colline dietro il nostro villaggio erano la fonte di quelle aquile magiche. Non mi stancavo mai di guardarle volteggiare sopra la vallata, spingendomi persino sulla vetta più alta visibile dal villaggio per esser più vicino a loro. Un ragazzino in cima al mondo, che guardava in basso verso il pastore col suo cane, mentre le pecore brucavano i ciuffi d'erba più fresca che la stagione aveva da offrire. Ogni volta che guardavo quelle colline, i tumulti di fiori di campo o le migliaia di sfumature di verde, tutto era un'estensione di me stesso, tutto derivava dalla mia felicità. Il mio fiume felice serpeggiava dalle montagne a est per nutrire la nostra valle, poi proseguiva il suo cammino verso l'Occidente e il mondo oltre quell'azzurra foschia, del quale io non sapevo assolutamente nulla. Quanto alle aquile, erano una parte di me ancora più profonda, come una religione.

Un giorno, un coniglio mi fece trasalire balzando fuori dai cespugli. Lo guardai correre verso il profilo della collina finché il pastore urlò e il cane abbaiò e si lanciò all'inseguimento. Il coniglio tagliò su per la collina, ma quel cane era qualcosa di straordinario e capii che non ci sarebbe stata gara se il coniglio non avesse trovato una buca in cui nascondersi, e in fretta. Un'ombra increspò il fianco della collina e io alzai lo sguardo in tempo per vedere un'aquila ripiegare le ali e arrendersi alla gravità; in un batter d'occhio il rapace afferrò il coniglio risolvendo ogni suo dilemma, e poi risalì di nuovo con quella palla di pelo tra gli artigli. Il cane si fermò e guaì, cercando di capacitarsi del fatto che la sua preda stava diventando un puntolino in un'azzurra distesa di cielo. Il pastore puntò il bastone e imprecò, non so bene se contro l'aquila o il suo cane.

"Povero coniglio", pensai. Ma non per molto. Ero troppo preso dall'ammirazione per la velocità e il tempismo dell'aquila per provare pena per il coniglio. Quell'uccello predatore mi fece sentire un brivido lungo la schiena, e immagino che il cane abbia sperimentato la stessa brama, poiché avevamo assistito a un gesto che non era di questo mondo. Ciò che l'aquila aveva lo volevo anch'io, e in quel giorno si decise il mio futuro.

Avrei volato.

Nel bene e nel male. E li conobbi entrambi.

Devo ringraziare mio padre che rese possibile tutto. Prima mi mandò a Gooran, un villaggio a circa quattro chilometri di distanza, poi a Teheran, la capitale dell'Iran, alla Pahlavi, la scuola che mi fece conoscere il gran mondo. Presto fui adolescente, con il sogno di diventare ufficiale e pilota. Ma la morte di mio padre, nel settembre del 1968, mi mise d'un tratto sulle spalle la responsabilità della famiglia: mia madre, Ozra; le mie tre sorelle, Mahin, Shahin, Nasrin; e il mio fratellino, Hormatollah (soprannominato Akbar). Il dolore rimase a lungo con me perché mio padre era come un amico, uno che spesso mi faceva ridere. L'ultima volta che lo vidi, invece, non fu affatto divertente. Tornai nella nostra casa di famiglia al villaggio di Taleghan e lo trovai malato di un cancro al cervello che aveva spento la parte destra del suo corpo. Mi strinse con la mano sinistra, gli occhi fissi al soffitto, mentre mi diceva che stava per morire.

«Oggi o domani», disse. «Nessuno può farci niente. Non posso parlare molto, solo dirti che vorrei sopravvivere fino al tuo matrimonio. Mi piacerebbe tanto conoscere i tuoi figli. Ma, come puoi vedere, Dio ha altri piani per noi due. Vuole che tu diventi un giovane responsabile. So che per te non sarà facile essere l'uomo di famiglia, ma ora dovrai badare a tua madre, alle tue sorelle e a tuo fratello».

Andò così, il mio ultimo incontro con mio padre. Mi spinse via la mano e non disse altro. Si spense di lì a poco, ma io avevo già lasciato il villaggio. Mio padre, morto all'età di quarantotto anni. Venne sepolto due giorni dopo, e io non ero lì per l'estremo saluto.

Due anni dopo, entrai nell'accademia dell'aeronautica. Non ero un guerrafondaio, in realtà amavo la pace. La guerra per me non aveva senso; era un concetto arcaico. I soldati finivano ammazzati o feriti, e non c'era nulla di più lontano dalla mia mente. No, io non pensavo affatto alla guerra, volevo solo diventare un pilota e volare come le aquile sopra il mio villaggio. E ci riuscii: a ventisei anni facevo la guardia ai cieli della mia madrepatria.

All'accademia fecero del loro meglio per trasformarmi in una macchina da guerra. Io non opposi resistenza, ma conservai la presenza di spirito sufficiente a evitare che il loro lavaggio del cervello arrivasse troppo a fondo. Avevo la testa tra le nuvole, era quello il suo posto. Non mi interessava la politica, e nutrivo ancor meno entusiasmo per la violenza generata dalla politica. L'addestramento era uno sport estremo nel quale non persi mai la fede, neppure quando facevo delle sciocchezze come dimenticare di far uscire il carrello prima di atterrare o entrare nelle rotte aeree prima di chiamare la torre di controllo. Questi errori mi facevano sembrare un perfetto idiota, e per lo più capitavano quando volavo coi miei istruttori. Non ero attratto nemmeno dal successo, e questo lo devo alla gioventù trascorsa nel villaggio, dove non dovevo mai scusarmi se avevo dei princìpi morali, rispettavo sempre gli altri prima di esigere il loro rispetto e cercavo di non allontanarmi mai troppo dalla retta via. Immagino apparissi come un tipo vecchio stampo.

L'addestramento aveva modi speciali per umiliare i cadetti, ma io non pensai mai di arrendermi, nemmeno dopo alcuni voli iniziali che spinsero gli istruttori a mettere in discussione la mia scelta di diventare pilota. Perseverai finché non ottenni il brevetto e passai ai jet e ai voli in solitaria, alla velocità del suono. Ricordo quando atterravo e uscivo dalla cabina di pilotaggio e rimettevo piede sulla terraferma: mai in vita mia mi sono sentito più orgoglioso di me stesso.

In quegli anni fui benedetto dal dono più grande che un essere umano possa ricevere. Si chiama "entusiasmo". Poi, in seguito, fu la "buona sorte" ad arricchire la mia vita, e mi ritrovai in effetti più ricco di quanto avessi mai immaginato, e non solo di denaro ma del rispetto degli altri ufficiali e dell'amore della mia famiglia. Tuttavia, nell'emozione dell'addestramento, forse dimenticavo che era soprattutto la libertà a rendermi ricco. E avrei dovuto perderla per saperla apprezzare davvero. È una vecchia storia, "non ti rendi conto di quello che hai finché non lo perdi". Persi la libertà insieme a tutto il resto quando la rivoluzione islamica vide tornare l'ayatollah Ruhollah Khomeini in Iran nel 1979, dopo quindici anni di esilio. All'epoca, la gente lo elogiava perché, mettendo fine alla povertà ed elargendo senza distinzioni amore, libertà, misericordia, perdono e armonia alla vita della nazione, aveva portato in Iran una forma di islamismo più pura, dove *pura* significava davvero "genuina". La rivoluzione diventò una scusa per ignorare gli insegnamenti compassionevoli del Corano e poter mietere una vendetta che divenne un'ondata di massacri indiscriminati. Io la vidi come una ritorsione contro chiunque fosse stato un patriota ai tempi dello scià Muhammad Reza Pahlavi. Nessun gruppo fu "epurato" più a fondo dei membri delle forze armate, i piloti in particolare, dal momento che avevamo la reputazione di "ragazzi del bel mondo". Tanto in basso erano cadute le aquile!

Nella mia tomba, non avevo molto altro da fare che chiedermi come fosse successo. Perché gli iraniani avevano permesso che la nazione finisse in mano a quella gente? Come poteva un gruppo di persone dirci cosa indossare, come comportarci, cosa pensare? I dissidenti venivano rapidamente sistemati, le voci zittite dietro mura di pietra o all'estremità di una corda sospesa nei luoghi pubblici. Avevamo mai visto un simile abuso di potere? Purtroppo, sì. Tutti sapevano della SAVAK, la polizia segreta dello scià. Lo scià era stato senz'altro paranoico, ma l'ayatollah Khomeini si spinse a tutt'altro livello. Ci riportò indietro agli anni bui. Ecco cosa produce il fanatismo, un'ideologia figlia dell'ignoranza. Sopprimi tutti quelli che non condividono le tue perversioni, li torturi e li uccidi nel nome di Dio, rifiutando in modo assoluto la compassione sottesa a tutte le grandi religioni, incluso l'Islam. Allora perché abbiamo permesso che accadesse? Quale strana ipnosi ci rese ciechi alle intenzioni di quei fanatici? Dopo tutto, la rivoluzione non si presentò con un'invasione violenta, non arrivò sotto le spoglie di un'orda di barbari a cavallo. Fu assai più spaventosa. La attuarono gli ayatollah, i capi religiosi sciiti, guidati da Ruhollah Khomeini. Un tempo essi erano le figure più compassionevoli, devote e rispettate del paese, soprattutto tra i loro fedeli. Dopo che ebbero stretto la politica iraniana in una morsa di ferro, si trasformarono in una banda di criminali.

Vi racconterò come accadde.

# 2
# Una piccola lezione di storia

Noi persiani la sappiamo lunga sulle invasioni, a cominciare da quelle degli assiri e dei babilonesi. Per lungo tempo siamo stati spettatori mentre la nostra nazione cambiava forma intorno a noi. Più di recente, il ruolo dei conquistatori è stato interpretato dai russi, dagli inglesi e infine dagli americani. Attratti dalla posizione strategica dell'Iran nel Medio Oriente – per non parlare delle nostre risorse naturali – questi stranieri hanno ripetutamente alterato il corso della nostra storia, il che spiega come mai all'inizio gli iraniani furono tanto entusiasti della rivoluzione islamica.

Nei primi anni del XX secolo, l'Iran viveva sotto una specie di monarchia costituzionale, essendosi liberato dell'arcaica nozione dello scià come "ombra di Dio sulla terra". Le speranze di poter davvero manovrare la nostra nave furono spazzate via dall'accordo anglo-russo del 1907, che divise l'Iran in tre zone. Ne fummo tutti scandalizzati, a eccezione dei seguaci dello scià. I nazionalisti continuarono a rivendicare l'indipendenza, arrivando addirittura a riconquistare brevemente Teheran nel 1916, ma furono brutalmente repressi dalle forze inglesi e russe che occuparono il paese fino alla fine della prima guerra mondiale. Gli inglesi continuarono a usare l'Iran come banco di prova per l'Armata bianca dei russi in esilio e per gli attacchi contro i bolscevichi. Difendevano anche i loro interessi nella Anglo-Persian Oil Company (oggi British Petroleum). Il petrolio dell'Iran avrebbe potuto alimentare l'impero britannico in eterno, se solo avessero stabilizzato la situazione politica. L'Iran aveva bisogno di un leader carismatico. Ed ecco arrivare un giovane ufficiale cosacco di nome Reza Khan il quale, con l'appoggio inglese, organizzò un colpo di stato nel 1921. Niente più Assemblea nazionale. Nel 1925 Reza Khan Pahlavi fu proclamato scià, e suo figlio, Muhammad Reza Pahlavi, divenne principe della corona ed erede al trono.

Reza Khan tentò un vasta ristrutturazione nazionale. Vennero commissionati grandi progetti per le infrastrutture. Fu riformato il sistema giudiziario, e anche quello sanitario e quello dell'istruzione primaria. Viaggiare all'estero per l'istruzione superiore divenne di moda, e tutto questo favorì la nascita di una borghesia di professionisti. Vennero introdotte regole secolari per l'abbigliamento, in stile occidentale per gli uomini, mentre alle donne fu vietato di indossare il chador, il velo per coprirsi i capelli e il corpo. I mullah, i leader religiosi, videro in tutto ciò un attacco diretto contro l'Islam.

Anche se si era indebitato con l'Inghilterra per il progresso dell'Iran, lo scià si rivolse alla Germania e ad altre nazioni europee affinché lo assistessero nella realizzazione di altri grandi progetti. Ma con lo scoppio della seconda guerra mondiale, la Gran Bretagna pretese l'espulsione di tutti i tedeschi. Reza rifiutò e dichiarò l'Iran neutrale. In quanto alleati postbellici, inglesi e sovietici invasero l'Iran il 25 agosto 1941, arrestarono lo scià e lo mandarono in esilio. Quando gli americani si unirono alle forze di occupazione, diventammo un paese neutrale sotto il giogo di tre eserciti stranieri. Muhammad Reza Pahlavi, figlio dell'esiliato Reza Khan, venne insediato come nuovo (e più collaborativo) scià dell'Iran.

Muhammad Reza Pahlavi si trovò subito a dover lottare per il controllo del governo contro il popolare leader dei nazionalisti, Muhammad Mossadeq, che fu eletto primo ministro nel 1951. Mossadeq divenne subito un eroe per aver nazionalizzato l'industria del petrolio di proprietà inglese. Com'era prevedibile, la stampa estera lo accusò di essere una minaccia per la pace mondiale, il che portò a una resa dei conti al Consiglio di sicurezza delle Nazioni Unite, dove l'8 ottobre 1951 Mossadeq tenne un discorso vincente, e tornò in patria da eroe ancor più celebrato. C'era da aspettarsi che Inghilterra e Stati Uniti avrebbero appoggiato una democrazia emergente come l'Iran, ma tale idea si sarebbe rivelata estremamente ingenua.

Evidentemente Muhammad Reza Pahlavi non fu capace di reggere la tensione, poiché lasciò il paese il 16 agosto 1953. Il giorno seguente, scoprimmo con stupore che avevamo come nuovo primo ministro il generale Zahedi. A quanto pare, prima di fuggire, lo scià aveva siglato dei decreti che congedavano Mossadeq e designavano Zahedi come suo successore. La CIA rese pubbliche le foto della firma. I nazionalisti protestarono, ma dopo una sanguinosa battaglia per le strade di Teheran, Mossadeq venne arrestato il 19 agosto 1953. Gli inglesi, appoggiati dai loro compari americani, erano ancora una volta al comando, e Muhammad Reza Pahlavi tornò in Iran il 22 agosto 1953.

Lo scià proseguì le riforme sociali avviate dal padre. I contadini divennero proprietari terrieri, sorsero le prime fabbriche e furono costruite strade, dighe e ferrovie. L'assistenza sanitaria migliorò, e una generazione di analfabeti si istruì. La città di Teheran assunse un aspetto occidentale, con tutti i crismi, dai negozi di alcolici ai cinema, alle boutique d'alta moda. Nel 1971 lo scià spese cento milioni di dollari per celebrare i duemilacinquecento anni dell'impero persiano (e per dare gloria al proprio regno). Il mondo intero se ne accorse. Fu allora che i mullah cominciarono a criticarlo apertamente. Dal suo esilio, Khomeini denunciò lo scià come "nemico dell'Islam".

Mentre i petroldollari permettevano allo scià di continuare a spendere, il suo operato sembrava per lo più stravagante e inutile rispetto ai bisogni del paese. L'inflazione e le disparità economiche stavano causando un risentimento così diffuso che nel 1975 lo scià instaurò un regime monopartitico. La SAVAK, la polizia segreta, sedò ogni dissenso politico. Il presidente degli Stati Uniti Jimmy Carter ammonì lo scià affinché non sopprimesse le libertà civili. Con l'allentarsi della censura sulla stampa, lo scià cominciò a essere visto meno come un Dio e più come un semplice mortale. Il presidente Carter gli fece visita nel 1977, nella speranza di ridare lustro alla sua figura, congratulandosi per la «grande leadership» e riconoscendogli il merito di aver fatto dell'Iran un'«isola di stabilità» in una «problematica regione del mondo». Poi, il 7 gennaio 1977, l'ayatollah Khomeini fu denunciato a mezzo stampa, il che portò a una reazione violenta che culminò nell'uccisione di decine di persone, tra le quali molti mullah. Quello fu il punto di rottura.

I fondamentalisti reagirono, devastando tutti i simboli di occidentalizzazione che riuscivano a trovare: banche estere, cinema, alberghi di lusso. Lo scià introdusse la legge marziale, e questo portò ad altri spargimenti di sangue, che non solo alimentarono le proteste in tutto il paese, ma spinsero l'ayatollah Khomeini a chiedere il rovesciamento della monarchia iraniana. Dal suo esilio a Parigi comparve in televisione sulla BBC promettendo agli iraniani un governo che avrebbe abbracciato il Corano. Garantì libertà politica e religiosa, e benefici per i poveri della nazione: affitto, benzina, corrente elettrica, persino trasporti pubblici, tutto gratis. Lo scià doveva reagire, e lo fece, apparendo a sua volta in televisione: con voce rotta dichiarò che comprendeva il «messaggio rivoluzionario» che veniva dal popolo, e lo appoggiava, e disse che era pronto a fare ammenda per gli errori commessi. Apparve come il classico caso di una promessa troppo esigua arrivata troppo tardi. La monarchia era finita, lo capii, e nel mio cuore dissi addio alla dinastia Pahlavi.

Perdonatemi questa lezione di storia. Quando stavo in prigione, mi accadeva di passare ore infinite a rivangare il passato. Forse cercavo di fuggire dalla parte finale della mia vita. Tornare indietro fino ai tempi antichi, ai giorni dei grandi poeti e al regno illuminato di Ciro il Grande, sarebbe stato meraviglioso. Questi sogni a occhi aperti erano la mia ultima difesa contro la puzza di morte di quella prigione, contro la disperazione che mi piombava addosso non appena cominciavo a provare pena per me stesso.

Dovevo continuare a rammentarmi chi ero.

# 3
# Niente bicchiere di sakè

Al tempo in cui l'ayatollah Khomeini fece ritorno in Iran, io ero comandante di squadriglia. Non passò molto prima che ci venisse chiesto di fare il lavoro sporco, combattendo la sua personale battaglia contro Saddam Hussein, il vicino della porta accanto in Iraq. Il mio addestramento di pilota da guerra venne messo duramente alla prova contro quel pazzo. Come piloti, ci dimostrammo più che utili in modo assai teatrale, e queste avventure ci esaltavano, lo ammetto. Ma ogni volta che riportavo a casa il mio F-5E Tiger II dopo aver condotto a termine una missione, riflettevo sui tanti amici le cui vite erano state spazzate via non da un onesto missile iracheno che esplodeva nel motore, ma dai plotoni d'esecuzione del nostro glorioso governo rivoluzionario. Quale crimine avevamo commesso? In passato avevamo giurato fedeltà allo scià. Ovviamente! Era la sua aeronautica. I jet li aveva comprati lui, e lui ci aveva mandato negli Stati Uniti per l'addestramento. Ma questo era il passato, e il presente nuovo di zecca era la rivoluzione islamica. E noi ora come allora vivevamo nel presente, ed eravamo sempre pronti a decollare senza il minimo preavviso per respingere ogni invasore. Per una sorta di triste ironia, l'aspettativa di vita dei piloti iraniani cresceva proporzionalmente ai colpi che ci venivano sferrati dai nostri nemici mortali a Baghdad. Più Khomeini aveva bisogno di noi per respingere Saddam, più tempo ci veniva concesso.

Stretti fra il diavolo da una parte e la profonda e amara sfiducia che Khomeini nutriva per la natura umana dall'altra, noi piloti amavamo e allo stesso tempo detestavamo quella guerra. Chissà come, riuscii a sopravvivere a missioni che assomigliavano sempre di più a un suicidio. Cominciai a sospettare che il loro vero scopo fosse soltanto ammazzarmi. Era la distorta versione khomeinista degli onorevoli kamikaze del passato. Solo che per noi non c'era alcun rituale bicchiere di sakè, nessuna parola d'addio ai nostri cari, nessun saluto alla bandiera o al sole nascente, che non avremmo mai più rivisto. Con le spalle al muro, non avevamo alternative se non quella di continuare a compiere il nostro dovere e sperare che tale patriottismo risplendesse abbastanza da spingere il regime a perdonarci per aver volato per lo scià, concedendoci quindi il diritto di continuare a difendere il paese. Ma immagino che loro non la vedessero così. E fu colpa mia se mi lasciai abbindolare al punto da credere che fosse possibile vivere da uomo libero nel pieno di una rivoluzione fondamentalista.

Più sfidavo la morte, più diventavo una macchina da guerra. Un giorno, tuttavia, Dio deve aver pensato che stava investendo una quantità spropositata di tempo per tener vivo questo pilota pazzo. Ero di ritorno da una missione quando mi ritrovai impegnato in uno scontro a fuoco con dei MiG iracheni. Ne abbattei due, ma il terzo mi colpì. Volavo a centinaia di miglia l'ora, e dovetti espellermi dalla cabina di pilotaggio. Sarei dovuto morire. Forse era questo il mio destino – e di sicuro ci andai molto vicino – perché da quel momento in poi la mia vita prese tante di quelle pieghe bizzarre che mi convinsi che Dio stava improvvisando. Ero ridotto a uno straccio insanguinato gettato in territorio nemico: potremmo chiamarla la fine della mia innocenza. Non esisteva momento migliore per rendermi conto di quanto quei cieli fossero importanti per me. Sapendo in quale prigione si era trasformato l'Iran, l'azzurro infinito lassù non era solo un simbolo di libertà, era la mia unica libertà.

Mentre vivevo la mia esperienza religiosa (in uno stato di paralisi totale), mi trovarono i curdi iracheni. Questo fu il primo miracolo. Erano ribelli, combattenti per la libertà consapevoli che avevamo un nemico comune. Mi nascosero nei loro ranghi, e dopo un mese di cammino tra le montagne, mi liberarono sul confine iraniano. Nel darmi il bentornato alla vita, il comandante della mia base, il colonnello Farzaneh, mi salutò come eroe degli eroi, un "martire vivente". Sembrava impossibile, ma immagino fosse vero visto che mi avevano già pianto dandomi ufficialmente per morto. La stampa non ne ha mai abbastanza di eroi, e lo stesso vale per gli ingranaggi della propaganda politica. Fui portato al cospetto dell'ayatollah Khomeini a Jamaran, la sua residenza situata nella zona settentrionale di Teheran, e festeggiato come giovane simbolo per le forze armate. Poco dopo, scrissi la storia del mio incidente e di come fossi riuscito a sopravvivere contro ogni aspettativa. *Crash on the 40$^{th}$ Mission* fu pubblicato e in pochi giorni andò esaurito. A quel punto, mi era stata assegnata la prestigiosa carica di addetto militare in Pakistan, a Islamabad. Contemporaneamente, l'industria del cinema si mise al lavoro per l'adattamento cinematografico del mio libro, e la loro megaproduzione prese il titolo di *Eagles*, "Aquile". Molto appropriato! Ma io non ero a Teheran per potermi godere la celebrità. Il governo rivoluzionario non voleva che un altro arrogante pilota dell'aeronautica si crogiolasse nella gloria.

Il mio soggiorno in Pakistan durò tre anni, dal 1983 al 1986, poi mi fu richiesto di tornare in Iran. E quando fui di nuovo a Teheran appresi con grande stupore che la Guardia rivoluzionaria di Khomeini stava ancora epurando il paese da coloro che erano rimasti fedeli allo scià. Ma io ero un addetto militare e un ex eroe di guerra, quasi un'icona della cultura popolare; di sicuro ero al di sopra di ogni sospetto. Nella mia mente, ancora volavo in cielo con le aquile della mia giovinezza. Almeno fino al mattino del 30 dicembre 1987, quando salutai con un bacio mia moglie e i nostri tre figli e andai al lavoro.

Era molto presto, e quindi in giro c'eravamo soprattutto noi militari. Ero a piedi, e ricordo che faceva un gran freddo, ma io adoravo camminare. L'ora di punta era di là da venire, le serrande dei negozi erano ancora abbassate, e le stelle splendevano nel cielo freddo.

Alla fine del viale sarei sbucato sulla strada principale, ma prima che vi arrivassi una macchina mi si accostò. Ne scese un ragazzo. Era di bell'aspetto, con la barba curata.

«È lei il colonnello Sharifirad?», mi chiese.

Indossavo l'uniforme da pilota, con le mostrine che lo guardavano dritto in faccia. «Sono io».

«Vorrei scambiare due parole con lei». Era educato, ma vidi l'antenna di un walkie-talkie che gli sporgeva da sotto la giacca. «Solo qualche domanda», disse, scendendo dal marciapiede.

«Che tipo di domanda?», chiesi. «Lei chi è?»

«Le spiegheremo ogni cosa, colonnello, se solo vorrà salire in macchina».

Tutta quella cortesia cominciò a sembrarmi stranamente familiare, come se l'avessi già vista in sogno o in un film. Mi insospettii? Sì, certo. Ero innocente in tutto e per tutto? Sì, assolutamente. Ero un eroe nazionale.

Feci come mi aveva chiesto. Salii in macchina.

# 4
# Un terribile sbaglio

«Abbiamo arrestato il soggetto». L'autista parlava al cellulare. «Ci dirigiamo verso il ponte Gisha, passo».

Come temevo. Ma ero in ansia? Neanche un po'. La mia autostima era incrollabile. Un uomo è innocente fino a prova contraria, non è così? E io ero del tutto innocente. Uno stupido sbaglio, si trattava solo di questo. Non c'era assolutamente nulla di cui preoccuparsi. Ero entrato di mia spontanea volontà in quell'auto, un atto di libero arbitrio. Esisteva una prova più grande che dimostrasse la mia innocenza? Ecco quanto ero catastroficamente ingenuo.

«Voglio sapere dove stiamo andando», dissi.

Mi ignorarono finché non ci fermammo sotto il ponte, dove ci raggiunse un'altra auto e venni trasferito sul sedile posteriore.

«Farò tardi al lavoro», protestai.

«Non si preoccupi. La accompagneremo noi». Nel frattempo venni bendato, e all'improvviso non era più una cosa da niente. «Si metta questo», mi disse l'uomo, passandomi un giubbotto che copriva le mie mostrine. Quindi: «Si stenda, con la testa tra le ginocchia».

Quando la macchina si mise in moto e cominciò a muoversi, ricordai con orrore le storie degli altri piloti arrestati. La procedura era identica. Era incredibile che stesse capitando a me, e il mio pensiero corse ai miei figli, al modo in cui avrei spiegato loro com'ero finito in quella situazione. Avrebbero capito? Mi avrebbero mai perdonato per non essermi ribellato? Tutte preoccupazioni inutili, perché si trattava solo di un imbarazzante errore. Qualcuno stava per rimetterci il posto.

Girammo a sinistra, destra, sinistra, destra, e persi l'orientamento. Non sapevo in quale zona della città fossimo. Poi ci fermammo. Sentii una catena sferragliare tra pesanti sbarre di metallo e un cancello che si apriva. Continuammo ad avanzare in quella che doveva essere una base militare, o un qualche tipo di prigione, ma non riuscivo a capire quale. Quando la macchina si fermò una volta per tutte, mi ordinarono di scendere. Qualcuno mi tirò per la mano e mi trascinò via. Da uno spiraglio nella benda potei notare alcuni dettagli: i pantaloni e i piedi della mia guardia. I piedi nudi erano infilati in vecchie ciabatte. Colsi uno scorcio di muro, scuro di sudiciume. L'aria era irrancidita dal lezzo di urina stantia.

«Abbassa la testa!», mi disse la guardia quando entrammo in uno spazio più angusto, che puzzava ancora di più. «Togliti la benda».

Fui stupito di vedere quanto era giovane, malgrado la lunga barba. La stanza era grande quanto la camera da letto di un normale appartamento, ma sporca, fetida e buia. C'erano dei vestiti appesi a una corda da bucato, indumenti civili e militari, e sul pavimento erano sparse diverse paia di scarpe, impolverate, malconce e lise, come se fossero state lì da molto. Provai pena per la guardia, un ragazzino, davvero, non poteva avere più di ventun anni, e ricordo che pensai a quel grande spreco di gioventù. Giacca e pantaloni erano della misura sbagliata e di pessima qualità, e i colori, marrone e azzurro, erano smorti. Altro che alta uniforme. Era leggermente strabico, poveretto, ma da qualche parte dentro di me non potevo fare a meno di pensare che fosse intelligente. In un posto del genere, però, una persona non avrebbe mai potuto far emergere le proprie capacità mentali. Era strano, eppure provavo pena per lui.

Poi mi fu ordinato di togliermi gli stivali e l'uniforme. Ed ecco la divisa a strisce da carcerato.

«E le scarpe?», chiesi.

«Solo ciabatte», mi disse.

Erano troppo grandi e spaiate e sudice come tutto il resto, neppure dello stesso colore, una delle due sfondata su un lato.

«Non avete qualcosa di più piccolo?»

«Ti servono larghe», disse quella canaglia con un sorrisetto maligno.

Una volta vestito, mi ordinò di rimettere la benda, e mi trascinò per la mano oltre una soglia e lungo quello che immaginai essere un corridoio stretto alla fine del quale sentii aprire una porta pesante; poi mi spinse dentro. «Puoi toglierti la benda», disse. «Benvenuto nella tua nuova casa».

C'erano non più di due metri quadrati di spazio; il soffitto era alto, forse quattro metri. Una lampadina dalla luce fioca coperta da una griglia di metallo, ma posta così in alto che non illuminava quasi nulla.

«Verrà qualcuno», disse il giovane, «ad aggiornarti sulle nostre regole. Fino ad allora, silenzio». Colpì con un calcio un pezzo di cartone sul pavimento. «In caso di emergenza, infilalo sotto la porta. Se qualcuno lo vede, ti aiuterà».

«E se non lo vedono?», chiesi.

«Allora non ti aiutano», grugnì lui.

Sembrava a disagio nel rispondere a quelle domande, così se ne andò sbattendo la porta e facendo un sacco di rumore mentre la chiudeva a chiave.

Termini come angusta, claustrofobica e sudicia non bastano per descrivere quella cella. Potevo fare due passi e mezzo, tutto qua, prima di arrivare a una parete; altri due e mezzo, fino all'altra parete. Due e mezzo, due e mezzo, nient'altro che pareti. Erano coperte di linee incise, alcune piccole e dritte raccolte in file nervose, chiaramente per calcolare lo scorrere del tempo. Alcune scritte erano abbastanza chiare, ma molte altre erano incomprensibili, come i disegni incisi nell'intonaco. Decifrare quei messaggi era difficile per via della poca luce. Ma non c'era modo di fraintendere il significato dei disegni di uomini col turbante simili a vampiri. A inquietarmi di più erano le immagini che non riuscivo a interpretare. Nessun senso, nulla, solo sagome disegnate per tenersi occupati. Questo l'avevo capito, e la cosa mi riempiva di orrore. Ero in una cripta, abitata dai fantasmi di coloro che c'erano stati prima di me, con tutte le loro pene e le loro sofferenze.

Un'ora, ecco quanto era durato l'intero processo della mia incarcerazione, e non era passato secondo senza che io esaminassi il mio passato per capire perché meritassi di essere lì. Ora che mi trovavo in quel sotterraneo, da solo, non avevo altro da fare se non contare quelle linee sulla parete e stabilire quanto a lungo potevo aspettarmi di rimanere in quel buco d'inferno. Più di cento, tante erano le linee incise in ogni fila. Sentii qualcuno fuori dalla porta.

«Metti la benda!». Questa volta la voce era diversa. Qualche secondo dopo mi chiese se la benda era ben stretta. Sentii la porta che si apriva, e la persona che entrò non era la stessa di prima. Attraverso il lacero tessuto della benda potevo vederlo dal risvolto dei pantaloni in giù: un altro ragazzo, di questo ero sicuro, ma più grosso e sgraziato. Cominciò a enumerare le regole del posto. «Non parlare, non urlare, non dire niente», disse. Aveva una voce rozza, da ignorante, e anche malata. Il tizio non stava bene, sibilava come se avesse l'asma. «Qui non si fa casino». Forse aveva il raffreddore. O magari respirava a fatica perché era sovrappeso. Mi elencò le regole relative ai bagni, dimostrandomi così quanto fosse spirituale quel luogo. Se pregavo tre volte al giorno, il privilegio del bagno mi veniva concesso tre volte, altrimenti solo due. I pasti venivano serviti tre volte al giorno. E solo durante le visite al bagno potevo lavare i piatti. Mi spettavano due coperte, una delle quali da usare come cuscino. «Domande?», disse.

«Sì, dov'è il letto?».

Non mi rispose neppure, si limitò a ridacchiare, ma prima di andar via ricordò un'altra cosa. «Nessuno qui sa chi sei», disse. «Non sanno come ti chiami, che lavoro fai, niente. E a nessuno importa. E tu non devi dirlo a nessuno».

«Se non ho un nome, come farò a sapere se qualcuno mi chiama?»

«Hai un numero», disse lui. «Oppure ti chiameranno Hadji».

*Hadji*, “pellegrino”; colui che è stato alla Mecca. Io c’ero stato. Ma avevo il forte sospetto che non mi avrebbe garantito alcun trattamento di favore.

«Allora, qual è il mio numero?», gli chiesi.

«A che ora ti hanno arrestato?», disse.

«Verso le cinque e mezzo, sei del mattino», risposi.

«Ti svegli presto», commentò mentre usciva. «Probabilmente hai il 109». Si chiuse la porta alle spalle e serrò anche la finestrella quadrata sulla porta.

109. Doveva esserci un metodo in quella follia. Secondo il calendario iraniano, eravamo nel nono giorno del decimo mese: forse era questo il senso di quel numero. Appresi in seguito che agli altri arrestati di quel giorno erano stati dati i numeri 109a, 109b e così via. Quindi ero la prima preda della giornata!

Camminai avanti e indietro finché non arrivò la noia. Circa dieci minuti. Poi mi sedetti sul pavimento, e fu allora che la rabbia ebbe il sopravvento. Che ci facevo lì? Perché mi ero lasciato rinchiudere in quella trappola mortale? Cosa mi era passato per la testa? La libertà di cui avevo goduto era tutta un’illusione. Mi tenevano d’occhio da anni, ovviamente. Era stata solo questione di tempo, ma certo! Non c’era posto per quelli come me nell’Iran della rivoluzione. Gli ayatollah avrebbero rapito e incarcerato anche Ciro il Grande. Quel pensiero – la comprensione di quanto l’Iran fosse caduto in basso rispetto ai suoi giorni di gloria – mi diede la nausea. Quel grande uomo era morto da duemila anni, eppure era la nostra pietra di paragone per qualsiasi cosa ci fosse di buono e sincero. Era un pessimo momento per gli iraniani che ambivano a una tale grandezza, alla moralità che deriva da un cuore sgombro da dogmi. Questo lo sapevo già ma mi ero preso in giro, blaterando di continuo e ingenuamente di libertà, verità e rispetto. Eravamo tutti convinti che Ciro il Grande facesse ancora la guardia al proprio impero, a quella comunità di nazioni che aveva spontaneamente deposto le armi all’arrivo del suo esercito, pronta a lasciarsi conquistare, in nome della generosità e della bontà che egli portava col suo dominio. Sin da quando lo avevo studiato a scuola, il mio cuore aveva battuto al ritmo della sua saggezza, perché dopo duemilacinquecento anni Ciro il Grande era ancora vivo nei villaggi isolati. Taleghan, la mia casa. Quanto ero arrivato lontano; quanto in fretta ci sarei tornato, se fosse stato possibile. Sullo schermo della mia mente venivano proiettate innumerevoli scene, episodi della nostra semplice vita familiare, mia madre che mi raccontava quanto era stata felice di mettermi al mondo. Non c'era da stupirsi se ero ottimista! Chi non lo sarebbe stato? E quanto fu orgoglioso mio padre quando mostrai interesse per le sacre scritture! E lo stupore che mi colse quando gli chiesi cosa diceva nelle sue preghiere a Dio. Non ne aveva idea. Non sapeva cosa significassero quelle parole! Erano in arabo, e noi parlavamo il farsi.

«Dio non lo conosce, il farsi?», chiesi.

«Dio conosce tutte le lingue», mi disse mio padre, «anche quelle degli uccelli e degli animali a quattro zampe».

«E allora perché non preghi nella nostra lingua?», chiesi.

«Perché l'arabo è la lingua del profeta Maometto», disse lui. «Il nostro libro sacro, il Corano, è scritto in arabo, e tutti i musulmani del mondo devono saper leggere e scrivere in arabo, in modo da poter capire il Corano».

«E allora perché tu non conosci l'arabo?», insistei.

«Nessuno nel nostro villaggio lo conosce», disse mio padre, «quindi nessuno me l'ha mai insegnato».

Quello che mi stava dicendo era logico, ma era comunque una follia. Cercai di non mancargli di rispetto, ma non era facile. «Però, padre, io non capisco perché parliamo a Dio in una lingua che non conosciamo».

«Hai ragione, figlio mio. Tutto quello che dici è assolutamente giusto. Mi vergogno di non avere una risposta da darti. Forse non sono curioso come te. Un giorno, i tuoi figli lo chiederanno a te, e tu te la caverai meglio di me nel rispondere a queste domande».

Da allora, non discussi più con lui sulle preghiere che recitava cinque volte al giorno, e lui non mi seccò mai con discorsi sulla religione e su Dio. Ciro era ugualmente compassionevole, concesse ai suoi sudditi di credere in ciò che preferivano. Quanto alla mia fede, non ne ho mai parlato con nessuno. Sì, continuai a leggere il Corano, sperando che mi aiutasse a coltivare un sistema religioso che mi fosse utile, ma servì solo a generare in me seri dubbi sul fondamentalismo, lasciandomi con una domanda sulla religione: crederci o no?

La sofferenza spesso avvicina le persone alla religione, questo lo sapevano tutti, ma cosa ne capiva un bimbo pieno di entusiasmo? Gli abitanti del mio villaggio natio mi trattavano con affetto, e in cambio io li aiutavo ogni volta che mi era possibile. L'amore ci salvava dalla povertà. Prendersi cura l'uno dell'altro, la versione dell'Islam di mio padre, era questa la nostra vera religione, e in essa io ho sempre creduto. Una religione basata sulla gentilezza, sulla condivisione col prossimo, in nome della quale le persone si scambiavano sorrisi e tutti sapevano che il perdono era meglio della vendetta: assai più difficile, ma di gran lunga migliore! In tutto questo io ho sempre creduto.

Credevo anche nella fortuna, perché cos'altro se non la buona sorte mi aveva permesso di essere chiamato a sostenere l'addestramento da pilota a Phoenix, in Arizona? Non avrei potuto sognare nulla di più emozionante. Poi il ritorno in Iran e il matrimonio con Akram e la nascita dei miei figli, Shahram, Shahrokh e Mahrokh. Se mai avessi avuto dubbi sul fatto di aver vissuto in un incantesimo, andarono tutti in fumo quando sfuggii a morte certa durante la guerra tra Iran e Iraq degli anni Ottanta. Immaginate di essere ritrovati in territorio nemico dai ribelli curdi. Come ho raccontato prima, mi diedero rifugio finché non tornai abbastanza in forze da esser riportato segretamente in Iran, dove divenni un eroe, un'icona, un simbolo per la nostra nazione e la sua capacità di sopravvivere a ogni difficoltà. E poi via in Pakistan, primo addetto militare iraniano dopo la rivoluzione. Tutte queste fortune rammentai, e nulla in esse rappresentava un crimine contro la patria. Così me ne stetti seduto in quella cella puzzolente, aspettando che da un momento all'altro qualcuno entrasse e mi porgesse le sue scuse più sentite per questo terribile sbaglio. Rimasi lì seduto. Molto, molto a lungo.

# 5
# Niente servizio in camera

*Stavano per fucilarmi, lo sapevo. Occhi che mi fissavano da feritoie nel muro. Occhi dietro fucili puntati su di me, in attesa che facessi una sola mossa falsa. L'aria era afosa e pesante, anche steso sul pavimento. Poi mi resi conto che il soffitto era basso, così basso che non potevo alzare la testa, solo girarla a destra e a sinistra. Un calore bruciante mi saliva dai piedi, una cocente ondata nauseabonda che mi riempiva il cuore e la mente. Qualcuno mi tirava per le gambe, mi trascinava fuori dalla cripta, per gettarmi poi in una pozza di acqua gelida. Misero in chiaro che, in questo modo, sarei sopravvissuto più a lungo per poter essere torturato ancora. Scoprii che il velo di vapore levatosi dall'acqua mi nascondeva, potevo muovermi senza che mi vedessero, e fuggii verso una collina nei paraggi e iniziai ad arrampicarmi faticosamente verso la cima, non prima però che le guardie cominciassero a darmi la caccia. Arrivai fino alla vetta, dove mi trovai davanti a un precipizio, un salto di decine di metri in un fiume che si riversava in un vasto oceano nero. Mi nascosi tra i cespugli che sporgevano sul dirupo e mi aggrappai al ramo più grosso per non cadere. Seppellii il volto a terra per non vedere arrivare il nemico, ma poi sentii gli arbusti che si spezzavano e le radici che cedevano. Tutta la pianta si stava disintegrando, e mi accorsi che stavo cadendo e urlai...*

Mi svegliai sudato e in preda alla paura. La guardia aprì la cella.

«Perché ti lamenti? Ancora non ti abbiamo torturato».

«Un incubo», dissi.

Chissà che ora era.

«109! Metti la benda!».

La porta si aprì. Qualcuno mi afferrò per un braccio e mi trascinò fuori. Marciammo lungo il corridoio, poi su per dei gradini di pietra e in un'altra cella.

«Seduto!».

Mi spinse su una sedia. Percepii un banco di scuola, di quelli con il ripiano girevole, ma questo era per un mancino.

«Non ti muovere», mi disse la guardia. «Non toccare la benda; non piegare neanche la testa all'indietro. Neanche una mossa. Verrà qualcuno più tardi e ti dirà cosa fare».

Rimasi seduto lì per ore. Poi per altre ore. Restai seduto lì forse per un giorno intero, e ancora non arrivava nessuno. Ventiquattr'ore! La paura di quello che poteva succedere mi impediva di dormire, ma per due volte mi appisolai e caddi a terra. Alla fine sentii una sorta di chiacchiericcio provenire da una stanza vicina, domande e risposte, poi qualcuno che piangeva. Quindi delle urla. Suppliche a Dio. Sentii chiaramente l'aguzzino quando disse che l'unico Dio lì dentro era il Dio delle risposte giuste. Al poveraccio non mancavano le risposte, e molte di esse erano buone, ma ovviamente non erano le risposte giuste. Altre urla. Da una zona diversa di quel labirinto mortale, una donna cominciò a lamentarsi per il dolore. Sentii che la minacciavano di appenderla per i piedi. Se tutto era stato concepito per spaventarmi a morte, stava funzionando. Paura e stanchezza, non avevo idea che potessero essere una droga così letale. Tremavo, ero sul punto di perdere completamente il controllo.

La mente ricominciò a correre all'indietro in cerca di motivi: perché, perché? Perché esprimevo le mie opinioni? Gli ingranaggi della mia mente continuavano a girare, ma vedevo che si erano bloccati lì. Sì! Era questo. Avevo la tendenza a ergermi a difesa della verità, ero fatto così, mi dispiace, ma sembrava funzionare. Doveva essere questo il motivo. E così passai a chiedermi: cosa ho detto? Mi ero sempre battuto per i miei diritti di uomo libero. Grande errore. Nessun ayatollah aveva mai predicato la libertà individuale. All'improvviso mi biasimavo, mi odiavo. Le loro tattiche stavano funzionando. In quello stato di alterazione mentale il passato diventava un unico, vasto panorama che potevo abbracciare nella sua interezza con una sola occhiata, e alla fine vidi la mia nascita in quel perfetto, povero villaggio, su fino a questo lurido buco che incombeva come l'esatto opposto di qualsiasi cosa si potesse considerare buona e giusta e naturale e corretta. Forse c'era un limite alla fortuna di cui una persona poteva godere nella propria esistenza. E forse io questo limite l'avevo superato. Era una specie di compensazione? Era una prova?

Arrivarono due uomini, finalmente. Io mi sentivo stordito, sul punto di vomitare, e insensibile in tutto il corpo. A giudicare dai rumori, una valigetta in pelle venne sbattuta su un tavolo. Uno di loro mormorò qualcosa che io interpretai come un saluto, e provai a rispondere in modo cortese. Qualcosa venne estratto da quella cartella e poi lasciato cadere sul ripiano girevole del mio banco. La benda mi si sollevò di scatto sopra la fronte, e davanti a me c'era un blocco di carta con stampato sopra il simbolo del sistema giudiziario iraniano e, sotto, le parole *Modulo per interrogatori*. Gli uomini si tenevano fuori dalla mia visuale. Non li avrei mai visti. Carta bianca e una bianca parete, non vedevo altro. E la mia sedia, che mi ricordava quelle di una scuola elementare. In realtà, mi ricordava gli esami di fine anno. Ripensai al nostro sovrintendente, un vero e proprio sadico. Ricordavo persino il suo nome, Akbarian. Aveva quello che si potrebbe definire un problema di gestione della rabbia. Mi terrorizzava. Sentivo il rumore dei battiti del mio cuore, tanto erano forti, se solo pensavo a lui. Quando ti giravi da una parte, per quanto innocente fosse il motivo, se lui credeva che stessi guardando l'alunno accanto a te, ti cacciava fuori. Ed eri bocciato così, su due piedi. C'era una preghiera che recitavo – più che altro un pio desiderio – chiedendo di essere abbastanza furbo da non guardare da nessuna parte. Non avrei saputo dire se fossero ricordi o allucinazioni.

«Comincia a scrivere, Hadji. Racconta la tua vita».

«Quale parte?», dissi.

«Dalla nascita, tutto».

Tutto? Stavano scherzando? La mia vita, per quanto breve – avevo quarantadue anni – era già una storia assai lunga. «Ma cosa in particolare?», chiesi.

«Tutto», rispose lui.

«Ma ne verrà fuori un libro intero», dissi.

«E che un libro sia», concluse.

Era una follia, ma almeno era meglio che starsene seduti lì in preda alle allucinazioni. Forse, se avessi cominciato, mi avrebbero lasciato dormire. Così mi preparai a scrivere. Presi la penna.

«Perché mi avete arrestato?», chiesi.

«Comincia a scrivere, Hadji!», strillò l'uomo. «Lo capirai presto».

Poggiai su una mano la testa dolente. Era come un sacchetto di sabbia con un foro dal quale uscivano lentamente i granelli. E la mia forza d'animo si era ridotta a uno di quei granelli, perso chissà dove lì dentro. Sotto pressione, cominciai a ragionare, proprio come ai tempi degli esami. Ero bravo agli esami, e mi stupii per la prontezza della mia mente. Ma per prima cosa ripetei quella preghiera di bambino, poi cominciai.

«Sono nato il 24 marzo 1946, in un villaggio chiamato Nesa-Olya, parte di un gruppo di piccoli villaggi che sorgono lungo il fiume Shahroud, nella regione di Taleghan, nell'Iran settentrionale».

Subito pensai a come mia madre mi avrebbe ripreso perché scrivevo con una luce così fioca.

«A cinque anni andai a una scuola privata e imparai a leggere il Corano e altri libri sacri. Mullah Esmail, così si chiamava il mio insegnante, l'anno seguente gli succedettero Ali-Akbar, Roohel Amin e dopo Kali Mollah». Nomi e luoghi mi venivano alla mente come se fosse passato solo un giorno. «A otto anni, su consiglio di un caro amico di mio padre, Bagher Honarpour, fui mandato a una scuola vera e propria a Gooran, un villaggio che distava circa quattro chilometri da casa mia. Alla mia giovane età non era semplice andare e venire da solo, soprattutto in inverno quando la neve era alta e in giro c'erano volpi, sciacalli e lupi. Non vidi mai un lupo, ma ero esposto agli attacchi dei banditi. Non incontrai mai nemmeno loro, ma un giorno di primavera fui costretto a scappar via dal fiume Shahroud che ruggiva giù dalle montagne, pieno di fango e massi che fecero salire il livello dell'acqua fino ai rami dei pioppi.

Dopo aver completato in quattro anni i sei previsti per la scuola elementare toccò a quella media, che era ancor più lontana, un viaggio di diciassette chilometri andata e ritorno, ogni mattina e ogni sera. Ricordo il nome del villaggio, Shahrak, e quello della scuola, Muhammad Rastegar. Quando arrivò l'inverno, fui costretto ad affittare una stanza presso un'altra famiglia fino alla tarda primavera, quando il ghiaccio si sciolse, si asciugò e si seccò e le strade tornarono percorribili. Considerate che all'epoca non c'erano automobili né autobus. Cose del genere le avevo viste solo in fotografia, e non riuscivo a credere che delle macchine così grandi funzionassero grazie a un solo motore, e che obbedissero davvero ai comandi dell'autista.

Durante il periodo passato a Shahrak, riuscii in qualche modo a far visita una volta alla settimana a mia madre e ai miei fratelli. Quanto a mio padre, che faceva il sarto, era molto spesso fuori, gli affari lo portavano a Teheran, la capitale, oppure fino ad Abbasabad, sul mar Caspio. L'estate era la mia stagione preferita perché lui rimaneva a casa. Eravamo molto uniti. Io so che mi amava, perché mi dava qualsiasi cosa gli chiedessi. Non conoscevo alcun altro ragazzo che non fosse mai stato deluso dal padre.

Quando ero all'ultimo anno delle medie, aprirono una scuola del governo a Mangolaan, più vicino a casa. Ma lì c'era solo il primo anno delle superiori, così dovetti partire di nuovo, questa volta per andare a Teheran, a casa di Amoo Muhammad, un cugino di mio padre. Era un mondo del tutto diverso. Anche se si trovava nel quartiere povero di Shoosh, la casa di mio zio era un serraglio, un vero e proprio palazzo per sultani, rispetto alla nostra umile dimora al villaggio. La scuola era a venti minuti di cammino, che per me non erano nulla.

Zio Muhammad e la sua famiglia mi viziarono. Se mi avessero voluto adottare avrei acconsentito volentieri, ma dopo un anno di questo trattamento speciale fui richiamato al mio villaggio. Mio padre aveva aperto una bottega vicino Shahrak, e decise di provvedere personalmente alla mia istruzione. Per un sarto, l'istruzione includeva naturalmente anche le lezioni di sartoria. Nel tempo libero, ovvio. Poiché amavo mio padre, finii con l'amare il cucito e i rammendi, e immagino che fui un ottimo allievo, perché quando mi sposai mia moglie scoprì che ero più bravo di lei a fare modifiche ai vestiti!».

«Macchine da cucito! Perché stai scrivendo di macchine da cucito?». L'uomo era rimasto alle mie spalle a leggere ogni cosa.

Mi girai. «Mi ha chiesto la storia della mia vita», dissi.

Lui mi colpì in viso. «Girati verso il muro! E non scrivere spazzatura. Stai sprecando il mio tempo».

«Mi dispiace. Volevate la mia storia, e questo ne fa parte».

«Continua, allora», disse lui. «Anzi, ora che ci ripenso, dài qua». Prese quello che avevo scritto. «Voglio vedere cos'hai combinato». Per sfogliare le pagine impiegò pochi secondi, durante i quali il suo alito fetido quasi mi mise al tappeto, come se il suo intestino fosse stato rivoltato. Non c'era da stupirsi se l'avevano messo a lavorare in un lurido buco. Mi lasciò con le mie pagine e tornò circa due ore dopo con altra carta.

«Continua a scrivere», disse. «Non era male».

Ricominciai, centimetro dopo centimetro, il resoconto della mia vita.

«Per continuare le scuole superiori andai di nuovo a Teheran, questa volta alloggiai presso una famiglia in una vecchia casa sulla via Ray. La padrona mi trattava come un figlio, e suo figlio Mohsen e sua figlia Shekooh divennero i miei migliori amici. Io e Shekooh uscivamo insieme, come due adolescenti innamorati. All'epoca c'era un'altra ragazza, Noori, che mi piaceva sul serio, e se non avessi dovuto studiare e non fossi stato così preso dallo sport le avrei chiesto di diventare la mia fidanzata. Ma non avevo tempo per lei e non glielo chiesi mai. Restammo amici, però, finché non divenni cadetto dell'aeronautica. Noori doveva avere qualche problema psicologico con il volo, perché ruppe immediatamente e per sempre la nostra amicizia. Fu strano; non la rividi mai più.

All'ultimo anno di liceo, finii col vivere in via Boozarjemehri, vicino al Gran bazar di Teheran, ad appena quindici minuti di cammino dalla scuola Pahlavi in piazza Shah. Abitavo con il mio amico Khodaverdi (che in seguito avrebbe sposato mia sorella), suo fratello e un suo cugino. La padrona era un'anziana signora che viveva con due grossi gatti in un'ala della grande casa. La parte restante dell'abitazione la dava in affitto, e vi assicuro che non spendeva un soldo in manutenzione. Era un posto così affollato che lo chiamavamo *Khaneh Ghamaar Khaanoom* (*La casa di lady Ghamaar*, titolo di una vecchia serie televisiva iraniana). Stavamo al secondo piano, da dove vedevamo tutto quello che succedeva in cortile. Una degli inquilini, Fati, aveva un flusso costante di uomini e donne che entravano e uscivano da casa sua. Provavo pena per il figlio di nove anni, Reza, che non sapeva cosa stesse succedendo o chi fossero quegli ospiti. Ma sapeva perfettamente che non erano suoi parenti!».

Il mio aguzzino tornò e mi sbatté davanti altri fogli bianchi, poi sparì. Questa volta riuscii a intravederlo, goffo e sovrappeso. Mi ricordò la scena di un film che avevo visto tempo addietro: un coroner teneva tra le mani un colon umano, l'intestino crasso, appena estratto dal cadavere di un uomo obeso. Il senso di quello spettacolo era mostrare che il tratto di intestino conteneva una trentina di chili di escrementi. Dovete capire che ricordavo queste cose in maniera molto vivida, qualcosa di assai simile a un'allucinazione. A un tratto l'emicrania divenne più forte, la bocca si fece ancora più secca ed ebbi il voltastomaco. Non riuscivo a seguire una linea di pensiero per più di un secondo, e avrei dato qualsiasi cosa per poter dormire anche solo pochi minuti. Il problema era che se avessi chiuso gli occhi sarei svenuto per ore.

Mi svegliai per un colpo alla testa. Dovevo essermi appisolato.

«Dove pensi di essere?», mi strillò il mio aguzzino. «A casa di tua zia?».

Mi ordinò di terminare la mia storia, e alla svelta. Dissi che avevo finito con gli anni di scuola, ma lui non ne era convinto. Voleva di più. Di più sui miei rapporti con le ragazze. Voleva decisamente che mi concentrassi sulle donne, anche se significava saltare subito alle parti più succose. Secondo la sua logica, essendo nelle forze aeree dello scià, dovevo aver avuto libero accesso alle donne. Gli spiegai che al ritorno dall'addestramento in America mi ero sposato quasi subito, ed ero sempre stato fedele a mia moglie.

«E negli Stati Uniti?», domandò. «E prima?».

L'arresto aveva a che vedere con un sospetto di infedeltà? Questo pensiero mi fece rilassare, perché avevo la coscienza a posto. La mia fedina penale da quel punto di vista era immacolata. Be', quasi.

«Sappiamo tutto su di te», disse lui. «Di come correvi dietro alle sottane in America e qui in Iran». Per il modo in cui lo disse, e per come il cervello cominciava a fare cilecca, mi chiesi se non avevo dimenticato qualcosa. «Raccontaci tutto», disse lui. «Compresi i nomi. Poi avremo finito. Altrimenti resterai qui per un bel po'».

La verità era che avevo avuto delle ragazze negli Stati Uniti: due. A San Antonio, in Texas, c'era stata Leonore, e a Phoenix, in Arizona, Karen. Le relazioni non erano mai diventate abbastanza serie, perché non ci era permesso sposare ragazze americane. Per il resto ero sempre stato circondato di ragazze, ma eravamo solo amici. Questi, però, non erano affari loro. Quello che più mi infastidiva era dovermi giustificare secondo i dettami della rivoluzione islamica. Non che non mi sentissi un musulmano: in realtà, mi era molto caro il tipo di Islam praticato da mio padre, una religione basata sulla gentilezza. Per lui la vendetta era la via più facile, mentre il perdono era una pratica più complessa ma assai più gratificante. Questi animali, invece, erano fissati solo con la vendetta. La loro non era una religione, ma una malattia mentale.

«Ecco qua», dissi. «Sapete tutto della mia vita sentimentale».

Avevo la sensazione che le mie avventure adolescenziali non avrebbero soddisfatto la sua perversa curiosità. Pensai di inventare qualcosa di più succoso, giusto per accontentarlo. Fu allora che un altro ricordo mi tornò alla mente da un remoto passato. Non era tanto un ricordo represso quanto custodito: riguardava un'altra ragazza del mio villaggio; odorava di pioggia profumata da Dio. Era sempre stata con me, come un secondo sole nei cieli della mia gioventù. Col cavolo che avrei titillato questi bastardi raccontando loro la sua storia.

«Non c'è altro da aggiungere», dissi. Ero completamente esausto.

«Quando eri un addetto militare in Pakistan», disse lui, «chi erano i tuoi amici più intimi?». Ansimava e si stava innervosendo. «Chi incontravi più spesso?». Non riuscivo più a sopportare l'odore fetido del suo alito.

«Altri addetti militari», risposi. «Di tanto in tanto incontravo gli ambasciatori, quando mi veniva chiesto dai miei superiori».

«Parlami di loro», disse.

«Mi ci vorrà un mese», risposi.

«Prenditi un anno, se serve». Diede un calcio a una gamba della sedia. «Di tutti loro! Voglio sapere di tutti i vostri incontri. In ogni dettaglio».

La mente cominciò a farmi strani scherzi: si svuotò. Da quanto tempo non dormivo veramente? Tre giorni, forse quattro.

«Ho davvero bisogno di dormire», dissi.

«Dormire? Vuoi dormire? Dove credi di essere? In un albergo a cinque stelle? Devo chiamare il servizio in camera? Ti faccio lucidare le scarpe? Rispondi alle domande! Ecco cosa si fa in questo albergo, Hadji: tu rispondi alle mie domande! Hai capito?». Diede un altro calcio alla sedia.

Mi sentivo la testa così pesante che il collo non bastava a reggerla. Provai a impugnare la penna, ma mi cadde a terra. Di punto in bianco pensai di arrendermi. Meglio la morte che continuare lungo quella strada. Sapevo che stavo andando in pezzi. Non capivo neanche più cosa quell'uomo mi stesse dicendo, ma sentivo che voleva delle risposte. Continuava a minacciarmi, ma le sue parole erano lontane e prive di significato. Mi rannicchiai nel mio bozzolo, terrorizzato, chiedendomi cosa sarebbe successo se lui avesse continuato ad avanzare pretese che io non capivo, cosa potesse volere da me. Il mio sistema nervoso non collaborava. Mi sentivo debole e impotente, intrappolato in un buco senza via d'uscita, come se stessi morendo lentamente.

«I rapporti dei nostri servizi segreti indicano che eri in contatto con diplomatici americani in Pakistan, e che hai accettato di essere una loro spia».

Cominciavo a capire: mi stavano lanciando contro tutte le accuse che riuscivano a inventare, come un cane che abbaia a ogni vecchio albero per vedere se riesce a farne venir fuori qualche animale impaurito. Quelle dichiarazioni non meritavano risposta, e fu esattamente ciò che gli diedi: nulla.

«Hai intenzione di parlarcene?», mi chiese l'uomo. «Sì o no? Parla, e ti lasceremo dormire. Ci stai?».

Quel tipo di esca non funzionava con me. Non potevo confessare qualcosa che non fosse vero. Non ero fatto così.

«No, grazie», dissi.

Mi sollevò per le braccia e mi portò in un'altra cella, già occupata da un vecchio, e lì mi appese a testa in giù per le caviglie. Immagino fosse una tortura anche per il vecchio, visto che cominciò a piangere come un bambino alla vista di quello spettacolo. Il tempo aveva perso ogni significato: ricordo solo che restai lì appeso finché non svenni. Quando tornai in me ero sul pavimento, da solo col vecchio gentile, che mi aiutò a riaddormentarmi.

Fui svegliato a calci, trascinato via e gettato in una cella con un altro uomo anziano, un colonnello dell'esercito di nome Soltani. Era stato consigliere del capo di stato maggiore, il generale Zaheer-Nejad. Soltani voleva sapere di cosa mi avevano accusato e perché ero lì. Prima che avessi modo di parlare, mi raccontò le torture che aveva subìto, sia mentali sia fisiche. L'avevano catturato mentre tentava di varcare il confine per fuggire in Turchia. Era rimasto in isolamento per più di un anno e mezzo, malato e con problemi di vista, e ovviamente gli avevano portato via gli occhiali.

La sua storia mi riempì di orrore, dal momento che le accuse di spionaggio che avevano inventato contro di me erano potenzialmente più gravi del crimine del colonnello. Sapevo fin troppo bene che, nelle forze armate, alle spie spettava una pallottola in testa. O, peggio ancora, l'impiccagione in pubblico. Da una gru. Cominciai a chiedermi se non avevo risposto con troppo orgoglio alle domande dell'interrogatorio. Ma non potevo prendere alla leggera le loro false accuse e quell'umiliazione. Ero innocente, per questo mi sentivo sicuro di me. Inoltre, mi aspettavo di venir scarcerato da un momento all'altro. Ma dopo tre o quattro giorni senza dormire, e con l'obbligo costante di dover scrivere tutta quella roba, sapevo di poter facilmente perdere il controllo, e se avessi reagito, be', per me sarebbe stata la fine.

Dopo un po' di sonno, e dopo aver sentito ancora Soltani raccontare la sua storia, la mente mi si schiarì un poco. Riesaminai i ricordi della guerra contro l'Iraq, cercando validi motivi che giustificassero il mio arresto. Riflettei sugli amici che avevo perso, piloti che non avevano esitato a rischiare la vita per colpire obiettivi ben difesi all'interno del territorio iracheno. Rammentai i primi giorni di guerra, gli istanti che precedettero l'attacco aereo iracheno a sorpresa alla nostra base di Tabriz...

Mi trovavo al posto di comando per preparare il programma del giorno seguente. Erano le prime ore del pomeriggio, circa l'1:45 del 22 settembre 1980. L'edificio fu scosso da un'enorme esplosione. Le tegole caddero dal tetto e i telefoni balzarono giù dai tavoli. Cercai di chiamare il comandante della base, il colonnello Farzaneh, ma la linea era interrotta. Tutte le linee erano interrotte. Corsi verso la porta, curioso di sapere cos'era successo, e lì mi imbattei nel colonnello Farzaneh che entrava di gran carriera. Tremava, e gli si ruppe la voce mentre provava tutti i telefoni.

«Le linee sono fuori uso, signore», dissi.

Era furioso, ma io lo ero ancora di più. Non c'era stato alcun preavviso! Nulla! Com'era possibile che il nostro servizio di intelligence fosse così... diamine, inesistente. E, più importante ancora, perché non avevamo ricevuto l'ordine di decollare all'inseguimento degli iracheni?

«Non è tempo di recriminazioni, Sharifi», mi disse il colonnello. «Pensa solo a radunare qui ogni pilota disponibile».

Feci come mi aveva ordinato, mandai dei soldati a casa dei piloti, anche se ero sicuro che si fossero già mobilitati. Dopo qualche minuto eravamo schierati al posto di comando, sull'attenti e in attesa di ordini. Si poteva percepire l'incertezza intorno a tutti noi: perché eravamo in guerra! Finalmente! Lavorammo insieme a un rapido piano di rappresaglia, e fui scelto per guidare il primo attacco. Stavamo indossando l'attrezzatura quando dall'alto arrivò l'ordine di rimandare qualsiasi azione alle prime ore del mattino seguente.

Un debole suono fuori dalla cella mi riportò al presente. Mi irrigidii, aspettando che chiamassero il mio numero. Quel bastardo ciccione! I miei nervi erano come cavi elettrici scoperti, e avevo paura di dover camminare perché sentivo ancora i piedi doloranti e addormentati per il tempo in cui ero rimasto appeso. Il cuore mi batteva forte all'idea di esser ricondotto nella stanza degli interrogatori. Non credevo di poter sopportare ancora la privazione del sonno.

«Puoi farcela, amico», disse il colonnello. «So che puoi».

Ma io a malapena lo sentii. La mente già correva in avanti, anche se non poteva superare la cupa realtà.

«109! Metti la benda!».

La porta si aprì. La guardia mi afferrò per il braccio e mi trascinò fuori.

# 6
# Spie come me

La guardia aveva la testa a forma di melanzana. Non mi biasimate se non sono più accurato, ma è tutto ciò che ricordo, visto che potei coglierne solo uno scorcio fugace. Da lì in poi, la mia immaginazione passò al comando. Provavo addirittura pena per quel tizio. Mi guidò lungo il corridoio fino a una stanza che sembrava uguale all'altra, con un banco da scuola con il ripiano girevole dal lato sbagliato.

Mi lasciò solo per un'ora o due, fin quando sentii il debole ma crescente fruscio del male che si avvicinava. La porta si aprì e percepii la presenza dello stesso ciccione bastardo che mi aveva interrogato la volta precedente. Quando lasciò cadere davanti a me altri fogli di carta, notai una chiazza di zuppa sulla sua manica. Persino un chicco di riso incastrato sotto un bottone del polsino.

«Ciao», disse. All'improvviso si comportava come se fosse il mio migliore amico.

«Salve», risposi.

«Hai dormito bene?»

«Se si può chiamare dormire».

«Hadji, sto cercando di essere gentile. Tu collabora, e tutto finirà senza un graffio. Altrimenti, dovrò tornare quello di prima».

Le sue parole furono sottolineate da uno strillo proveniente da una cella vicina. Qualcun altro veniva gentilmente incoraggiato a collaborare. Se il loro piano di battaglia era farmi provare il dolore di quell'uomo, funzionava a meraviglia.

«Mi ascolti?», chiese il mio aguzzino. Annuii. «Allora, hai intenzione di collaborare e dirmi la verità? O vuoi darmi risposte come il tizio della stanza accanto?»

«Voglio collaborare», dissi. «Non ho motivi per non farlo, perché non ho nulla da nascondere».

«Allora come spieghi quello che abbiamo scoperto a casa tua?».

«Cosa?»

«Quello che ci ha raccontato tua moglie».

«Avete arrestato mia moglie?»

«Almeno *lei* ci sta aiutando. Ci ha detto ogni cosa».

«Avete incarcerato mia moglie?»

«Non avevamo scelta», disse lui.

All'improvviso, capii il significato della tortura. Nulla di quanto era successo fino a quel momento era doloroso quanto la possibilità che Akram fosse nelle loro mani. Tutto quello che potevo fare era subire le parole di quello stronzo. Mi disse che Akram aveva confessato. «Confessato cosa?». Qualcosa che io tenevo nascosto? Impossibile.

Fu un sollievo sapere che mia moglie aveva scelto la via della non resistenza, e non la biasimai, quasi ammiravo la sua intelligenza, poiché non ero affatto sicuro della mia, visto che mi stava causando tali sofferenze. Ma non riuscivo a immaginare cosa potesse aver raccontato, dal momento che non sapeva quasi nulla della mia vita militare. Decisi di tenere la mia posizione, e difendermi.

«Perché dovrei mentire?», chiesi.

«Questo lo sai soltanto tu, Hadji», mi disse l'uomo. «Abbiamo trovato una radio digitale in casa tua».

«Quale radio?».

«Ed elenchi con nomi e numeri di telefono».

«Quale radio? A casa abbiamo soltanto una radio di plastica», dissi.

«Non sei la prima spia a usare un aggeggio del genere».

Ero senza parole. Voglio dire, se stavano seminando false prove ero spacciato. Avrebbero potuto dire qualsiasi cosa volessero.

«Non sta parlando di quella radio di plastica nera, vero?», chiesi. «Quelle le compri in un qualunque negozio del bazar! Se si possono usare per lo spionaggio, nessuno mi ha mai spiegato come!». L'idiozia di quell'accusa pose drasticamente fine al mio sogno ottimistico di uscire da quella cripta dicendo la verità. «Ma spiare chi? E perché? Perché dovrei spiare qualcuno?».

Avrei potuto strangolarlo, quell'idiota, e fui sul punto di farlo, ma poi pensai che se avessi continuato a parlare della mia carriera militare l'avrei convinto.

«Io ero addetto militare in Pakistan», gli spiegai. «Il mio lavoro era monitorato. Ero sorvegliato. Eravamo tutti sorvegliati, da spie interne che tenevano d'occhio ognuno di noi. Faceva parte del nostro lavoro. Se avessi agito in modo sospetto, se ne sarebbero occupati loro. Date un'occhiata alla mia storia. Durante la guerra con l'Iraq ero tra i piloti migliori, e sono diventato un eroe nazionale dopo essere sopravvissuto a un incidente in Iraq».

«Salvato dai curdi», disse lui.

«Sì!», risposi. «E che Dio li benedica!».

«Sei sicuro che non ci fossero gli americani dietro?».

All'improvviso me ne resi conto: non aveva senso discutere, non aveva senso mentire e non aveva senso dire la verità. Mi avrebbero perseguitato finché non avessero ottenuto una confessione. Non importava quanto tempo ci sarebbe voluto. Erano loro in tutto e per tutto a gestire quell'orribile gioco malsano.

«Firmerò tutto ciò che volete», dissi. «Voi scrivetelo, e io lo firmerò. Avete vinto».

«Non è così facile, Hadji», mi disse. «Raccontaci quello che sai, poi sarai libero. Come tua moglie».

«L'avete lasciata andare?».

«L'abbiamo tenuta qui una notte soltanto. Lei ha capito».

«Adesso dov'è?»

«In un posto migliore del tuo», rispose lui con un sogghigno. «E puoi star certo che rimarrai qui finché non deciderai che vuoi tornare a casa con tua moglie e i tuoi figli».

Ero molto sospettoso, dal momento che Akram non sapeva quasi nulla del mio lavoro. Era così per tutte le nostre mogli. Era una condizione della vita militare, e loro l'avevano accettata. E lo sapevano anche questi stronzi.

«Hai invitato un argentino in Iran», disse.

«L'incaricato d'affari argentino», risposi.

«Perché? Perché lui?»

«In Pakistan eravamo diventati amici». Le risposte erano così semplici, e io gliele fornivo con tutti i dettagli possibili. Per esempio, gli dissi come questo argentino era arrivato in Iran dopo aver concluso il suo viaggio di lavoro a Islamabad. Voleva visitare il paese come turista prima di tornare in Argentina, che, capisce, è dall'altra parte del mondo: un viaggio che probabilmente non avrebbe mai più rifatto. Mentre era a Teheran, era passato da me per un ultimo saluto. Ma, ovviamente, dire la verità era come tirare ancora più acqua al mulino del mio aguzzino. Mi chiese come fosse diventato il mio migliore amico. Non lo sapevo che era un agente della CIA? Io ribattei che non ero responsabile di cosa fosse o non fosse quel gentile individuo, ma dal giorno in cui ci eravamo conosciuti a un ricevimento presso l'ambasciata iraniana durante i festeggiamenti per la nascita della nostra nazione mi aveva colpito perché era un diplomatico altamente professionale. Tuttavia, ogni cosa che dicevo era contraddetta da altri pseudorapporti di intelligence, come quelli secondo i quali io e questo presunto agente della CIA ci eravamo incontrati in più occasioni, anche a casa mia. A rischio di ripetermi, ricordai a quell'uomo che ero un addetto militare, e di conseguenza avevo l'autorità necessaria per incontrarmi con chiunque potesse rappresentare un beneficio per l'Iran, anche più volte, soprattutto se pensavo che il suo paese potesse fornire prodotti in grado di migliorare le nostre forze armate o informazioni che ci garantissero la vittoria contro l'Iraq.

«Hai comprato qualcosa da lui?», mi chiese.

«Mi offrì una specie di tenda militare», dissi. «Molto economica, anche. Così passai le specifiche al quartier generale. Ma la rifiutarono, perché eravamo ben forniti in quel settore».

Questo grasso idiota dall'alito merdoso continuò a insistere sulla mia amicizia, sul rapporto speciale che mi univa all'argentino, e volle sapere come fossimo diventati tanto intimi in così poco tempo. Gli risposi che se non mi credeva non potevo farci nulla. Ero esausto.

«Hai giocato a tennis con lui».

«Sì, e allora?».

Avevo l'impulso di dirgli quello che era, un imbecille, ma provocarlo non mi sarebbe servito in alcun modo, così proseguii con tutta la calma di cui fui capace, e mi piacque persino descrivere dettagliatamente il mio lavoro, dal momento che per anni mi ero tenuto tutto per me. Descrissi come, in quanto diplomatico, avevo instaurato eccellenti rapporti con molti rappresentanti di governo, soprattutto provenienti da paesi che appoggiavano l'Iran. L'Argentina era uno di questi. Quando invitavo dei diplomatici a casa non avrei avuto motivo di non includere anche l'argentino, cosa che spiegava le tante occasioni in cui ci eravamo incontrati.

Imperturbabile di fronte a qualsiasi cosa io dicessi, lui fece riferimento a un foglio di carta sul quale erano elencate tutte le persone che avevo conosciuto in vita mia, o così sembrava. «Il brigadiere generale Tirmezi», disse.

«Addetto militare pakistano in Iran», risposi.

«Esatto: come l'hai conosciuto, e che ne pensi di lui?».

Cominciai a chiedermi se fosse davvero possibile tediare a morte questo tizio raccontandogli i dettagli del nostro primo incontro, l'unica strategia che mi veniva in mente. Così rallentai, chiamai a raccolta il mio talento di cantastorie e spiegai dove avevo incontrato per la prima volta il generale Tirmezi, il quale era la mia controparte qui in Iran. Lo conobbi a Teheran, in uno di quei ristoranti di classe in via Fereshte, accompagnato dal colonnello Beigi, capo del dipartimento iraniano per gli Affari esteri. Era una notte fredda con la minaccia di pioggia nell'aria. Ordinammo bistecche, visto che erano la specialità del ristorante, e ricordo chiaramente che erano davvero deliziose, le più deliziose che avessi mangiato da tanto tempo, con le giuste striature di grasso e cotte alla perfezione, abbrustolite all'esterno e rosse all'interno. Continuai a descrivere quel pasto con una quantità smodata di dettagli, finché l'aguzzino non passò all'addetto militare australiano. Questi mi aveva inviato una lettera personale dopo la fine della mia missione in Pakistan.

«Esatto», dissi. «Si chiama amicizia. Vuole che le spieghi cos'è?».

A quanto pare – ora, seguite con attenzione – nel presentarmi al loro ambasciatore a Teheran, l'australiano mi aveva chiamato per nome. Da un tale insignificante dettaglio, questo grasso babbuino concludeva che io ero una spia, e cospiravo con i servizi segreti internazionali contro l'Iran. Ancora una volta, la verità era così insopportabilmente noiosa che non potei fare a meno di accontentare questa patetica imitazione di essere umano.

«Quando lasciai il Pakistan, quasi tutti i miei colleghi vennero a salutarmi all'aeroporto di Islamabad», gli spiegai. «Ma l'australiano che state tentando di incriminare non era tra loro, poiché si trovava fuori città. Quindi, ecco il motivo di quella lettera: mi chiedeva scusa! E mi ringraziava per il lavoro svolto insieme agli altri addetti mentre prestavo servizio in Pakistan».

«Ti spezzeremo, Hadji», disse. «Ti faremo a pezzi e prenderemo la verità dal tuo cervello, parola dopo parola».

Con questa frase di incoraggiamento, uscì dalla stanza.

# 7
# Nessun Dio qui

Per quanto mi sforzassi, non riuscivo a capire perché mi avessero arrestato. Non c'era un solo ricordo che mi facesse provare il brivido della colpevolezza. Neanche le domande degli interrogatori mi fornivano indizi, visto che erano inconsistenti. L'urlo di una donna in una cella adiacente mi paralizzò. Stava chiedendo aiuto a Dio.

«Non c'è nessun Dio qui» fu la risposta che ottenne. «E se c'è, di sicuro non dà retta a una *moshrek*». Un'infedele. «Sei una *mofsede fel-arz*!», ringhiò quell'uomo. Una merda sul terreno, potremmo tradurre. «La verità, altrimenti...». Altrimenti l'avrebbe impiccata e avrebbe dato il suo cadavere in pasto a un branco di cani randagi.

Dei boia che torturano una donna: quanta barbarie! Che cosa disumana! Nulla poteva portarmi più vicino a perdere la fede. Nulla di quanto accadde in quel buco d'inferno mi disgustò più profondamente. Di tutte le pene patite, nulla era più imperdonabile, e giurai che gli ayatollah avrebbero dovuto risponderne, non importa quanto avessi dovuto pagare per le mie disgrazie.

Qualcuno mi portò dell'*adass polo*, riso mescolato a piselli secchi. Ma chi sarebbe riuscito mangiare? Avevo la bocca asciutta come cemento, la testa pesante sul collo come una palla da bowling. Non mi capacitavo della situazione in cui ero piombato. Davvero, era peggio che espellersi da un aereo in territorio nemico. Eppure, mi aspettavo di uscire da quell'incubo. La nausea mi ricordò che era tutto reale, le urla erano reali, e che anche mia moglie era in pericolo. Questo per me era più reale di ogni altra cosa.

Provai a mangiare, ma non riuscivo a deglutire. Sentivo la gola tutta screpolata. Mi venne da piangere, e non solo qualche singhiozzo, volevo proprio scoppiare in lacrime. Poi pensai ai miei due figli maschi, Shahram e Shahrokh, e a cosa avrebbero pensato vedendo piangere il padre. Il loro ricordo mi riportò alla memoria quel primo giorno di guerra, il ritorno a casa quella sera e i ragazzi che correvano verso di me...

«Papà, ho visto l'aereo iracheno!», strillò Shahram. «Era nero, uguale al C-130! Stavo giocando con un mio amico quando hanno sganciato la bomba! Lui si è buttato a terra e si è nascosto dietro un muro!».

Mio figlio minore, Shahrokh, non voleva essere da meno. L'aveva visto anche lui! «Quando è scoppiata la bomba», disse, senza fiato, «mamma ha avuto paura, ma io no».

Akram era rimasta in silenzio, rifiutando di guardarmi con quei suoi occhi gonfi di lacrime, visto che sapeva cosa sarebbe successo.

«Cosa farete?», mi chiese, quando fummo soli.

«Rappresaglia», dissi.

«Quando?»

«È meglio se non lo sai».

Akram andò a letto. Io la seguii poco dopo, ma non riuscivo a dormire per quanto mi batteva forte il cuore. Di sicuro lo sentiva anche lei. Mi alzai dal letto e andai in cucina, dove le scrissi una lettera. Le parole sono impresse a fuoco nella mia memoria:

Mia cara Akram,

come sai siamo in guerra, e io sono un pilota addestrato proprio per giorni come questo, per difendere la mia patria e la nostra gente. Di sicuro gli iracheni sanno che ci prepariamo a colpire, quindi non so come finirà. Ma prima di qualsiasi altra cosa, vorrei darti qualche consiglio su cui riflettere:

1. Se non ritorno, abbi cura dei ragazzi. Educali bene e insegna loro a essere patrioti, a essere sempre pronti, prudenti e pieni di energia, sempre pazienti e coraggiosi.

2. Accetta il fatto che non ci sono più, ma stai pur certa che non sarai la sola ad aver perso il marito in questa guerra.

3. Non soffrire troppo. Ciò che è perduto è perduto. Vai avanti con la tua vita. E ricorda che se non ritorno avrai la doppia responsabilità di viverla a pieno: per te e per me.

4. Fa' che i ragazzi non vedano la mia assenza solo come un vuoto. Ricorda loro che la mia morte è stata un sacrificio per la patria, per l'indipendenza e per la libertà.

5. Addio, amore mio. Addio, Shahram. Addio, Shahrokh.

«Non stai mangiando!». Era il mio aguzzino.

«Lo vuoi tu?»

«Ti conviene mangiare qualcosa», disse lui. «Ci servi vivo ancora un po'».

«Mi scalda il cuore sapere quanto vi preoccupate per il mio benessere».

Lui restò alle mie spalle, fuori della mia visuale, chino in avanti a girare i fogli poggiati sul banco davanti a me. Si fermò. «Chi è il capitano Lorry?»

«L'addetto della marina americana».

«Sappiamo che hai conservato il suo numero di telefono nella tua rubrica personale».

«Esatto, era un membro del gruppo, del gruppo di addetti militari. Ci incontravamo ogni mese, tutti quanti, tutti gli addetti. Parlavamo di come ci trattavano le autorità pakistane. Se Lorry non riusciva a essere presente a un incontro, poi dovevamo chiamarlo. Per aggiornarlo».

«Gli hai mai rivelato informazioni sull'Iran?»

«No, perché avrei dovuto?»

«Dimmelo tu, Hadji!».

E andava avanti così, sempre: provava a rivoltare sassi che neppure c'erano, e in cerca di cosa? Serpenti? Qualche errore che potevo aver commesso; scavava per trovare le informazioni che di sicuro avevo spifferato sull'Iran. Il silenzio lo faceva solo infuriare, quindi io continuavo a raccontare, qualsiasi cosa, anche vaghi ricordi. Per esempio, avevo parlato con un funzionario nell'ufficio dell'addetto militare tedesco che voleva sapere quanti profughi afgani fossero accampati in Iran.

«E tu gli fornisti una risposta?»

«Sì».

«Dove prendesti l'informazione?»

«Lo sapevano tutti», spiegai. «Tutti avevano accesso al "Jane's Weekly Magazine", la pubblicazione militare, e quell'informazione era apparsa in un numero recente. E in cambio di quest'inezia, il tedesco mi passò notizie importanti che subito inoltrai ai miei superiori».

«Immagino che dovremo tenere tua moglie qui ancora un giorno», disse.

«Non sto mentendo!», insistei.

«Ma certo che sì!», urlò lui. «Sei una spia!».

Capii che c'erano due linee di condotta possibili. O strangolavo quell'idiota o proseguivo con la mia strategia di annoiarlo a morte. Così continuai a tracciare un quadro dettagliato della mia vita di addetto militare, descrivendogli i miei contatti quotidiani coi diplomatici, che avvenivano sempre in maniera pubblica e dichiarata, senza alcun segreto, con il rapporto su ogni incontro debitamente redatto e consegnato ai superiori. Non dovevano far altro che controllare gli archivi sul mio conto per verificare la sincerità di quello che stavo dicendo.

«Hai mentito a tutti», disse.

Mi sforzai di non cedere alla tentazione di strozzarlo. Me ne sarei pentito per sempre. Ma ci volle tutta la mia forza di volontà, soprattutto quando tirò di nuovo fuori la storia della radio, e volle sapere su che frequenza gli americani comunicavano con me. Presi un lungo respiro e cercai di parlare come un vero burocrate.

«Era una Sony, signore», dissi. «Dodici bande. Probabilmente ne ha una anche lei».

«Perché tutte le spie hanno una radio simile in casa?»

«Tutti gli iraniani ne hanno una. In cucina, probabilmente. È lì che la teniamo noi. Ci ascoltiamo la musica e il notiziario, le partite di calcio, cose del genere. Probabilmente in tutto il mondo la gente ascolta queste radioline Sony in cucina. È un buon momento per sentire la radio, mentre prepari da mangiare. Questo ci rende delle spie? Se una radio trasforma un iraniano in una spia, allora il nostro paese ne è pieno».

«Credi nel Corano?», mi domandò.

Immagino ne avesse abbastanza di radio. «Certo che credo nel Corano», risposi.

Cominciò a leggere *Surah Maedeh*, un verso sugli atti di tradimento nei confronti dell'Islam. «Spiare contro l'Islam è come spiare contro Dio e il suo profeta», disse. «Le spie devono essere uccise per le loro malefatte. Lo capisci?»

«Assolutamente», dissi.

«Ebbene, allora devi essere giustiziato, Hadji, non trovi?».

Era come avere una fune intorno al collo. Ogni volta che mi muovevo, da una parte o dall'altra, il cappio non faceva che stringersi.

«Che peccato», disse lui. «La verità ti potrebbe evitare la pena di morte».

«In cambio di una vita in prigione? No, grazie».

Mi diede uno schiaffo sulla nuca.

Fino ad allora la mia bellicosità aveva nascosto la paura, ma in quel momento andai in iperventilazione e cominciai a singhiozzare senza controllo. Le lacrime inzupparono la benda e mi scesero in bocca, e ancora ricordo il loro sapore salato.

Il mio aguzzino mi costrinse ad alzarmi. «Io faccio parlare le spie», disse. «È la mia specialità». Mi spinse davanti a sé nel corridoio e poi in un'altra stanza, dove percepii la presenza di altre persone.

Da sotto la benda potei scorgere la rete di un letto, di tipo militare, e un secchio di acqua rossa. Mi spinsero a faccia in giù su quella maglia di metallo. Non era un letto vero e proprio, in realtà, c'erano solo due sbarre di ferro, una all'altezza della testa e una dei piedi, e per molle una rete come quelle di recinzione dei cortili scolastici. Mi legarono gli stinchi alla sbarra in basso, mentre mi ammanettavano i polsi a quella in alto, tendendomi a tal punto che l'addome sfiorava appena la rete sottostante. Ogni mia giuntura urlava di dolore, soprattutto per le vecchie ferite. Non so come o perché, ma mi ero fatto già una fondata idea di cosa stessero per fare questi *maadar jen...ha*, questi figli di pu...na. (Non avevo un arsenale di oscenità abbastanza fornito per descrivere i miei sentimenti). Per distrarmi dal terrore di ciò che stava per accadermi, ricordai i miei amici morti in guerra. Erano stati più fortunati, mi resi conto, perché li avevano uccisi in combattimento. Non avevano dovuto patire questa morte lenta. Feci appello a Dio, chiedendogli se i miei peccati, qualsiasi essi fossero, meritavano una tale punizione. Tuttavia non riuscivo a concentrarmi, neppure su Dio, così cercai semplicemente di restare tranquillo, ma anche questo era impossibile. Proposi un patto.

«Slegatemi, e scriverò tutto quello che volete!».

Risero. «La spia americana vuole fare un patto!».

«Firmerò qualsiasi cosa. Potete anche spararmi!».

Era proprio l'incoraggiamento che aspettavano per cominciare a flagellarmi le piante dei piedi con un tubo di gomma, tutto nel nome di Allah, che ci crediate o meno. Quei bastardi! Allah, il munifico e misericordioso! I colpi trovarono ogni terminazione nervosa e la scorticarono, riempiendomi di dolore in tutto il corpo, e subito cominciai a invocare Dio perché mi aiutasse.

«Qui non c'è alcun Dio, Hadji» strillarono quelli. «Ti conviene chiedere aiuto agli americani. Un po' più forte. Non ti sentono!».

Urlai la mia innocenza. Che cosa inutile. Persi il conto dei colpi ai piedi e sulle costole. Non ce la facevo più. Esaurii gli ultimi brandelli di autocontrollo, e li maledissi senza fine. «*Ahmagh-ha!* Idioti! *Haraamzadehaa!* Bastardi!». Ovviamente loro si accanirono ancora di più, finché il dolore fu più grande di qualsiasi cosa potessi immaginare, persi la sensibilità agli arti e non potei più identificare i confini del mio corpo, cosa che mi portò a credere che stavo per morire. Ricordo che urlai contro quegli uomini finché qualcuno non mi si sedette sulla schiena e mi imbavagliò con un lenzuolo sporco. Avevo freddo. Ero ancor più vicino alla morte. Tra una sferzata e l'altra, percepivo il vomito risalire in un corpo che era non solo gelido ma anche alla deriva verso la perdita di sensi, e tutto si appiattì in un mosaico bidimensionale di dolore e suoni e ricordi, tutto sparso su una vasta piana di delusione. In quelle folli condizioni, non poteva davvero più importarmi di nulla.

Quando aprii gli occhi ero in una nuova cella. Da solo. I piedi gonfi erano grandi il doppio di prima, rossi come fuoco per le piaghe mostruose sulle piante, e mi facevano un male cane. Ero completamente scarnificato, corroso persino nel mio carattere. Chiunque fossi un tempo, la mia personalità superficiale era sparita, soffiata via come un sottile strato di nebbia, e mi aveva lasciato cinico su qualsiasi cosa potesse venirmi alla mente, soprattutto sulle vaghe idee di essere un eroe. Per chi mi sforzavo di essere un eroe? Le lacrime mi scorrevano sul viso. Pensieri e sensazioni avevano smesso di richiedere la mia attenzione, perché mi ero arreso. Era questa la rivoluzione iraniana? Era questo che voleva il nostro leader? Evidentemente non avevo ancora toccato il fondo, perché avevo ancora la forza per disprezzare questa cosiddetta rivoluzione. Stavo pensando di nuovo a quale fenomeno da baraccone fosse l'ayatollah Khomeini, una mutazione cresciuta come un fungo dal ceppo del suo sviluppo incompleto, dal suo totale fallimento come essere umano. Prosciugato di coraggio e speranza, scivolai nei sogni di un'altra epoca.

La guerra contro l'Iraq, era sempre lì che tornavo. Un'epoca in cui amavo il mio paese ed ero disposto a rischiare la vita. All'inizio nutrivo un profondo rispetto per i grandi princìpi della rivoluzione (indipendenza, libertà e una repubblica islamica). Chiedete a chi vi pare. Certo, vi direbbero anche che esprimevo le mie opinioni, che non esitavo a dire la mia, e che col passare del tempo ero divenuto critico nei riguardi dei nostri leader politici e davo voce a ogni mio sospetto. Certe cose le devi tirare fuori, o diventi pazzo. Parlavo dei combattenti iraniani, in particolare i piloti, che avrebbero dovuto ricevere maggiore rispetto. Non volevo più sentire storie sul fatto che eravamo dei ribelli o degli insorti. I pochi di noi rimasti in vita lavoravano più duramente di prima, prima che Khomeini epurasse il paese dai simpatizzanti dello scià. Il nostro dovere di piloti era raddoppiato, visto che noi eravamo diventati la metà. Chiesi al governo di usare maggior cautela quando mandava i piloti in missione. Ma quelli non potevano dimenticare che quasi tutti avevamo preso il brevetto di volo negli Stati Uniti.

Per un po' avevamo goduto di una vita privilegiata: frequentavamo club per gli ufficiali, con tanto di bar. Per aver assaporato queste libertà, molti dei miei amici erano stati considerati ribelli e giustiziati senza processo: nell'estate del 1980 trentuno dei miei compagni piloti erano stati impiccati in pubblico, come feccia della società. Per rendere giustizia a chi la meritava, il presidente Abolhassan Bani-Sadr aveva cercato di salvare alcuni piloti, ma i religiosi avevano compiuto le esecuzioni prima che il presidente potesse esercitare la propria influenza. A quelli che non erano stati giustiziati venne insegnato a vedere il male nello scià e nell'America, il "Grande Satana", poi furono cacciati a forza nelle cabine di pilotaggio dei loro aerei per compiere missioni suicide contro Saddam Hussein. Alcuni di questi piloti disertarono alla prima occasione, ma gli altri continuarono a volare, una missione dopo l'altra, fino a quando la fortuna non li abbandonò, e nessuno apprezzò mai il loro patriottismo, nessuno celebrò mai questi martiri. Quale altra prova serviva a dimostrare che noi, una confraternita di combattenti, amavamo il nostro paese?

Un trattamento migliore per i piloti non avrebbe fatto bene alla rivoluzione? Lo pensavo e lo dicevo, perché ero ottimista e speravo in un cambiamento, credevo che quando la rivoluzione fosse giunta a una fase più matura tutto sarebbe andato per il meglio. Ma il mio arresto cambiò ogni cosa. Ai tribunali non importava chi eri, o quanto bene avevi compiuto il tuo dovere. Secondo un rapporto, su oltre seimila imputati (uomini, donne e bambini), il "giudice sanguinario" trovò tutti colpevoli. Era uno dei fautori della rivoluzione di Khomeini, Sheik Sadeq Khalkhali. Quando gli chiesero come poteva accettare che un innocente morisse sulle sue forche, lui disse: «Un innocente giustiziato su mio giudizio muore per la causa della rivoluzione e per l'Islam, e va in paradiso». Le organizzazioni internazionali per i diritti umani protestarono contro queste esecuzioni sommarie, ma l'ayatollah Khomeini diede a tutti una lezione di legge: «I criminali non vanno processati», disse. «Il processo di un criminale è contro i diritti umani. Sono proprio i diritti umani a richiederci di ucciderlo. È nostra convinzione che i criminali vadano uccisi senza processo».

Chiaramente i nostri leader erano più letali dell'esercito iracheno: quando si dice "una serpe in seno".

# 8
# *Tazir*

Passarono i giorni, ne persi il conto. Solo grazie ai nostri piccoli, squallidi rituali avevo una vaga coscienza di che ora fosse. Alle quattro del mattino, la radio abbaiava l'*adhan*, la chiamata alla preghiera. Ogni giorno c'era una nuova, triste melodia mirata a spezzarti in due il cuore. Ero saturo di tristezza fin nell'anima. Poi arrivava la guardia e dovevo mettermi la benda prima di uscire dalla cella, per rimanere poi fermo fuori dalla porta. Potevo sentire altre persone fare lo stesso, finché non ci veniva dato l'ordine e marciavamo verso i bagni, tenendoci uno alla camicia dell'altro, o poggiando la mano sulla spalla dell'uomo davanti a noi. A un certo punto, lungo il corridoio, di tanto in tanto vedevo un po' di luce attraverso la benda. Mi faceva battere più forte il cuore e rinnovava il mio desiderio di rivedere il sole e il cielo e tutta la natura. Era un piacere così fugace, eppure mi dava grande energia.

Uno a uno, entravamo a turno nella sudicia latrina. Lì potevamo toglierci la benda per completare le abluzioni e prepararci alla preghiera del mattino. Con acqua fredda e lo stesso pezzo di sapone sporco lavavamo anche i piatti: una ciotola di plastica rossa, una tazza e un cucchiaio. E per fare tutto ciò avevamo appena qualche minuto, visto che la fila doveva continuare ad avanzare. Al minimo ritardo le guardie ci colpivano duramente. Poi di nuovo la benda, di nuovo in fila, aggrappati a un altro prigioniero anonimo. Nessuno parlava o si muoveva. Respiravamo soltanto. A volte li potevo sentire, quei poveracci, sentivo il dolore nel loro respiro, o vedevo i piedi da sotto la benda. Provavo per loro un affetto straziante.

Quando l'ultimo prigioniero aveva finito, marciavamo o zoppicavamo alle celle sempre in fila.

Non appena la porta della cella si chiudeva, sentivo i passi di due giovani inservienti che cominciavano a distribuire il cibo. La finestrella nella porta si apriva ed ecco apparire una porzione di pane *barbari*, con un piccolo pezzo di *paneer* (formaggio) e quattro *ghand* (zollette di zucchero). Il secondo inserviente prendeva la tazza e la riempiva di *chai*. Questa era la colazione, e potevamo mangiarla prima o dopo la *namaz*, la preghiera del mattino. Nessuno controllava se pregavo o meno, ma a me piaceva. Era come parlare con qualcuno, e mi portava a esplorare la possibilità dell'esistenza di Dio. Se c'era davvero una tale forza, non volevo restare del tutto senza fede. E questo piccolo barlume mi aiutò a riacquistare un po' di speranza.

Pranzo e cena andavano nello stesso modo. La pietanza più comune era *abgusht* in brodo, un pastone quasi insapore fatto con patate, piselli e manzo, a volte agnello, spesso con gli avanzi di altri avanzi. Altre volte ci portavano del *khoresht*, una mistura di riso e carne più speziata.

Dopo circa una settimana i piedi tornarono alle loro normali dimensioni, ma mi restarono vesciche grandi come noci. Impossibilitato a caricare il peso del corpo su di essi, camminavo per lo più in punta di piedi. Un giorno, mi fu ordinato di mettermi faccia al muro mentre entrava qualcuno, la solita manovra. Questi aveva qualcosa per me – un altro blocco di carta per scrivere, un "regalo" del mio aguzzino.

«Rispondi alle domande», mi disse l'uomo. «Più tardi verrà lui a prendere i fogli».

«Quali domande?», chiesi.

«Lo sai quali domande», mi rispose.

Quell'inutile esercizio divenne in realtà un piacevole diversivo, mi teneva occupato per gran parte della giornata, anche se non facevo che ripetere da capo le stesse cose. Fui attento a non scrivere nulla di più o di meno rispetto a quanto avevo già scritto. Una mancanza o un'aggiunta e sarei finito nei guai. Così riempii le pagine e attesi, attesi e attesi. Passarono ventiquattr'ore e l'aguzzino non si fece vedere. Ovviamente non riuscii a dormire. Durante quest'attesa, sentii il bisogno di andare al bagno, così infilai sotto la porta l'apposito cartoncino. La guardia si avvicinò e sentii dire, con un accento turco: «*Na, nemishe*». Niente toilette per me.

«È urgente», dissi. «Non ce la faccio a tenerla».

«Due ore», mi rispose.

«Non ce la faccio ad aspettare due ore».

«*Be man marboot neest.* Non è un mio problema». Poi: «*Aghaa, ziyaad harf mizani!* E tu parli troppo».

Parli troppo? Doveva essere una battuta. Oppure quell'uomo mi aveva sentito pregare. Non mi dispiaceva. Chiuse la finestrella, lasciandomi solo e sapendo che non potevo aspettare due ore, neanche due minuti. Strillai chiedendo aiuto, ma servì solo a rilassare la vescica facendomi versare alcune gocce nei pantaloni. Urinai proprio lì, in cella, ma a giudicare dall'odore non ero il primo a insozzarla. Quello che mi infastidì, però, fu bagnare la coperta: non potei evitarlo, in uno spazio così ridotto.

Il mattino seguente, dopo colazione, mi portarono nella stanza degli interrogatori e mi fecero sedere rivolto verso il muro. Sentii arrivare il mio aguzzino. Lo riconobbi dal passo pesante e dal sibilo del respiro. Il suo alito fetido era diventato opprimente come una brutta carta da parati.

«Hai pisciato in cella, perché?»

«Perché?». Avrei riso se non mi avessero fatto così male i piedi. A ogni modo, non era consigliabile esprimere emozioni lì dentro, e solo un ferreo controllo sui miei nervi stremati mi impedì di strangolare quello stronzo.

«Non sono riuscito a trattenerla», dissi.

«Tu pisci in casa tua?», mi chiese.

«A casa ho un bagno. Se devo pisciare, lo uso. Non ho bisogno di alcun permesso per farlo».

Che poteva dire, adesso? Che ciccione idiota. Tornò alle sue consuete lagnanze, accusandomi di dargli le stesse, vecchie informazioni, la «solita, vecchia spazzatura».

«Mi dispiace», dissi.

Mi accusò di star sprecando il mio «tempo libero», quel tempo che lui mi aveva tanto gentilmente concesso per «riposare e riflettere», come se avessi rovinato una qualche dannata vacanza.

«Mi dispiace», dissi.

Com'era prevedibile, lui esigeva le risposte "giuste", e mi avvisò che la mia situazione stava diventando molto seria, e che ero destinato a rimanere lì molto a lungo, probabilmente per sempre.

«Mi dispiace», dissi ancora. «Mi dispiace che non sappiate apprezzare la verità».

«Ti dispiacerà sul serio», ribatté.

«Mi dispiace di non poter inventare la storia che volete sentire. Se mi date un canovaccio, vedrò di accontentarvi. La firmerò anche».

Sembrava quasi felice di giocare a quello stupido gioco, tanto si impegnava ad accusarmi di mentire. Adorava in special modo quella storia della finta buona fede, quando mi spiegava che aveva fatto di tutto per darmi la possibilità di ridurre la mia condanna a morte a un lungo periodo di detenzione. Ma a quanto pareva, io non volevo essermi d'aiuto. Né a me né alla mia famiglia. A quanto pareva, non mi importava neppure di mia moglie. A quanto pareva, la mia vita era costellata di avventure extraconiugali. Che potevo fare davanti a tanta follia? Rimasi in silenzio. Così lui passò a un altro argomento: le videocassette.

«Hai una collezione di film», disse. «Perché?»

«Mi piacciono i film. A lei no?»

«I film dei tempi dello scià? No. Ma a te, a te piace tutto dello scià. Ti piaceva com'era allora».

«Se fossi stato davvero un suo estimatore», dissi, «avrei lasciato il paese quando lui se ne andò».

«Tua moglie», disse, «perché non si copriva la testa in Pakistan? Perché non si copriva la testa in pubblico?»

«Lo chiedo a lei. Ha detto che l'avete portata qui».

Mi accusò di aver fallito come marito. Un buon marito ha la responsabilità di istruire la moglie su come mostrarsi in pubblico. Io gli spiegai che non avevo tempo per cose del genere, visto che ero occupato a tempo pieno da questioni ufficiali, essendo il rappresentante in Pakistan delle nostre forze armate, nonché della mia nazione in generale.

«E una spia per conto della CIA», aggiunse lui.

Risi, non riuscii a trattenermi, tanto assurda era quell'accusa. «No, signore, non sono una spia».

«Tu sei un seguace di Reza Shah, re Reza, il quale rubò lo *hijab*, il velo, alle nostre donne nel 1933! Tu e tua moglie non siete solo contro la rivoluzione, ma contro gli imam, contro l'ayatollah Khomeini e l'Islam! La gente come voi la uccidiamo, non lo sai questo?».

Uscì dalla stanza, ma tornò pochi minuti dopo, e questa volta fu molto più pragmatico. Mi prese per un braccio e mi spinse in corridoio e da lì nella cella che temevo più di tutte, quella con il plotone di due uomini la cui specialità era legare persone alla rete di un letto. Si divertirono ancora di più questa volta, e di nuovo mi fustigarono i piedi. Come potete immaginare, bastarono pochi colpi perché si riaprissero le vesciche e il pus schizzasse fuori, seguito poi dal sangue. Mi slegarono.

«Il secchio! Vai al secchio! E bagnati i piedi!».

Mentre obbedivo, mi chiesero di dir loro la verità, o ci sarebbero state altre frustate.

«Vi ho raccontato tutto quello che so», dissi. Quelle teste vuote, quei figli di puttana! «Non è evidente che c'è stato uno sbaglio?», strillai. «State torturando un innocente!».

Uno di loro fece un passo verso di me, ma pensai che stesse bluffando, così continuai a sciacquarmi i piedi nel secchio, uno per volta.

«Tortura?», disse lui. «Ma, Hadji, questa non è tortura, questo è *tazir*».

*Tazir*, la parola del Corano usata dal nostro clero per questo tipo di “persuasione”.

«A me sembra tortura», dissi.

«Quello che pensi tu non è importante».

«Comincio a rendermene conto».

Di nuovo sul letto, gli stinchi legati alla sbarra in basso, i polsi ammanettati a quella in alto. Loro ridevano, mentre cercavano di decidere quale tubo usare. Poi fu la volta di Allah, invocavano Allah quando uno di loro cominciò a colpirmi i piedi, e io riuscii solo a pensare che nulla al mondo poteva essere più malvagio e imperdonabile. Tortura nel nome di Dio? Questo pensiero mi diede forza, sapendo che la mia fede in Allah, per quanto superficiale, era profonda se paragonata a quella di questi animali.

Mi imbavagliarono quando cominciai a gridare.

«Se sei pronto a parlare, muovi un dito», disse il mio aguzzino.

Con quel lenzuolo sudicio ficcato quasi fino in gola, ero sicuro di stare per morire. A ogni colpo, il dolore esplodeva in tutte le terminazioni nervose. Poi un dolore ancora più acuto mi divampò sotto le unghie, la mano sinistra doveva essere in fiamme. Agitai le dita in segno di resa, ma immagino fosse ormai troppo tardi per quello. Troppo tardi per qualsiasi cosa fosse collegata al mondo esterno. Ma dentro di me regnavano confusione e disperazione, venivo punito in punti che la frusta non poteva raggiungere. Tuttavia continuai a immergermi in me (non avevo scelta) fino a che riuscii a vedere quella follia come da lontano. E a quel punto, ovviamente, svenni.

Mi svegliai con un senso di nausea e di vertigini. Ero nella mia cella. Ogni parte del corpo emanava dolore. I miei piedi! Erano infilati in buste di plastica. L’idea di resistere ancora era impensabile, impossibile. La mia innocenza? Che concetto inutile. Pensai di suicidarmi? Sì. I miei giorni erano palesemente contati. Per loro ero una spia, e nulla poteva fargli cambiare idea. La morte per fucilazione o impiccagione sembrava imminente.

Pensai ai miei compagni piloti, quelli che avevano seguito con me l'addestramento negli Stati Uniti, che erano stati fucilati per aver pianificato un colpo di stato subito dopo la rivoluzione. Fucilati il giorno seguente, e i cadaveri sbattuti in prima pagina sui giornali. Avrei fatto meglio a suicidarmi piuttosto che lasciarmi torturare e poi giustiziare, ma non avevo idea di come farlo. Niente in quella cella poteva fungere da arma, tranne i miei stessi denti. Pensai di mordermi le vene dei polsi e morire dissanguato. È buffo come, con quella possibilità più che reale a mia disposizione, cominciai di nuovo a riflettere sulla vita. La mia famiglia. Stare con loro – che gioia mi avrebbe dato. E sentire il sole sul viso, veder volare gli uccelli e avvertire l'odore della pioggia prima di una tempesta. E la neve di notte, e vedere di nuovo il sorriso di mia moglie. Abbracciare mia figlia e giocare a calcio coi miei due figli: tutto questo mi distoglieva dall'idea di togliermi la vita, finché gli altoparlanti nel corridoio non mi fecero a pezzi. *Do-aa-ye komail*, un'ora di musica che pareva provenire da un cimitero.

Ogni mercoledì sera, lo stesso, mesto assolo del cantante: «*Aahangaraan*». Neppure una volta in quel luogo risuonò una canzone allegra. Era sempre qualcosa di malinconico. Il testo della canzone ci ricordava che avevamo peccato contro Dio e dovevamo chiedere perdono. Era un pezzo sul martire Imam Hussein, nipote del profeta Maometto, e sulla sua lotta contro Yazid, figlio di Mu'āwiya, califfo ommayyade. Questi era un nemico dell'Islam, e fu per suo ordine che il martire Hussein venne ucciso. Fu responsabile della morte di tutta la famiglia di Imam Hussein, incluso il figlio di sei mesi, Aliasgar. Questa storia luttuosa riempì la prigione, e molti detenuti cominciarono a lanciare lamenti di dolore. Sentendoli, sprofondai in una disperazione così assoluta e cominciai a capire che eravamo tutti da biasimare. Ogni iraniano era colpevole! Era vero! Avevamo permesso a un manipolo di fondamentalisti di riportare il calendario indietro di quattrocento anni. Ci lasciavamo governare da una legge vecchia di secoli. E ci eravamo persino battuti per tutto ciò! Alcuni di noi rischiavano la vita per questo, di continuo.

Ricordai l'ultima volta che avevo avuto il piacere di mettere a repentaglio la mia esistenza. L'ultimo volo. Le missioni erano sempre più simili a suicidi. Quell'ultima, avrebbe potuto essere definita un omicidio.

# 9
# Spazio aereo iracheno

Mi era stato ordinato di guidare una missione con l'obiettivo di abbattere la centrale elettrica di Dibis nell'Iraq nordoccidentale, vicino Karkuk, presso il confine con la Turchia. Le strutture come quella di Dibis erano ben protette, e non era la prima che ci mandavano a bombardare. Sapevo di avere i giorni contati e di essere ancora vivo solo perché ero bravo nel mio mestiere. Ma la considerazione di cui godevano i piloti era così bassa che ci mandavano in missione senza squadre di riserva, senza una protezione, senza niente.

Aggiornai i tre piloti della mia squadra sul compito del giorno. Dopo i controlli preliminari, e dopo aver avviato i motori, il tenente Baghai riscontrò problemi al suo aereo. Chiese un altro F-5, ma io gli dissi di lasciar perdere: avremmo proceduto senza di lui.

Pochi minuti dopo il decollo, eravamo nello spazio aereo iracheno e stavamo cominciando la nostra discesa standard, sfrecciando in territorio nemico a un'altitudine abbastanza bassa da evitare i radar. Ero diventato esperto in questa manovra, poiché era stata la nostra strategia per tutta la guerra. Questa volta, tuttavia, mi scoprii stranamente ansioso, persino riluttante. Ero fin troppo consapevole del numero sempre più alto di piloti che non tornavano dalle missioni. Questi piloti, capite, erano tutti miei amici. Eppure non contava; emozioni, sensazioni o sentimenti d'ogni sorta non avevano alcun peso nelle decisioni che un soldato prendeva nell'adempimento del proprio dovere. Ero stato addestrato ad agire senza esitazioni, per dare tutto e continuare a difendere il paese, anche a costo della mia vita. Quel giorno, eravamo aquile come ogni altro giorno. Ma a differenza degli uccelli rapaci, non agivamo per un primitivo istinto di sopravvivenza, non eravamo in cerca di cibo né ci occupavamo dei nostri cuccioli. Avevamo imparato a volare con una sicurezza straordinaria, concentrati unicamente sulla distruzione dell'obiettivo e il ritorno in patria.

Formavamo un piccolo triangolo, io alla guida, gli altri due aerei poco dietro, ad appena un metro dalla punta delle mie ali. Andava tutto secondo i piani finché, a circa venticinque chilometri dall'obiettivo, un basso e fitto strato di nuvole ci costrinse a scendere ancora di più. Io scesi più in basso possibile, ma ancora non vedevo nulla. Era molto pericoloso. Arrischiai una comunicazione radio con gli altri, per dir loro di sganciare le bombe e tornare alla base. Per come la vedevo io, volando da solo avrei potuto trovare prima uno spiraglio nella nuvola, stabilire una nuova rotta verso l'obiettivo e portare a termine la missione. E lo feci: attaccai la centrale da un angolo improvvisato e mi allontanai subito. Ma a quel punto l'antiaerea aveva trasformato il cielo in un'esibizione di fuochi d'artificio, e io dovetti tentare di ritagliarmi una rotta. Il problema non era solo evitare l'artiglieria: alla velocità alla quale volavo rischiavo di sorpassare i proiettili e *colpirli* io stesso! La fortuna fu dalla mia parte, come lo era stata spesso, e quando mi trovai a soli centotrenta chilometri dalla base cominciai a festeggiare.

Gli unici aerei visibili erano i due davanti a me: dovevano essere i miei piloti sulla via del ritorno. Mi sforzai di non perderli, ma quando gli fui più vicino mi accorsi che erano MiG-21 iracheni. Prima di riuscire a escogitare una via di fuga da quella situazione, mi ritrovai coinvolto in uno scontro a fuoco. Quegli aerei di fabbricazione russa avevano una maggiore manovrabilità in alta quota, ma a una bassa altitudine non reggevano il confronto coi nostri F-5 americani dotati di flap. Prima ancora che avessimo modo di ingaggiare battaglia, uno dei MiG fu colpito dal suo stesso compagno. Finirlo fu per me un gioco da ragazzi. Il missile lo raggiunse da dietro, dritto nel motore, e l'aereo esplose. Vidi aprirsi un paracadute, per fortuna, e il pilota fuggì verso la salvezza. Che sollievo. Per me non era quello il nemico, né lo ero io per lui. Stavamo entrambi combattendo per qualcun altro, due capi di stato che si odiavano e disprezzavano a vicenda ma non si sarebbero mai scontrati faccia a faccia. Due tiranni codardi che preferivano che a combattere fossero soldati e piloti innocenti.

Sollevato, mi diressi di nuovo verso l'Iran, ed ero a soli quarantatré chilometri dal confine quando altri due MiG aprirono il fuoco. L'ultima cosa che desideravo era finire coinvolto in un altro scontro aereo così vicino alla base, inoltre ero a corto di carburante. Fu facile mettermi in coda a uno di loro, ma questa manovra consentì all'altro MiG di prendermi di mira. Lanciai rapidamente un missile, che però non partì. La mitragliatrice era la mia unica arma, ma per usarla dovevo essergli molto più vicino. Cominciai a sparare proiettili da 20 mm, ma prima che potessi capire quali danni avevo causato venni colpito da dietro. *Boom!* Un missile. La cloche mi morì in mano. Non serviva più a niente. Era come girare un cucchiaino in una tazza di caffè. Ero in rotta di collisione col terreno, non mi restava che fare ciò in cui nessun pilota ha mai modo di esercitarsi. Espellermi! Tirai con forza la leva.

Quando aprii gli occhi, ero a terra. Non sentivo nulla. Il lato sinistro della mia faccia era nella polvere. Sangue, terriccio. Ero ancora bloccato dall'imbracatura, e non riuscivo a muovermi. Dovevo essere svenuto. Da quanto tempo ero steso lì? Cos'era successo? Non avevo mai sentito parlare di una cosa del genere: lanciarsi fuori dall'aereo così vicino a terra, a 830 chilometri orari. Un sacco di sangue. Quanto al dolore, non credo ne provassi granché. Ma sentivo dei rumori. Persone in avvicinamento, molte. Uomini e donne, bambini anche. Sapevo bene cosa succedeva ai soldati nemici. Avevo visto le foto. Legati a un camion e trascinati via, dilaniati pezzo dopo pezzo, sparsi lungo la via in attesa degli avvoltoi. Vidi Akram vedova, e i miei figli che crescevano senza un padre. E mia madre, per lei sarebbe stato anche peggio. Sentii che il gruppo si fermava, e vidi arrivare tre uomini. Erano giovani e forti, armati di grossi fucili, e portavano delle spade appese in vita. Parlavano in arabo, che io non capisco, così potei solo aspettare e vedere cosa avevano in serbo per me. Soffrivo? Non lo ricordo.

Non riuscivano a liberarmi dal paracadute. In un misto di farsi, turco e inglese, cercai di spiegare come aprire le fibbie, e fu allora che capirono che non ero un iracheno. Passarono subito al farsi.

«Siamo curdi», dissero. «Non ti preoccupare. Con noi sei al sicuro».

Una volta abbassata la guardia, mi resi conto di quanto fossi messo male. Non potevo neppure sorridere senza provare dolore. Ma sorrisi, versando anche lacrime in abbondanza, e ringraziai Dio.

«Dobbiamo spostarti in fretta», dissero loro. «Le forze irachene sono vicine».

Mi rotolarono su un fianco e mi infilarono sotto una coperta, che servì a mo' di amaca per trasportarmi verso un camion, dove mi nascosero mentre viaggiavamo tra le montagne. Faceva freddo, ve lo assicuro. Uno dei febbrai più freddi. Eravamo nei pressi del lago Dokan, da quel che potei capire, non lontano dalla città di Ranieh; arrivati a una casetta in mezzo al nulla, finalmente ci fermammo e trovammo riparo.

Arrivò un vecchio. L'avevano chiamato perché mi desse un'occhiata. Aveva la barba bianca, portava il turbante, ma più largo rispetto ai sikh o ai religiosi iraniani. Mentre studiava la mia situazione, toccandomi a malapena, mi fece pensare a mio zio, un uomo gentile e dalla pacata sicurezza, con occhi pieni di compassione. Mi parlò in curdo, che non capii, poi in turco. Mi spiegò che doveva togliermi i vestiti. Con un paio di forbici aprì la giacca, poi mi liberò dall'uniforme da pilota tagliando anche quella.

A quel punto, potei distinguere le varie ferite; il gomito sinistro, di sicuro slogato, forse rotto, sembrava la parte più compromessa.

Mi sentivo come se mi si fosse scoperchiato il cranio. Con un movimento sicuro ma brutale l'uomo mi risistemò il gomito, ma il dolore fu eccessivo e io svenni.

Quando mi svegliai, mi ritrovai fasciato da capo a piedi, con tanto di stecche improvvisate con rami di salice e legate strette. Sentivo pulsare le ginocchia. Potevo muovere solo gli occhi. E, per chissà quale motivo, mi sembrava di avere il cuore nella schiena, che batteva un ritmo crudele su e giù lungo la colonna vertebrale. Intorno a me erano sedute circa dieci persone che parlavano a gran voce e fumavano. Appresi che erano le tre. Secondo i miei calcoli, mi ero schiantato al suolo alle 11:15 del mattino. Avevo sete e fame.

Entrò un gruppo di uomini armati fino ai denti con fucili e pugnali. All'arrivo del loro leader, quelli in casa si affrettarono a cedergli la sedia. Anch'io volevo alzarmi. Il capo era un uomo grosso e di bell'aspetto, con folti baffi. Non fece caso a nessuno, venne direttamente da me e mi diede il benvenuto. «*Be kheyr bee*». Parlava in curdo. Aveva le sopracciglia unite in un'unica linea ricurva, e le guance rosse come mele. Si chiamava Sowar Agha ed era il comandante dei curdi in quella zona.

Entrò un altro uomo al quale fu tributato grande rispetto, era più giovane ma altrettanto alto e forte: il fratello di Sowar Agha, Kaak Aako, scoprii poi, vicecomandante dei martiri conosciuti in quella regione del Kurdistan come *pishmargan*, membri dell'Unione patriottica del Kurdistan.

«Sei fortunato a essere ancora vivo», mi disse. «Passiamo di lì solo una volta alla settimana, per consegnare le provviste ai nostri uomini che combattono in quell'area».

Gli chiesi dove aveva imparato a parlare così bene il farsi, e mi spiegò che ai tempi dello scià molti curdi di quella regione, inclusa la sua famiglia, furono cacciati fin nell'Iran dalle forze di Saddam. Lo scià diede loro asilo a Isfahan e Varamin, dove rimasero per alcuni anni. Con parole intervallate da gemiti di dolore, chiesi del vecchio che mi aveva curato. Appresi che non era un dottore e neppure un soldato, ma aveva rattoppato tante di quelle capre in vita sua che come segaossa non era secondo a nessuno.

«Vorrei un bicchier d'acqua», dissi.

«Spiacente», mi risposero. «Non ancora. Prima dobbiamo essere sicuri che tu non abbia riportato danni al cervello».

E così il cranio mi si era davvero scoperchiato. Mangiare o bere poteva essermi letale, mi spiegarono, se le mie condizioni erano abbastanza gravi da richiedere il trasferimento di emergenza in Iran. Chiesi perché non avessero già pianificato una cosa del genere, emergenza o meno.

«Troppo rischioso. La campagna da qui al confine è piena di soldati di Saddam», disse Sowar Agha. «Metteremmo a repentaglio la vita di tutti».

«Dove andremo, allora?», chiesi.

«In un posto sicuro. E più comodo».

Sowar Agha organizzò una squadra che mi caricasse su una barella ricavata da una scala. Otto uomini mi alzarono, sollevando il tappeto sul quale ero steso, e mi calarono con cura sulla lettiga improvvisata. Reggendomi a spalla, mi trasportarono per quel territorio montagnoso. Non sapevo se fosse intenzionale o meno, ma la barella era identica a quelle usate per portare i cadaveri alle pire funebri.

Non avevo mai sentito un freddo così pungente. Steso sulla schiena, potevo apprezzare la magnificenza di quei cieli tersi, frutto di un sistema d'alta pressione originato in Asia Minore. La luna di febbraio era luminosa, e le stelle! Non ne avevo mai viste, di stelle così. Né avevo mai visto montagne che incombessero così minacciose, così impenetrabili. Ricordo che la notte era stranamente silenziosa. Ma torniamo al freddo: lo sentivo farsi strada nel mio bozzolo, mi filtrava tra le dita dei piedi e nelle orecchie. I denti mi battevano come i tasti di una macchina per scrivere. Non sapevo come avrei fatto a sopravvivere a quel freddo, per non parlare delle ferite, mentre venivo sballottato di qua e di là, a dispetto dell'accortezza con cui quegli uomini si muovevano sulla pista gelata. Come se ciò non bastasse, non potevo fare a meno di gemere. Era imbarazzante. Cercavo di sincronizzare i lamenti col ritmo dei loro passi. Poi arrivarono le lacrime, che mi trasformarono il viso in una maschera di ghiaccio. Ma non ero nella posizione di potermi lamentare.

Non sapevo per quanto ancora avremmo dovuto viaggiare. Né sapevo se ce l'avrei fatta o meno. Ma che senso aveva chiederselo? A che serviva l'autocommiserazione? Poiché ero del tutto impotente, non mi restava che arrendermi, anche al punto di guardarmi morire, se era questo che il fato mi riservava. Dovetti piombare in una sorta di stato mentale alterato, perché ricordo che quella campagna mi faceva pensare a Taleghan, la valle dei miei antenati. E credevo che le persone che si stavano prendendo cura di me fossero la gente di casa mia che tanto mi amava. I ricordi dell'infanzia: che prezioso tesoro.

Arrivammo a un villaggio, una manciata di capanne fatte di rami e terra. Le porte erano così basse che gli uomini dovettero chinarsi per entrare. Mi adagiarono in una piccola stanza dove troneggiavano una stufa a legna e una lampada al cherosene che sibilava rumorosamente. Il posto non era molto accogliente, ma mi stava bene. Inoltre, era pulito e colorato. Le pareti erano decorate con motivi floreali. Guardando meglio vidi che erano ricoperte di plastica, come le piccole finestre, tutte coperte di plastica colorata.

«Che tipo di letto preferisci?», mi chiese Sowar Agha. Era incredibile la gentilezza di queste persone.

«Qualsiasi cosa sia disponibile mi andrà più che bene», dissi.

Avevano due materassi, uno di gommapiuma, l'altro di lana. Approntarono rapidamente un letto e poi mi ci adagiarono sopra. Accortezze e cure di quel genere te le aspetteresti solo da tua madre o da tua sorella. Mi stesero addosso una nuova coperta e mi fornirono un cuscino in più per poggiarci il braccio rotto. Mi sentivo come un bambino messo a nanna. Sowar Agha e il fratello si sedettero ai due lati del letto, e altri otto *pishmargan* si accomodarono lungo l'altra parete.

Passarono un'ora o due. Gran parte dei discorsi era su di me e sul modo migliore e più sicuro di portarmi al confine. Sowar Agha mi tradusse gran parte di ciò che veniva detto. A mezzanotte, lui e il fratello uscirono silenziosamente, lasciando che gli altri si prendessero cura di me. Due uomini si misero di guardia all'esterno, mentre un terzo dormiva vicino a me e si occupava dei miei bisogni come meglio poteva. Il suo nome era Ghander, ma io lo chiamai dottor Ghander perché mi diede delle pillole di antidolorifico che mi aiutarono a passare la notte. Mi portò anche una lattina per pisciare, ma ero troppo impacciato. La vescica si rifiutò di collaborare. Non c'era molto altro da fare, se non dormire...

Sentii tossire una delle sentinelle. Era mattino. Mi aspettavo di sentire il canto del gallo, ma mi arrivò invece l'assordante voce degli altoparlanti della prigione che invitavano tutti alla preghiera.

«*Allaho Akbar!* Allah è grande! *Ashhado anla elaha ellallah!* Non ho altro Dio all'infuori del grande Allah...».

# 10
# Danzando con il diavolo

La chiamata alla preghiera mi diede sui nervi. Avevo mal di testa, mi pulsavano i piedi e la mano sinistra ancora bruciava. La successiva proposta musicale fu una canzone ancora più triste, *Do-aa-ye rouz*, "la canzone del giorno". L'incidente aereo aveva arrecato più danni al mio corpo rispetto alle torture, ma in qualche modo quel dolore era più facile da sopportare. L'amicizia dei curdi era un balsamo lenitivo. In prigione invece, lì nella mia patria, non avevo dove volgermi in cerca di sollievo.

Era tempo di bendarmi e marciare verso i bagni per le abluzioni, seguite poi dalla *namaz*. Usai la porta per reggermi in piedi finché la guardia non mi consegnò le stampelle, che erano poggiate contro il muro fuori dalla cella. Ero così distrutto che non riuscivo a camminare senza.

«Ti servono le stampelle, perché?», mi chiese la guardia.

Maledissi in silenzio quel figlio di puttana: «*Maadar ghahbe*». Non riuscii a fare più di due passi. Per fortuna ero in fondo alla fila.

«Ehi, Hadji! Tu con le stampelle! Muoviti! Sbrigati! Siamo in ritardo! Pensi di essere in albergo! Muoviti, muoviti!».

Ma non potevo andare più veloce di così. Afferrai la camicia dell'uomo davanti a me e mi trascinai fino all'entrata dei bagni. Quando la guardia vi scortò dentro il prigioniero successivo, quello dietro di me chiese da quanto tempo mi avevano arrestato. Gli dissi che avevo perso il conto dei giorni. Poi toccò a me usare il bagno. Mi sedetti sulla tazza ma non riuscivo neanche a urinare. Alla fine uscì del sangue, una cosa spaventosa a vedersi, lasciatemelo dire. I reni stavano cedendo? Doveva essere per via delle percosse ai piedi, anche se non capivo come.

Di nuovo in cella per le preghiere, che recitai da seduto, visto che non ce la facevo a stare in piedi. Mi aspettava poi il resto della routine quotidiana, a cominciare dalla colazione, consistente in pezzi di mela e un'arancia. Stavo sbucciando l'arancia quando una voce familiare mi urlò da dietro la porta. Il mio aguzzino. Il suo arrivo significava una cosa soltanto: dovevo avere la benda pronta sugli occhi quando fosse entrato.

«Come te la passi?», mi chiese.

«Che differenza fa?», risposi.

«Se non mi importasse, Hadji, non sarei qui ora». Mi guardò i piedi. «Se avessi confessato ogni cosa, questo non sarebbe successo. Saresti potuto tornare a casa con la tua famiglia. Ma ora dovremo aspettare che tu guarisca. Che peccato. In ogni caso, guarda cosa ti ho portato. Altri fogli. Lo so quanto ti piace rispondere alle mie domande».

Continuammo a parlare in quel modo, facendo finta di essere amici, e gli assicurai che avrei preferito comunque tornarmene a casa, guarito o meno.

«Prometto che non racconterò niente a nessuno», dissi. Stava diventando quasi divertente.

«Mi dispiace, Hadji, ma non si può fare», rispose lui. Mi fece tuttavia una controproposta: se gli avessi fornito qualche risposta scritta, mi avrebbe fatto parlare con mia moglie.

«È ancora qui?», chiesi.

«E in condizioni assai migliori delle tue, amico mio».

«Chi si sta occupando dei nostri figli?», chiesi.

«Ti preoccupi troppo», disse lui. «È tutto sotto controllo».

Mi lasciò da solo con quelle stupide domande, la solita, vecchia solfa sui miei rapporti con l'incaricato d'affari argentino in Pakistan, e sulle altre persone con le quali ero entrato in contatto nelle vesti di addetto militare, soprattutto gli americani. Dovevo spiegare perché eravamo diventati amici e quali erano i miei compiti ufficiali con loro. A queste erano inframmezzate altre domande, come quanti soldi avevo e perché volevo mandare mio figlio maggiore in una scuola americana. Volevano sapere tutto su certi miei amici e sulle loro opinioni riguardo l'ayatollah Khomeini e la rivoluzione. Anche se non avevo niente da nascondere e nessuno da denunciare, preferivo comunque non fornire alcuna informazione sui miei amici, ma ovviamente dovevo pur scrivere qualcosa, e lo feci, soprattutto perché mi aiutava a passare il tempo. Probabilmente mi aiutò a non impazzire, questo continuo rivivere la mia vita. Forse mi ha persino aiutato a non morire.

Mentre scrivevo, cominciai a sentirmi sempre più ansioso. Gli americani. Ne avevo conosciuti tanti, tutti funzionari militari. Malgrado le differenze tra i nostri paesi, andavamo d'accordo, come con tutti gli altri. Il problema stava nel fatto che quelli erano americani. Agli occhi della rivoluzione anche solo conversare con agenti del nemico era un crimine. L'ayatollah Khomeini aveva dichiarato che cospirare con gli Stati Uniti equivaleva a fraternizzare con Satana, il che rappresentava il peggior tipo di tradimento. Ma quegli incontri derivavano dal mio incarico, e cominciai a chiedermi se non mi avessero spinto di proposito in un paradosso alla Comma 22. Quanto contava che i miei affari con gli americani si riducessero a nulla più che qualche tazza di tè bevuta insieme? Probabilmente nulla. Come potevano uccidermi per una tazza di tè? L'avrebbero fatto davvero? Era inconcepibile.

Finii di mangiare l'arancia e rilessi le domande, cercando di stabilire quali prove avessero in realtà contro di me. Perché ritenevano che fossi una tale minaccia per il regime? Dopo tutto, ero un personaggio famoso. Ero stato sui giornali, avevo scritto un libro sul mio incidente e su come ero riuscito a sopravvivere in territorio iracheno, che era diventato anche un film di successo. Questi eventi culturali non erano privi di significato in Iran. Avevo creduto di essere una fonte d'ispirazione in un momento in cui il paese ne aveva un disperato bisogno. Allora perché il regime aveva deciso di arrestarmi e torturarmi? Non aveva senso.

In quello stato di confusione, rammentai i versi del Corano che consigliavano al fedele di non preoccuparsi troppo per gli eventi negativi, poiché nessuno poteva mai sapere come sarebbe andata a finire. Forse tutto era finalizzato al bene. E, allo stesso modo, la benedizione di oggi poteva diventare una maledizione domani. Non si può mai sapere. Per un momento mi concessi di immaginare un lieto fine per quell'ordalia, una splendida vita a breve per me e la mia famiglia. Purtroppo, ciò rese soltanto peggiore la realtà di quella cella puzzolente, e cominciai a sentirmi un idiota e un illuso. Per non parlare del fatto che dovevo sembrare un animale selvatico.

Cominciai a rispondere alle solite, vecchie domande con le solite vecchie risposte. Feci attenzione a non dire nulla di più o di meno di quanto avessi già detto. I nuovi quesiti su amici e colleghi di lavoro andavano affrontati con cura, in modo da non incriminare nessuno. Sebbene non amassero Khomeini o la rivoluzione, non potevo esporli al pericolo insieme alle loro famiglie mettendogli in bocca le parole. Un mio momento di superficialità poteva cacciarli nei guai. Forse era meglio se mi uccidevano, prima che diventassi causa degli incubi di qualcun altro. Così scrissi solo del mio lavoro, delle missioni intraprese coi miei colleghi, le dure battaglie contro il nemico, evitando qualsiasi critica all'ayatollah o alla rivoluzione. Scrissi per tutto il giorno, scrissi fino alla consunzione. Proprio quando stavo per addormentarmi, annunciarono che ai prigionieri era concessa una doccia.

«Mettete la benda!».

Avevo il voltastomaco, ma sentivo comunque il bisogno disperato di una doccia. Non ne facevo una dal giorno dell'arresto. Eravamo sempre al buio in quei mesi, senza mai vedere nessuno o poterci fare una precisa idea del posto in cui ci trovavamo. Lasciare la cella anche solo per qualche minuto era un gradito cambiamento, e mi ricordò le libertà di cui godevo prima, mi ricordò un tempo in cui potevo andare dove volevo e usare la toilette quando preferivo, e fare il bagno a qualsiasi ora. Ma chi mai si ferma un istante a ringraziare per tali privilegi? Ora sapevo cosa fosse la libertà, e quale prezzo fossi disposto a pagare pur di riaverla.

Con grande sofferenza, riuscii a mettermi in fila come al solito nel corridoio fuori dalla cella.

«Giù la testa! E muovetevi lentamente! Hadji! Vuoi venire o no?».

La voce era nuova. Percepii una persona più gentile delle altre. Sentii che aveva notato i miei piedi in quelle buste di plastica e il tentativo di afferrare le stampelle fuori dalla porta.

«Arrivo», dissi. «Se non avete fretta».

La guardia mi sorprese tentando di aiutarmi, ma quando la fila di prigionieri cominciò ad avanzare strascicando i piedi lungo il corridoio mi ritrovai ben presto indietro. La guardia si rese conto che ero d'intralcio all'esecuzione dei suoi ordini.

«Hadji! Non puoi portarti dietro quelle stampelle!».

«Non posso camminare senza!», dissi.

Fui stordito da un colpo dietro la testa, che mi fece barcollare.

«Stai zitto!».

Mi strappò via le stampelle e caddi a terra, agitando le mani in cerca di un appiglio.

«Non puoi camminare, Hadji? Che peccato». Mi spinse in cella e chiuse con violenza la porta.

Non ho mai provato tanto odio per un essere umano. Mai una tale ostilità combinata a una simile impossibilità di reagire. Una sola parola, e avrei peggiorato la situazione. Potei soltanto cercare di dimenticare tutto, ma una rabbia del genere non passa facilmente. La disperazione e l'autocommiserazione parvero ingigantire il mio sudiciume e il prurito. E il fetore! Avrei disgustato una puzzola. Cercai di evocare il ricordo di tempi più felici, visto che in precedenza aveva funzionato. E poche cose mi davano più gioia del tempo passato con i curdi.

# 11
# In bara fino a Noorzang

«Partiamo subito».

«Dove andiamo?», chiesi.

«Fino in Iran. Sei pronto?».

Kaak Aako, fratello di Sowar Agha, si era infilato nella mia capanna per avvisarci della presenza di elicotteri nemici che pattugliavano la zona. Li avevamo sentiti. Aako riferì che un *pishmarg* era rimasto ucciso e alcuni altri erano feriti.

«Sono pronto», dissi.

Ovviamente non lo ero. Ero agonizzante, ma questo non importava, perché avrei rivisto la mia famiglia. Non mi ero mai sentito più felice. Ma stavamo sprecando tempo in chiacchiere. Volevo partire all'istante, però non così in fretta da dimenticare di esprimere la mia gratitudine al padrone di casa e alla sua famiglia. Non parlavo molto bene la loro lingua, ma tra gesti e linguaggio del corpo riuscimmo a comunicare. È una cosa banale da dire, lo so, ma io adoravo quella gente.

Ricordo che, all'epoca, riflettevo su come questo tipo di amore ti entri dentro. Tante piccole gentilezze che trovano la strada per il tuo cuore, a poco a poco, goccia dopo goccia. Lentamente, il cuore si riempie d'affetto e senti di esser legato a questi spiriti liberi. E anche se non ti è subito così chiaro, aspetta di doverti separare da loro, e all'improvviso sentirai che ti mancheranno nel momento stesso in cui li avrai salutati. Il mio cuore è sempre andato agli amici e a quelli che come me si battevano per la libertà.

Il piccolo battaglione di *pishmargan* mi condusse lungo un sentiero attorno alla montagna. Il terreno era ripido, e la pista presentava una serie di tornanti letali. Kaak Aako mi spiegò che stavamo attraversando la Valle del Cavallo, chiamata così perché tanto tempo addietro un *pishmarg* aveva superato uno di quei baratri in sella al suo destriero, balzando da un dirupo all'altro, un volo impossibile di metri e metri. Ricordai una favola iraniana su un cavaliere di nome Rostam e il suo destriero, Rakhsh, che aveva compiuto gesta simili. Mi chiesi quante altre culture montane avessero leggende del genere.

Dopo mezz'ora di cammino arrivammo al villaggio di Palangan, e ci fermammo alla casa di Sowar Agha. Era piccola, ma pulita e ordinata all'interno, piena di semplici decorazioni tipiche delle abitazioni dei contadini. Anche qui, mi fecero sentire un ospite speciale. Sowar Agha e il fratello mi fornirono abiti da curdo, un travestimento per la successiva tappa del viaggio. Mentre mi aiutavano a vestirmi, mi sentii avvolgere da una strana pesantezza, un senso di responsabilità nato dall'immensa gratitudine che provavo verso queste persone. Non che il loro amore mi pesasse – anche se me ne avevano riversato addosso a tonnellate – era un fardello che mi teneva vivo. Non ho mai dimenticato la loro ospitalità, la generosità e la dedizione alla mia causa, e alla causa della libertà per la loro gente.

Alle prime ore della sera partimmo a bordo di un camion percorrendo una pista lungo un dirupo, così stretta che mi chiesi come facessero a percorrerla le capre e le pecore. Il camion si fermò nell'oscurità più totale. Sowar Agha voleva mostrarmi una cosa, e mi aiutò a scendere. Puntò una torcia al di là della valle, accendendola e spegnendola. E dalla collina di fronte altre cento luci si accesero e si spensero.

«Ti presento i tuoi nuovi amici», mi disse. «Ti porteranno a casa».

Mi spiegò che c'erano ottanta uomini in quella squadra, tutti al corrente della loro missione. «Sono bravi combattenti», disse. «Non bravi nel cielo come te, ma a terra nessuno li batte». Rise con orgoglio paterno per quei guerrieri. «Non aver paura di incontrare soldati iracheni. La nostra gente non si arrende. Combattiamo fino all'ultimo uomo».

Sowar Agha mi disse che sarei rimasto qualche tempo nel loro quartier generale, in un posto chiamato Noorzang. Ma era solo questione di giorni prima che tornassi dalla mia famiglia.

Era giunto il momento di dire addio a Sowar Agha. Lui sarebbe tornato a Palangan. La separazione non fu facile. In effetti, stavo tremando. Quando mi abbracciò, sperai che la sua forza potesse calmarmi, ma avevo la voce rotta. Provavo un grande senso di abbandono a lasciarlo. Kaak Aako mi guardò un'ultima volta. Mi legò in vita la sua sciarpa a mo' di cinturone, aggiustò la benda che portavo sulla testa e mi calcò il cappello sulle orecchie. Gli strinsi la mano. Avevamo entrambi gli occhi un po' lucidi. Poi fu il momento di dire addio a tutti i curdi che mi avevano accettato tra loro e si erano presi cura di me per quasi un mese. Fu come salutare un'intera nazione, e mi vergognai al pensiero che si trattava di persone con le quali eravamo stati spesso in guerra. I nostri paesi erano nati nella stessa epoca, la nostra gente discendeva dai medesimi antenati.

La carovana comprendeva due cavalli carichi di bagagli e provviste e un mulo che portava in groppa una cassa simile a una bara. Sarebbe stato il mio mezzo di trasporto per il viaggio imminente, e ci vollero sei *pishmargan* per issarmi lentamente e adagiarmici dentro. Sowar e Kaak uscirono dall'oscurità per un'ultima occhiata. Io mi trattenni dal pronunciare altre e superflue parole di addio. Avrei solo turbato il silenzio di quella notte limpida e pura.

Il cammino verso Noorzang ci portò su per un sentiero così ripido che pensai fossimo diretti alla cima della montagna. Milioni di stelle osservavano la nostra solitaria processione. Mi sentivo come un chicco di grano trasportato da una colonia di formiche. "Quante sono le cose che ignoriamo", pensai. Mentre avanzavamo furono scambiate non più di due o tre parole, ma capii che i *pishmargan* erano già stanchi. Il silenzio era strano, soprattutto dal momento che la mia bara non mi permetteva di vedere nessuno tranne il dottor Ghader, che restava sempre vicino a me. Mi sentivo come un suo figlio appena nato, troppo vulnerabile per allontanarsi dal grembo materno. Mi stupii per la dedizione con cui quest'uomo si prendeva cura di me, e pensai a come questa capacità di sacrificio fosse quasi del tutto scomparsa nella nostra società. Mi chiesi anche come si poteva ripagare un tale santo.

Ci fermammo a riposare. L'uomo che conduceva il mulo cominciò a cantare. Era un tipo basso e grasso, il cui costante sorriso mostrava denti neri come il carbone. «Ti piace la mia voce?», mi chiese.

Che potevo dire? Era una canzone che non avevo mai sentito, parole che non comprendevo. Ancora oggi ricordo il suo nome, Muhammad Saleh Amin. «Sì, Muhammad», dissi. «Molto». Lui cantò a voce più alta, e già solo guardarlo mi era di conforto. Vedendo che la canzone mi rendeva felice, altri unirono la propria voce a quella di Amin. Qualcuno rise per il semplice sollievo di quella situazione, e questo scatenò altre risate, e io non potei fare a meno di ridere a mia volta. Quando ci accampammo di nuovo, mi resi conto di quanto erano stanche, dolenti e rigide le mie ginocchia, rimaste immobili per ore. E di quanto avevo freddo. Le ginocchia erano come pezzi di ghiaccio. Ma che differenza tra quel dolore e le sofferenze patite per mano dei traditori iraniani che si facevano chiamare rivoluzionari! Nella mia bara curda ero felice, non potevo negarlo. Ero felice di stare coi miei *pishmargan.*

Certo, ero ridotto assai male, ma ero circondato da persone che credevano nella dignità della vita umana. Nell'Iran stretto dalla morsa degli ayatollah, il significato della vita umana era ignoto. Gli ayatollah credevano in Dio, ma in una maniera assai empia. Non conoscevano gentilezza. Avevano solo odio nell'anima per chiunque nutrisse convinzioni diverse dalle loro. Morte a chiunque la pensi in maniera differente! A chi osa avere idee proprie. Ditemi, quale tra questi due gruppi è davvero santo? Quello che mette a rischio la propria incolumità per salvare la vita di uno straniero, o quello che tortura i propri simili per strappare una confessione che servirà solo come scusa per giustiziarli? Follia vera e propria.

Il tempo peggiorò, e ci ritrovammo sul lato della montagna esposto al vento e alla pioggia. Era quasi una giungla. La vegetazione nascondeva una serie di piccole grotte, ciascuna delle quali grande abbastanza per ospitare al massimo due di noi, stesi a terra. Ci riparammo lì per tutta la lunga notte di pioggia fredda e neve. Ma per quanto provassi a cambiare posizione, non c'era modo di evitare le gocce che dal soffitto mi cadevano sulla testa. La mano destra mi si era gonfiata, la pelle aveva un tale bisogno che il sangue riprendesse a circolare normalmente che aveva assunto una sfumatura di un blu scuro e minaccioso. Non dormii, mi limitai a sognare una tazza di tè bollente.

Al mattino, gli uomini raccolsero le attrezzature e mi aiutarono a salire sul mulo. Quando ci rimettemmo in marcia, il cielo prometteva bel tempo. Presto i raggi del sole ci trovarono e ci scaldarono, quasi volessero fare ammenda per quella orribile nottata. La vista dalla mia bara dava su un cielo terso, chiaro come un pastello, un oceano di azzurro. Mi sentivo di buonumore, ero impaziente di arrivare a Noorzang, di attraversare il confine e vedere la mia gente. Soprattutto la mia famiglia.

È difficile crederci, ma spesso in prigione tornavo alla mia avventura curda per distrarmi dal dolore. È incomprensibile, eppure mi trovavo nella mia amata patria e desideravo tornare in Iraq, chiuso in una bara trasportata da un mulo su una pista di montagna fredda e rocciosa! La triste verità. A volte, per uscire dalla depressione, prendevo uno dei due libri che avevo in cella. Il Corano era sempre disponibile, ovviamente. Inoltre c'era un tomo scritto niente meno che dall'ayatollah Khomeini. Si chiamava *Resaleh* («Una chiave per le soluzioni»). Per molto tempo non mi ero preso neppure la briga di sfogliarlo. Alcune parti erano scritte in farsi, altre in arabo. Il libro si rivelò rozzo come mi aspettavo. Una barzelletta. Mi lasciava sgomento che Khomeini avesse tanto potere, che in tanti lo seguissero. Aveva assassinato molti dei suoi sudditi. Tutti avevano di sicuro perso un amico o un parente nei suoi massacri. Era un pazzo, assetato di sangue a causa della sua perversa versione di un Islam benedetto. Avevo incontrato Khomeini due volte, e in entrambe le occasioni aveva mostrato scarsi segni di intelligenza. Ciò nonostante, presi a leggere il suo libro finché non mi addormentai, solo per essere svegliato al mattino dall'*adhan*, la chiamata alla preghiera urlata dagli altoparlanti della prigione.

Giorno dopo giorno, tutto si ripeteva esattamente allo stesso modo. Ricordo che decisi di rileggere il Corano, di concentrarmi sul messaggio che Dio inviò al profeta Maometto, per provare a capirne il vero significato. Dopo appena qualche pagina, mi sentivo in sintonia col modo in cui Dio parlava al profeta per mezzo dell'arcangelo Gabriele. Invidiavo quell'intimo rapporto tra Dio e Maometto. Finito il Corano, mi sforzai di leggere *Resaleh*, poi li rilessi entrambi. Alla fine ero in grado di recitare a memoria alcuni brani di entrambi i libri, e cominciai ad apprezzare i buoni consigli che vi trovavo, dal momento che gran parte del contenuto riguardava la preghiera di essere liberi dalle difficoltà della vita. Ma evidentemente io pregavo nel modo sbagliato, perché nulla cambiò per me. Su una pagina del Corano, un altro prigioniero aveva scritto queste parole:

*Questi bastardi ti possono torturare, ma non ti possono uccidere. Non permettergli di credere che sono più forti di te. Hanno un tempo limitato per interrogarti. Dopodiché non ti possono più torturare. Ricorda quello che dici, e non dare mai nuove informazioni. Tante persone che qui hanno sofferto ora sono libere. Certo, alcuni li hanno giustiziati, e forse questi erano i più fortunati, perché non hanno dovuto patire altre torture. Buona fortuna!*

Ero tentato di scrivere lungo i margini delle pagine per tenermi occupato, per evitare di chiedermi cosa il mio aguzzino stesse facendo con le ultime risposte che gli avevo fornito. Desideravo scrivere un trattato di filosofia politica, un progetto per governare il paese alla maniera di Ciro il Grande. Non ci sarebbero più stati buchi d'inferno come questo, e niente più prigionieri politici, perché i cittadini avrebbero goduto della libertà di parola e di fede. Politica e religione sarebbero stati due regni separati. Sarebbe nato un sistema giudiziario indipendente basato sui diritti umani globalmente accettati. La discrepanza di reddito tra ricchi e poveri si sarebbe ridotta, rendendo più dignitosa la società. E, ovviamente, non avremmo più interferito negli affari degli altri paesi.

Ricordai un libro intitolato *Delitto e castigo*. L'avevo letto diversi anni prima. L'autore parlava della prigione come della «casa di giustizia» e paragonava addirittura il personale carcerario a delle infermiere. Che sognatore! Era un russo, questo scrittore, e si chiamava Fëdor Dostoevskij. Nel peggiore dei casi, i secondini dovevano comportarsi come le madri, che se danno una sberla al figlio non è per umiliarlo ma per evitare che si allontani troppo dalla retta via. Queste carceri utopistiche erano intese per insegnare un modo giusto di vivere a chi non lo conosceva. L'isolamento era riservato ai peggiori criminali, chi si macchiava di tradimento o di atti violenti. Anch'io ero in prigione, solo che qui le chiavi erano in mano a degli psicopatici, che brandivano tubi di gomma con l'anima di ferro e grondanti sangue! Erano questi i miei torturatori.

Stavo impazzendo, mi dedicavo a pensieri inutili d'ogni tipo, come per esempio l'idea di una rappresaglia. Era inutile quasi quanto quella che mi venne dopo: sfondarmi la testa contro il muro. Quando mi calmai, mi resi conto che in realtà volevo soltanto andare al bagno. Tutto, pur di uscire da quella cella. La novità di un rubinetto e della toilette era una pura delizia. Meglio ancora, mentre andavo ai bagni, avevo l'occasione di avvertire la presenza di altre persone, di sentire il loro respiro. A volte ci toccavamo per caso, in particolare con le mani, mentre ce ne stavamo in fila ad aspettare il nostro turno. Che sensazione grandiosa! La percezione di esser vivo, di realizzare che non ero solo, e che altri condividevano quella stessa esperienza. E sopravvivevano insieme a me.

Non chiedetemi come, ma avvertii il cambio di stagione. Giorni più bui. In famiglia, l'inverno era un pretesto per stare insieme, per attardarci più a lungo a tavola dopo la cena. Pensieri come questo peggioravano la situazione. Fissavo le due finestrelle su in alto, chiuse, e così non mi restava che immaginare. A proposito di immaginazione: in quei disegni primitivi incisi sui muri, vi leggevo romanzi interi. Nulla, però, mi dava sollievo dall'incessante solitudine, seduto in una cella non più grande di un camerino. Era una tortura mentale, che diventava davvero peggiore di quella fisica. Agli interrogatori potevano schiacciarti nel corpo, ma nella mente restavi tu il più forte. Lo sapevano loro e lo sapevi tu. Continuavano a umiliarti. Non potevi mai vedere chi ti interrogava, non sapevi che aspetto avesse, non potevi dare un volto al male. Ed era ancora peggio non poter fare domande, neppure per chiedere spiegazioni. Non c'erano scambi. Qualsiasi cosa ti lanciassero contro, te la dovevi sorbire. Tutto ciò, comunque, non era nulla in confronto all'isolamento. Era questa la cosa peggiore. Non ti uccideva, ma ti spingeva a supplicare le guardie perché ti uccidessero. L'umiliazione finale.

Col passare di altri giorni e altre notti, i ricordi presero a svanire non appena si presentavano. Non riuscivo a far presa sui miei pensieri. Mi eludevano, impalpabili come nebbia. Forse perché, a quel punto, i pensieri stessi sapevano di essere insignificanti. E chi c'era lì a prendersi cura di me mentre mi andavo spegnendo? Dentro di me, sapevo di avere già un piede nella fossa. Quindi il mio organismo aveva deciso di non farsi più troppi problemi.

Poi, un vago e immotivato impeto di energia mi spinse a imparare a memoria altri versi del Corano, e ritrovai un po' di fiducia in me stesso nel conoscerlo meglio.

«Pronto per la doccia?». La voce della guardia senza nome.

Ero pronto? Ero pronto da giorni. Ma i piedi non condividevano questo mio entusiasmo. Facevano ancora male. Mi alzai per quanto mi era possibile, sistemai la benda, il piccolo asciugamano già al suo posto nella cintola dei pantaloni.

«Hadji, andiamo!».

Riuscii a mettermi in fila con gli altri prigionieri nel corridoio, una mano sulla spalla di quello davanti a me, e partimmo con strascicato passo di marcia. Fui sorpreso quando scoprii che la fila ancora avanzava una volta superati i gradini di pietra che portavano ai bagni. Mi ritrovai invece fuori, all'aria aperta. Ricordo che sentii una televisione, la voce di un uomo, il presentatore di qualche show, non riuscivo a rammentare il nome. Ricordo solo che pensai a quanto sarebbe stato bello sedersi a guardare la TV, uno stupido show qualsiasi. Non è patetico?

«Giù la testa!».

Altre due o tre guardie ci radunarono in un piccolo autobus. Ok, era più che altro un furgone, visto che non c'erano sedili, solo un tappeto.

«Restate immobili, altrimenti... Una sola parola e siete morti».

La mente, che sempre cercava una via di fuga, evocò il ricordo della mia Mercedes e dell'autista Safai. Ogni volta che avevo bisogno di andare da qualche parte, a qualsiasi ora del giorno o della notte, Safai era lì a tenermi rispettosamente aperto lo sportello posteriore finché non entravo, dopodiché lo richiudeva e si metteva subito al volante. «Dove andiamo, signore?», mi chiedeva. «All'ambasciata cinese», rispondevo io. Ogni mio desiderio era un ordine per lui. O magari andavamo all'ambasciata tedesca, o a un incontro con il generale Rahimkhan e il capo delle forze armate pakistane, o con il generale Aaref, comandante in capo dell'esercito, o con Jamal delle forze aeree. O perché non all'ambasciata giapponese, per celebrare la loro festa nazionale? Il signor Safai era sempre lì, con il suo pronto e solerte «Sì, signore!». E adesso, invece, ero rinchiuso in questa bara di metallo, e forse neanche per andare alle docce. Probabilmente ci portavano via per fucilarci. La mente umana non è fatta per contemplare possibilità del genere.

Le guardie cominciarono a imprecare contro un uomo che doveva aver mosso la testa, o al quale era scivolata la benda. Lo picchiarono forte, lo colpirono come fosse un sacco da boxe e lo lasciarono lì a gemere di dolore. *Come può Dio starsene immobile e permettere questo tipo di crudeltà?* Se c'era amore nell'anima dell'universo, o anche solo una parvenza di saggezza, come poteva Dio giustificare questi crimini contro l'umanità? E se c'era una giusta causa per la mia punizione, non esistevano altri modi per inviarmi tale messaggio? Ero sicuro che saremmo morti tutti, doccia o non doccia. Poi ricordai il messaggio scritto da quel prigioniero nel Corano. «Non possono ucciderti qui». Ecco perché ci trasferivano. Se la nostra esecuzione era imminente, andava bene così. Era meglio che restare a marcire in isolamento finché la mente non fosse andata in corto circuito e le funzioni vitali del corpo non si fossero ridotte al lumicino, riducendoci a mere ombre di esseri umani. Se fossi morto quel giorno, mi sarei rammaricato soprattutto per mia moglie. Aveva passato tanti guai, e tutto per colpa mia. Non ero riuscito neppure a dirle addio, o a chiederle scusa per questa catastrofe. Cosa le era successo? La sua sofferenza era un'ingiustizia anche peggiore della mia, e questo pensiero fu sufficiente a dissolvere la mia forza di volontà. Come sempre.

Mentre sentivo le lacrime che inzuppavano la benda, il veicolo cominciò una serie di svolte a destra e a sinistra, facendoci dondolare l'uno contro l'altro. Ogni contatto casuale con un altro essere umano era come un caloroso saluto, o una dichiarazione di compassione e comprensione per le nostre comuni angosce. Divenne una sorta di conversazione fisica, muta e cieca ma amichevole.

Poi il furgone si fermò.

«Tutti fuori!».

# 12
# Speranza e disperazione

Una volta scesi dal furgone, sapevamo di dover restare immobili, ciascuno con la mano sulla spalla del prigioniero accanto.

«Non vi muovete!».

Ci fecero sfilare, ciechi, verso un vasto ambiente dove i suoni rimbombavano. Aveva l'odore di un bagno pubblico. Ci ordinarono di spogliarci.

«Dieci minuti per lavarvi e uscire!».

C'erano dodici cabine doccia in fila, una per ciascuno di noi. Avevamo tutti il nostro pezzo di sapone. Che sollievo! Che lusso! Un dono di Dio! Mi lavai bene e in fretta in modo da poter pulire anche camicia e pantaloni. Mi tornarono alla memoria i bagni che facevo a casa, ma più che altro a darmi gioia era il semplice fatto di poter fare la doccia. Non l'avevo mai neppure sperato. Era davvero un dono di Dio. Lavarmi era un dono di Dio, pensate un po'. Con tanto di guardie che ci controllavano fuori dalle cabine chiuse a chiave. E a chi importava?

«Il tempo è scaduto! Mettete la benda!». Le tre guardie avanzarono lungo la fila di cabine urlando questi ordini.

Il piccolo asciugamano era lo stesso, triste straccio che usavo in cella per asciugarmi mani e viso, solo che adesso doveva servirmi per tutto il corpo. Non avendo un ricambio di biancheria, ne feci a meno e indossai direttamente l'uniforme della prigione, tenendo in mano quei panni bagnati. Si aprì la porta e una guardia mi tirò per un braccio e mi portò in una stanza con delle panche dove erano seduti gli altri prigionieri. Quando ci ebbero radunati tutti, salimmo sul furgone e cominciò il viaggio di ritorno alla prigione che avevamo lasciato un'ora prima. L'uscita era terminata. Mi sentivo come se fossi stato in gita al mare.

Di nuovo in prigione, strisciammo come formiche, tenendoci uno alla spalla dell'altro nella nostra piccola marcia verso le celle. Con un po' d'astuzia, riuscii ad appendere pantaloncini e canottiera a un incavo nella nuda parete di cemento, e sperai di ritrovarli asciutti al mattino. La doccia mi aveva rilassato, mi sentivo indolente, avevo persino sonno, così feci un cuscino con la coperta e mi stesi tirandomi addosso l'altra. In isolamento, dormire era considerato un grande successo. Più dormivi, meno saliva lo stress. Ma io avevo un problema. Ero incapace di accumulare ore consecutive di sonno, il che mi causava soltanto pensieri e preoccupazioni in più. Quel giorno, però, mi abbandonai a una piacevole fantasia sul mio ritorno dall'Iraq insieme ai curdi, a Noorzang, l'ultima fermata prima del confine con l'Iran. Ancora una volta, ricordai una grossa stufa a legna in un angolo della casa. Il fuoco scoppiettava e crepitava e le scintille salivano dritte nella canna fumaria per uscire dal tetto e ascendere al cielo. Una raffica di vento entrata dalla finestra mi spinse ad avvicinarmi al fuoco.

«Sardasht è ad appena quattro ore di cammino», mi disse Kaak Shooman, il mio nuovo ospite. Sardasht era in Iran. Ero emozionato perché potevamo arrivarci prima di cena; invece non andammo da nessuna parte per due settimane! C'era sempre un motivo per rimandare, qualche pericolo lungo la via. Se non erano scontri a fuoco nei paraggi, allora si trattava di esplorare meglio il territorio. Divenni impaziente, e mi ammalai di nuovo. Dovetti aspettare la metà di dicembre del 1980.

Un uomo ci fece visita, Kaak Mostafa. Mi disse che i suoi nonni vivevano in Iran. Gli chiesi se sapeva come poter far arrivare una lettera a mia moglie, oltre il confine. Lei non aveva idea che fossi ancora vivo. Mostafa mi disse di scriverla, poi lui avrebbe trovato il modo di consegnarla.

«Come faccio a sapere se ci sei riuscito?», domandai.

«Se non mi rivedi domani sera», disse, «allora io e la lettera siamo partiti. Ti assicuro che la farò arrivare nelle mani di tua moglie».

La sera seguente, Mostafa non si fece vedere. Potevo soltanto immaginare la reazione di Akram alla lettera. Ormai doveva avermi già seppellito.

La mia ultima notte in Iraq, ci accampammo in un rifugio che era praticamente a cielo aperto. Solo un sottile strato di nylon ci proteggeva dagli agenti atmosferici. Ma era inutile contro il freddo pungente, e io rimasi sveglio a sentir russare i miei quattro compagni fino alle tre del mattino, quando il proprietario di quel posto venne a svegliarci. Non restava che unirci agli otto *pishmargan* che mi avrebbero accompagnato oltre il confine. Era disponibile un mulo per il mio trasporto in quell'ultima parte del viaggio, ma mi sentivo abbastanza bene almeno per cominciarla con le mie forze. Ero eccitato, pieno di energie, persino trionfante; volevo partire senza altri indugi.

Minacciava di nevicare, e la neve cominciò a cadere non appena iniziammo a salire. Le montagne sembravano tutte uguali, soprattutto quando erano imbiancate. I confini in questa parte del paese erano demarcazioni invisibili e fittizie, erano decisioni politiche, solo linee su una mappa. Quando ci fermammo a riposare, era ancora buio e faceva freddo, ma mi spiegarono che avevamo varcato il confine.

Sbottonai la giacca e mi tolsi il *jamdani*, il tessuto usato come copricapo, che era zuppo di sudore. Da quel punto, decisi di approfittare del mulo e salii in sella quando ripartimmo. Le strade erano ancora strette e pericolose, ma nulla poteva renderle impercorribili. Ero in Iran, e non vedevo l'ora di arrivare al primo villaggio.

L'alba cominciava a rischiarare il paesaggio innevato. La vaga striscia grigia della strada in un campo bianco mi ricordò le lezioni di disegno di quando ero bambino e tracciavo esitante quella prima linea sulla pagina vuota. Strano che provassi un amore così speciale per queste alture, visto che erano identiche a quelle che ci eravamo appena lasciati alle spalle in Iraq. Era più del semplice patriottismo a spingermi avanti, era quasi qualcosa di mistico. Una specie di storia d'amore con la terra che diede vita ai miei antenati, la terra nella quale furono sepolti.

Una geografia di amore e di passione.

I primi suoni iraniani che sentii quel mattino furono i latrati dei cani. Agli occhi della mia mente, si trattava di fedeli guardiani che avvisavano i padroni dell'arrivo di un gruppo di sconosciuti, e mi riempii di orgoglio. In verità era un branco di cani randagi ai quali non importava nulla di chi io fossi. Ma ero in Iran, e tutto era perfetto. Vidi i pastori che conducevano le pecore al fiume, e donne che raccoglievano l'acqua da portare a casa per le abluzioni del mattino. Anche loro ci videro, ma non rimasero a guardarci. Non potei fare a meno di sentirli tutti come fratelli e sorelle. La Bibbia non diceva forse: «Ama il prossimo tuo come te stesso»? Fu questo il pensiero che mi venne alla mente, quindi potete capire con quale entusiasmo tornavo a casa. Ero innamorato di ogni cosa, dai cani randagi all'aria fresca. Inspirai a fondo e la soffiai fuori con forza anche maggiore, così da poterne avidamente respirare ancora di più.

Le condizioni delle strade migliorarono e la nostra andatura si fece più sostenuta, così presto ci trovammo nei paraggi del primo insediamento iraniano, il villaggio di Dolatoo. Vedevo gli abitanti, curdi anch'essi. La medesima comunità di persone viveva ai due lati del confine tra Iran e Iraq. Quando la nostra carovana si fermò, scesi giù dal mulo e mi inginocchiai nella neve per baciare il terreno. Il mio Iran! La mia patria. Il mio complesso paese figlio di religioni, tribù, credenze, battaglie e tradimenti. Tutto questo mi faceva sentire fiero di essere suo servitore, suo soldato. Ricordo che notai il kalashnikov che portavo appeso in spalla, e pensai che quel travestimento da curdo non era più necessario...

Questo sogno squisito non era ancora terminato quando sentii chiamare il mio numero dal corridoio.

«109! Preparati!».

La reazione fu automatica: metti la benda, alzati, sii forte. Ignora il cuore che batte all'impazzata.

La porta della cella si aprì. Entrò un uomo che mi afferrò per un braccio, ed eccoci nel corridoio, oltre quei familiari gradini che tante volte avevo intravisto da uno spiraglio nella benda. Entrammo in una stanza che non conoscevo, ma che mi era fin troppo familiare nella mia immaginazione. Buia, un banco di scuola col ripiano girevole ma adatto a un mancino. Provai un forte senso di nausea all'idea di altre, interminabili ore di inutile interrogatorio.

«Come stai, colonnello?», mi chiese il mio aguzzino.

Non aveva idea di quanto fosse patetica questa sua finta cortesia, di quanto mi disgustasse. Poi mi chiese scusa per quanto mi era successo, rammentandomi con gentilezza che era stata tutta colpa mia.

«Se solo tu volessi collaborare», disse.

«Io collaboro, con tutto il cuore».

«Ho letto le tue ultime risposte. Purtroppo, è la solita, vecchia spazzatura. Che posso fare, Hadji?»

«Potrebbe provare ad accettare il fatto che è la verità».

«Faccio del mio meglio per aiutarti, ma tu non vuoi. E di sicuro non te lo meriti. Quindi, qualcun altro dovrà convincerti. Qualcuno che è sicuramente più bravo di me. Ti spezzerà, credimi. A meno che tu non sia capace di resistere alla morte tre volte al giorno, Hadji. Che peccato».

Che avrei dovuto fare, supplicarlo di darmi un'altra occasione? Ero immune alle sue minacce. Dovetti mettercela tutta per non ricoprirlo di insulti.

«Volevo organizzarti un incontro con tua moglie per oggi», disse. «Una chiacchierata coi tuoi figli. Ma a te non importa. A te importa solo dell'America. L'America!» Cominciò a farmi una filippica sull'America. Non capiva niente. Era davvero un idiota. «Alzati!», gridò.

Mi spinse verso un'altra stanza e chiuse la porta. Questa era più grande e più luminosa.

«Togli la benda», mi disse un uomo.

Era un ufficio vero e proprio con qualche poltrona, un divano e una grande scrivania, dietro la quale sedeva un uomo barbuto. Doveva essere il direttore di quel lurido buco.

«Siediti», mi disse. «Qual è il problema qui?». Parlava in tono cordiale. «Perché non collabori con noi?»

«Non siete capaci di capire quando uno collabora?», chiesi. «Avete già la verità. Ve l'ho data».

«È solo spazzatura! Bugie! Sappiamo tutto di te! Sei un traditore! Ti sei espresso contro la guerra! Noi epuriamo i traditori della rivoluzione, e tu ti sei dichiarato contrario. Non puoi nasconderci niente, Hadji. Sei già condannato a morte, allora perché non ci racconti tutto? Parlaci della CIA. Lo sappiamo che ci stavi spiando. Parla!».

Non ero sicuro di poter reggere un'altra lunga sessione del genere. Non aveva senso ripetere ogni cosa per dimostrare la mia innocenza. E non l'avrei fatto.

«Firmerò», dissi. «Qualsiasi cosa mi mettiate davanti. Così quelli del plotone d'esecuzione saranno più contenti».

«Tu eri contrario alla rivoluzione islamica prima che cominciasse la guerra. Puoi negarlo?».

Questa era una novità. Ero pronto a parlare di quell'argomento, e glielo dissi. Lui mi accusò, senza mezzi termini, di essere contro la rivoluzione, un nemico dello stato. *Taghooti Kheianatkar,* mi definì. Adoratore del diavolo. Questa era nuova, oltre che assurda. Era quasi divertente.

Tirò fuori dalla valigetta che aveva con sé un rapporto e lo lesse. Erano le conclusioni che avevano tratto dalle mie critiche ai leader della rivoluzione per aver giustiziato i piloti. Avevo molto da dire al riguardo, e lui dovette capirlo, perché passò a raccontarmi un sacco di storie su come aveva fatto il possibile per inoltrare un rapporto favorevole sul mio conto. Ma ora basta. La corte marziale avrebbe potuto ridurmi la pena, ma ormai era troppo tardi. «Metti la benda», mi ordinò, poi chiamò il mio aguzzino.

«Portalo via!».

# 13
# «Perché piangono tutti?»

Avevo sentito delle storie sul personale militare giustiziato senza processo, ne avevo sentite tante, e sembrava che la prossima sarebbe stata la mia, portato via dalla cella tra minacce di consegnarmi al plotone d'esecuzione, un'altra vittima della follia degli ayatollah. Un altro cittadino colpevole di aver osato pensare con la propria testa.

«Ora chiamerai tua moglie», mi dissero.

«L'avete liberata?», chiesi.

«Perché avremmo dovuto trattenerla? Ci ha confessato tutto».

Avevo sempre sospettato che bluffassero, e questo mi dimostrò che avevo ragione. Come ho già detto, Akram non sapeva nulla del mio lavoro. Non perché non le interessasse, ma perché non era consentito. Era severamente vietato al personale militare rivelare notizie del genere. E così lei non faceva mai domande. Evitava di crearmi problemi.

Il mio aguzzino mi portò in una stanza e mi fece sedere a terra, su una coperta. «C'è un telefono accanto a te», disse.

Da sotto la benda potei vedere due telefoni.

«Resta seduto fino al mio ritorno».

Dopo un po' tornò con la buona notizia che il suo capo aveva acconsentito a quella telefonata. Inoltre, mi disse, avevo un'altra occasione per redimermi. *Ma questi non si arrendono mai?* Dal momento che non gli avevo mai dato altro che la mia storia originale, mi chiesi perché erano così convinti che all'improvviso avrei rivelato chissà quale importante segreto.

«Quando risponde tua moglie, parlale normalmente, come fai sempre. Niente su questo posto o su quello che sta succedendo. Solo "Ciao, come stai? Come stanno i ragazzi?". E fai in fretta. Ti ascolterò dall'altro telefono».

Non sapevo quale numero avesse composto per contattare mia moglie, ma il telefono dava il segnale di chiamata. Cosa le avrei detto? Già mi sentivo il cuore in gola, ma dovevo trovare il modo di controllare le mie emozioni. Rispose Akram.

«*Akram jaan, salaam.* Mia cara, ciao, come stai? E i ragazzi?»

«Va tutto bene. Non ti preoccupare, loro non sanno niente di quello che è successo».

«È tutto a posto, quindi?». Sentii un colpo tra le costole.

«Stiamo bene», disse lei. «Mi conosci, sono forte come una roccia. Ma sono in ansia per te. Ti amo».

«Ti amo anch'io».

«Ciao».

«Ciao».

Attaccai. Tutto qua. Tutto qua?

Andammo in un'altra stanza. Ancora domande scritte alle quali rispondere. Che m'importa? Fatevi avanti. Avevo smesso di oppormi. Qualsiasi forma di buon senso era fuori luogo. Nessuno capiva le regole. Era il posto perfetto per un monaco, qualcuno la cui via verso Dio fosse la resa. Forse sarebbe stata questa la mia fine. Sarei uscito da quell'esperienza come un santo, chi lo sa. Magari c'era speranza per me nell'aldilà. Magari libertà nella prossima vita!

Mi lasciò nella stanza accanto con lo stesso, vecchio banco di scuola e un'altra pila di fogli. Notai subito alcuni nomi, nuove persone sulle quali voleva informazioni, ma riuscivo a pensare soltanto ad Akram e ai ragazzi. Le parole di mia moglie, anche se poche, erano state gentili e rassicuranti. Dubito che fosse a casa. Probabilmente l'aguzzino mi aveva giocato un altro dei suoi scherzi, visto che non sapeva fare altro. Nulla di quanto succedeva in quel posto era normale. Con ogni probabilità, Akram mi aveva parlato dalla stanza accanto, sottoposta alla medesima umiliazione. Ero nauseato. E mi sentivo anche dannatamente in colpa per tutte le sofferenze che lei di sicuro stava patendo a causa mia, non riuscivo a togliermelo dalla testa. Ricordai gli anni passati insieme, dal nostro primo incontro fino alla telefonata che le avevo fatto da Sardasht, dopo aver varcato il confine tra Iraq e Iran. Le avevano già comunicato che ero ancora vivo, ma svenne lo stesso. Mi aveva anche scritto, una lettera che miracolosamente avevo ricevuto, poco prima di arrivare a Sardasht. C'erano anche le foto dei ragazzi. Ricordo che tenevo tra le mani la lettera e le fotografie, come un bambino con due gelati incapace di decidere quale divorare per primo. Le foto dei miei figli: non erano solo due esseri umani giovani e bellissimi, rappresentavano la magia che avviene quando due persone si amano. È un mistero magnifico, due estranei che si incontrano e trovano l'armonia nello stare insieme. E la loro unione produce un miracolo: i figli. Occhi luminosi e pieni di innocenza. La lettera di Akram si apriva con una poetica dichiarazione di affetto, quasi formale.

«Yadi, mio amore, mia forza quando sono stanca, mia ombra quando ho caldo...». Non si era risparmiata nessuna metafora, e io avevo gioito di ogni parola. Sentivamo entrambi di essere la coppia più fortunata al mondo. Nella lettera, proseguiva parlandomi di quanto era stata male i giorni dopo il mio incidente. Delle difficoltà che aveva avuto a credere che fossi morto. Ma era un funerale d'obbligo, in assenza di prove che indicassero che ero sopravissuto. E quanto era stata dura per lei guardare le foto del mio volto sorridente. Ma adesso era altrettanto dura convincersi che fossi vivo. «Ti amo più di quanto puoi immaginare», diceva, alla fine della lettera.

«Che stai facendo?». Era il mio aguzzino.

«Stavo pensando», dissi.

«A quelle domande, spero. Non ho molto tempo da sprecare con te».

«Di sicuro lo sta sprecando», gli risposi, «se spera di ottenere risposte diverse».

«Con tutto il disturbo che mi sono preso!», gridò lui.

Oh oh, l'avevo offeso: eccolo lanciarsi in una predica su come aveva organizzato quella telefonata, dandomi poi quell'ultima occasione di scrivere la verità, finalmente, perché, a quanto pareva, avevo detto che avrei collaborato.

«Tu non sei stupido!», mi disse. «Appartieni all'élite dei piloti, sei un eroe! Una celebrità! La tua vita è diventata un film, e tutto il paese l'ha visto. Hai solo commesso qualche piccolo errore. Ammettilo. Non devi fare altro. Spiegaci perché hai fatto quegli errori e come hai contattato gli americani. Un'inezia. Poi potrai tornare a casa».

Cominciai a provare pena per quell'uomo (pena un corno!). Stava ovviamente venendo meno ai suoi doveri. Forse il suo capo gli faceva pressione. Ancora una volta, giurai su Allah e sul profeta Maometto, lo supplicai di credermi, gli stavo dicendo la verità. Lui non si fidò dei miei giuramenti sacri, e all'improvviso fu come se la misura fosse colma: cominciò a urlare versi del Corano e mi trascinò via, strillandomi contro come un pazzo, e mi spinse fuori dalla porta verso un'altra cella, giurandomi che presto avrei capito quanto era stato misericordioso con me.

Adesso ci trovavamo in un'altra stanza, e i miei sensi, all'erta, mi dissero che c'erano già altre persone, tre o quattro forse. Mormorarono qualcosa, poi presero a ridere e scherzare mentre mi tempestavano di pugni e mi gridavano domande sulla CIA. Mi gettarono sul letto della tortura. La benda mi scivolò sulla fronte, e per una frazione di secondo potei vedere quei bastardi, prima che un pugno mi gettasse nell'oscurità. Mi stesero sul letto come le altre volte, polsi ammanettati alla sbarra in alto, piedi legati all'altra estremità. E iniziarono a flagellarmi le piante dei piedi. Subito le vesciche si gonfiarono e cominciarono a sanguinare. Sentivo addirittura il rumore del sangue che schizzava in giro per la stanza. Si fermarono solo per versarmi un caldo antisettico sui piedi, dicendo che era un regalo del mio agente americano.

Ricordo le sadiche risate quando ricominciarono a percuotermi. Mi ordinarono di muovere le dita, se decidevo di dire la verità. Il dolore era insopportabile, e agitai le dita, ma a quelli non importava affatto. Volevano solo continuare a picchiarmi, e allora ok, capii che non c'era via di fuga, e mi dissi che andava bene così. È l'unico pensiero quando stai per perdere i sensi. Che altro ti resta? Va bene così.

Mi ritrovai nella mia cella, i piedi impacchettati nelle solite buste di plastica, su fino alle ginocchia. Il cervello mi ribolliva di dolore, nessun punto in particolare, era una sensazione diffusa in tutto il corpo. Non capivo come potessi essere così devastato e prosciugato della volontà di vivere, eppure continuare a respirare. Non ero capace di distinguere il sonno dagli svenimenti, o anche la vita dalla morte. Non reagivo a nessuno stimolo, e non mi importava, vista la mia relazione sempre più intima con la morte. Mi serviva solo un po' di aiuto da Dio. Forse, se avessi pregato... ma ero troppo stordito anche per quello. Ricordo che mi misero su una barella e mi portarono via.

Ricordo un'ambulanza.

Ricordo un ospedale.

Un dottore dell'esercito mi visitò il cuore e non trovò nulla di strano. Che gran dottore! Voleva solo che me ne andassi.

«Dottore, ascolti», gli dissi a voce bassa, in inglese. «La prego, ho bisogno di qualche giorno di riposo nel suo ospedale».

Lui fece finta di non capire. Si limitò a guardarmi come se fossi pazzo, e ordinò persino che mi portassero in un ospedale psichiatrico. Ben presto mi ritrovai di nuovo in ambulanza, per un altro viaggio verso l'unità psichiatrica delle forze aeree a Qasr-e-Firoozeh. Lungo la strada, le guardie non obiettarono quando mi tolsi la benda, così potei guardare fuori, vedere la gente che camminava liberamente. Potete immaginare che mi sembrò un posto fatato, una terra di libertà semplici ma preziose. Fu come un'epifania, o un'esperienza religiosa. Quanto contava la ricchezza economica rispetto a ciò che davvero era importante nella vita? Nulla! Guardare la televisione, mangiare in un locale di terza categoria, prendere un autobus, passare una notte in tenda: che benedizioni!

Superammo il luogo in cui avevo conosciuto mia moglie, il vecchio ospedale dell'aeronautica. Proseguimmo oltre il quartier generale, dove un tempo andavo e venivo liberamente, e mi facevano anche il saluto. Riuscite a immaginarlo?

All'ospedale di Qasr-e-Firoozeh, fui visitato dal primario. Gli avevano fornito nome e occupazione fittizi sul mio conto, ma io glielo dissi subito: ero un pilota. Lui si innervosì, voleva sapere la verità, voleva sapere che accidenti stava succedendo. Gli servivano le informazioni esatte per i suoi archivi. «Ok», ammise la guardia. «È un pilota», e mi guardò come a dirmi che poi mi avrebbe ucciso.

Restai lì otto giorni, legato al letto durante la notte per evitare che fuggissi. Non era una vacanza, eppure, rispetto al terrore e alla veglia costante da solo nella mia cella, lo era. Forse perché eravamo così vicini a *Nowruz*, il nostro Capodanno, o forse perché una delle mie guardie era curda. Non ho mai conosciuto un curdo che non fosse per natura educato e gentile. Questi vegliava su di me come un figlio sul padre, o così immaginavo. Mi portava a fare passeggiate nel cortile, per prendere aria. Aveva troppa paura di lasciarmi telefonare a mia moglie, ma mi promise che le avrebbe portato una lettera, nella quale scrissi un breve resoconto della mia situazione.

Tornato in prigione, di nuovo da solo nella mia cella, cominciai a guarire, anche se, per molto tempo, continuai a sentire le piante dei piedi come se fossero in fiamme. Per quanto migliorassi dal punto di vista fisico, però, sentivo un peso sempre più opprimente sul cuore. Passavano giorni interi senza che nulla della solita routine cambiasse; tre volte al giorno ai bagni, tre pasti, cinque volte al giorno la preghiera. Più e più volte rilessi il Corano e quell'assurdo libricino di Khomeini. Era pieno di preziosi consigli etici per qualsiasi occasione: per esempio, se durante un terremoto le pareti della tua casa crollano e una donna che sta dormendo al piano di sopra – una zia o qualsiasi altra donna sposata alla quale sia dunque proibito stare con te – ti cade addosso e il tuo pene finisce accidentalmente dentro di lei, be', Dio ti perdonerà. Ma che idiota. La maggior parte della gente, i più giovani e istruiti, ridevano di Khomeini, e lui neppure lo sapeva.

Cominciai a fare un po' di esercizio fisico, che mi forniva una via di fuga dalla continua paura di morire. E scrissi delle mie esperienze, vergandole a caratteri minuscoli lungo i margini del libro di Khomeini, che poi strappavo accuratamente. Avevo una piccola pila di queste striscioline di carta, che tenevo con me nel caso fossi riuscito a farle arrivare in segreto al mondo esterno. Poi, un giorno...

«109! Metti la benda!».

Lo stesso, vecchio terrore. Il panico di non sapere cosa sta per succedere. Mi fecero marciare nella solita direzione, verso la cella delle torture, ma svoltammo a sinistra, e poi di nuovo a sinistra, finché non mi ritrovai all'esterno, dove mi ordinarono di togliere la benda. L'uomo mi indicò una roulotte parcheggiata in un angolo del cortile.

«Tua moglie e i tuoi figli. Hai quindici minuti. Parla solo di affari di famiglia, è chiaro? Niente su quello che succede qui dentro. Niente sulla tua vita qui». Mi passò un pettine. «Datti una sistemata. E vedi di sembrare felice». Mi guardò come se sapesse che probabilmente mi stava chiedendo troppo.

Era la prima volta dall'arresto che potevo vedermi allo specchio. Una lunga barba. Il volto segnato e bruno come il guscio di una castagna. Capelli bianchi che mi spuntavano dal cranio. Malgrado i piedi gonfi, salii con un balzo i tre gradini che portavano alla roulotte e aprii la porta. Dentro c'era Akram, con in braccio nostra figlia che mi fissava con occhi sgranati. Non potevo biasimarla. Chi era questo perfetto sconosciuto che baciava sua madre e le piangeva addosso? I miei figli attesero pazienti il loro turno per un abbraccio. Nessuno diceva niente. Come potevano, dopo quei mesi di silenzio?

Bisogna essere un genitore per conoscere la dolce pena di piangere davanti ai propri figli. Le lacrime raccontavano il tormento che tutti avevamo patito. Shahram riusciva a malapena a parlare, e cercò di dirmi quanto sentiva la mia mancanza. La piccola Mahrokh mi si sedette in grembo, così spaventata da questa creatura che avrebbe dovuto essere suo padre che le scappò la pipì, e lasciò una macchia sui miei pantaloni. Quanto era imbarazzata!

«Perfetto!», dissi. «Sei stata l'unica a capire che questa sudicia divisa è buona solo per farci la pipì sopra». Le diedi un bacio.

«Il tempo è scaduto», disse la guardia.

Mentre davo il bacio d'addio ad Akram, le passai di nascosto il pacchetto con le striscioline di carta. (In seguito mi raccontò che la guardia si era insospettita e aveva minacciato di farla perquisire da un'agente donna. Tuttavia lei era stata forte e aveva deciso di vedere il suo bluff, riuscendo così ad andarsene senza essere perquisita).

Di nuovo in cella, piombai in uno stato di onirico ottimismo – forse era il mio modo di pregare – nel quale immaginai di essere restituito alla mia famiglia. Dio mi aveva già concesso un miracolo, perché non un altro? Ripensai a quel giorno, al mio ritorno dall'Iraq, quando in elicottero mi avevano portato da Sardasht alla base militare di Orumieh, dove fui accolto dal comandante regionale, il colonnello Taa-jed-dini. Quella notte ricevetti un trattamento da VIP nel loro club per ufficiali. La mattina seguente mi scortarono all'aeroporto, dove mi attendeva una cerimonia ufficiale. Con quel breve preavviso, l'esercito aveva comunque radunato un gran numero di ufficiali. C'erano anche mia moglie e i due figli più grandi. Shahram stava sull'attenti e reggeva una ghirlanda di rose rosse da mettermi intorno al collo, ma Akram svenne prima che lui potesse farlo. Si accasciò a terra. Shahram mi saltò in braccio, piangeva e rideva insieme, e mi assalì con mille domande: perché mi ero fatto crescere i baffi, e dov'era la mia uniforme da pilota, e perché sembravo un curdo. E, cosa più importante di tutte, cosa gli avevo portato. Dovetti metterlo giù per aiutare Akram ad alzarsi. E per abbracciarla. Sentii un'autentica emozione attraversare quella folla di militari induriti dalla guerra.

«Perché piangono tutti?», chiese Shahram. «Pensavo che gli uomini non piangessero».

«Anche tu sei un uomo», gli dissi. «Allora perché stai piangendo?»

«Io non sono un uomo», ribatté lui. «Sono un bambino».

Fui abbracciato anche dal mio comandante, il colonnello Farzaneh, che mi diede il bentornato. Restava un ultimo viaggio da fare, un breve volo alla mia base, che avrebbe chiuso il cerchio dalla partenza in quel giorno fatidico. Ci arrivammo in venti minuti, e fummo accolti da amici e colleghi ansiosi di salutare questo fantasma, di vedere che era tutto vero. Ovviamente, fra strette di mano e pacche sulla schiena, dimenticarono che ero ancora dolente in più punti. Ma il loro amore e le loro parole gentili furono di per sé una cura.

«Pace a Sharifi!», urlarono. «Bentornato a casa, Sharifi!».

Tre F-5 passarono assordanti nel cielo sopra di noi, completando questo toccante saluto.

Era questo il mio passato, ed era meraviglioso. Fissai la fioca lampadina sul soffitto, anch'essa rinchiusa nella sua piccola gabbia, e cercai di evocare un'immagine del mio futuro, ma non riuscii a vedere nulla. Forse non ce l'avevo, un futuro. Forse il fatto che non riuscivo a immaginarlo significava che non ce l'avevo.

Una cosa era sicura: non avevo un presente.

# 14
# Corte marziale

*Nel nome di Allah il munifico e misericordioso e del suo profeta Maometto (la pace sia con lui)...* Così si apriva la mia lettera al ministro dell'Informazione, sua eminenza Hojjat-al-Islam Rayshahri, una presunta confessione, un'altra "ultima occasione". Il mio aguzzino aspettava impaziente di poterla leggere.

*Mi è stato chiesto di scriverle queste poche righe per spiegarle quanto sia dispiaciuto, e per chiedere il suo perdono. Non sono sicuro di aver ben capito. Sinceramente, non capisco di quali scuse o di che perdono parlino. Non ho fatto nulla di cui dovermi scusare, e non ho bisogno del perdono di nessuno, a parte Dio. Se mi concederà di parlare in un giusto processo, avrà per sempre la mia gratitudine e la mia stima.* Mi firmai *Il suo fedele Yadollah Sharifirad.*

L'aguzzino si prese la lettera e mi lasciò solo. Non ero mai stato in quella stanza. Era come una cripta, con l'intonaco alle pareti e un arsenale di strumenti di tortura, alcuni dei quali mi erano del tutto sconosciuti. Guinzagli e cavi e fili di metallo e manganelli appesi alla parete accanto all'entrata. C'erano cacciaviti, pinze e pugnali, più alcuni oggetti il cui scopo potevo solo immaginare, tutti rinchiusi in uno scaffale. Dalle pareti e dal soffitto penzolavano pezzi di corda e catene. Mi sovvenne che quegli strumenti, e forse persino quella stessa stanza, erano stati utilizzati per le torture dagli agenti della SAVAK. Dovevano aver ucciso migliaia di persone, per lo più membri di Hezbollah, "il partito di Dio".

Tornò il mio aguzzino, ma non da solo, e capii che avevano perso la pazienza. Non conosco le parole per descrivere accuratamente ciò che mi fecero. Se urlassi per un'ora, forse cominceresti a capire. Pensate alla crocifissione, ma senza la parte in cui Cristo esclama: «Padre, perdonali, perché non sanno quello che fanno». Io giurai che se mai avessi incontrato una di quelle bestie per strada, le avrei strappato il cuore.

Ci vollero settimane perché riuscissi a superare il terrore. Ero scarnificato, dolente e tremante, nel corpo e nell'anima. Ogni parte di me emanava dolore. Alla fine, però, mi rimisi in piedi, e promisi a me stesso che se fossi stato abbastanza fortunato da uscire da lì, avrei trovato il modo di lasciare l'Iran. La perversa versione dell'Islam di Khomeini stava uccidendo tutto ciò che di umano c'era in me, e bramavo quel Dio misericordioso al quale mio padre intonava le sue preghiere. In quel preciso istante giurai che avrei detto addio alla rivoluzione e al suo manipolo di rozzi seguaci. Avrei trovato un luogo dove la religione era una questione privata, e dove Dio faceva di tutto per porre fine a dottrine così cieche e pericolose. Dio era abbastanza forte da non aver bisogno della fede meschina di certe persone.

Soprattutto, Dio era onesto. Voleva che trovassimo da soli la verità. Altrimenti, perché donarci un cervello e il libero arbitrio?

Nella primavera del 1989, poco tempo dopo il Capodanno iraniano, fui condotto per un'udienza a Chahar-rahe-ghasr, a un isolato dal quartier generale delle forze armate. Era la corte marziale. Mi furono ripetute le solite, vecchie domande, questa volta da aguzzini di rango più elevato. Quando ebbero finito, mi dissero che nella stanza accanto c'era la mia famiglia ad attendermi. Prima ancora che mi portassero fuori, la porta si spalancò e il mio figlio più piccolo, Shahrokh, corse verso di me. «*Baba, baba!*», esclamò. Malgrado i militari che mi scortavano, mi saltò addosso e mi si aggrappò forte al collo. Povero piccolo, come altro poteva superare i tanti mesi di dolorosa confusione?

Più tardi, quello stesso giorno, mi trasferirono in una cella più grande occupata da un altro prigioniero. Un iracheno che non parlava il farsi. Dal momento che io non parlavo l'arabo, rimanemmo ognuno per conto suo, ma fu infinitamente meglio dell'isolamento. Pochi giorni dopo si aggiunsero a noi altri compagni di cella, un tenente dell'esercito e due colonnelli. Erano stati arrestati perché non erano riusciti a difendere il confine dal disastroso assalto delle armate dei mujaheddin (il gruppo armato degli islamici modernisti) di stanza in Iraq. Invece di combattere fino alla morte, questi ufficiali si erano ritirati. Avevano i nervi a pezzi per la paura di essere giustiziati. Condivisi con loro la mia esperienza in quel buco d'inferno, diedi loro qualche consiglio su come sopravvivere. In una sola parola, "accettare" qualsiasi cosa. La tristezza costante, il dolore, la disperazione. Li tenni occupati, parlavo con loro, facevamo esercizio fisico e leggevamo i testi sacri, e questo mi diede un nuovo scopo.

Il morale mi veniva poi ancor più risollevato dalle consegne quasi quotidiane che ricevevo in cella: pacchi di cibo che mia moglie mi faceva avere tramite una guardia. Questa, chissà come, era riuscita a preservare una scintilla di bontà in sé, e mi fece riacquistare la fiducia nel genere umano. Semplici atti di cortesia come quello erano ciò che definiva un animo libero e sano. Durante il mese del Ramadan, arrivò un pacco di pane *lavash*, ancora caldo di forno. E, con il pane, una varietà di frutti e del *Lighvan paneer*, il formaggio della città di Lighvan, famosa per la sua produzione. Ve lo assicuro, Akram era vista come una specie di angelo nella nostra cella.

All'improvviso – tutto succedeva sempre all'improvviso – fui riportato al cospetto della corte marziale, dove le guardie mi lasciarono in una sala sotterranea. Non mi illudevo affatto di poter vincere la mia causa, o anche solo di poterla discutere. Poiché non avevo avvocati a rappresentarmi, avevo approntato da solo la mia linea di difesa, fornendo risposte secche e concrete alle domande dell'accusa. Mentre ancora aspettavo, convinsi una guardia a procurarmi un po' di carta e una matita, in modo da poter preparare una memoria scritta. Si trattava di ripetere le dichiarazioni che la corte aveva già sentito, né più né meno, e non avevo modo di sapere quali altre domande mi avrebbero fatto. Ciò nonostante, preparai la mia arringa, una sorta di biografia relativa alle accuse che mi erano state mosse:

Nel nome di Allah, il munifico e misericordioso, mi appello a voi, Vostro Onore e signori della corte, perché riconosciate nella mia storia quella di un soldato coraggioso e devoto e di un pilota che ha rischiato la vita per difendere il nostro paese. Non c'è patriota che ami questa terra più di me. Per meritarsi il nome di traditore, una persona quale io sono dovrebbe aver commesso crimini di proporzioni immani contro il suo paese. Ma quelli di cui vengo accusato sono solo minuscoli errori, che chiunque potrebbe commettere in qualsiasi momento. Non sono reati per i quali urlare «Traditore!» o «Spia!». O «Fornicatore!», come mi hanno definito durante gli interrogatori.

Signori, io sono nato in un piccolo villaggio a nord di Teheran, un posto chiamato Nesa-Olya, Taleghan, attraverso il quale scorre il fiume Shahroud, il fiume del re, e accanto al quale sorge la montagna che tutti conoscete come Alborz, il re delle montagne. Il mio villaggio aveva solo trenta capanne e una popolazione di non più di centocinquanta anime. Queste erano persone che amavo quanto la mia stessa famiglia. Alla fine dovetti trasferirmi a Teheran per una istruzione migliore. La città era un altro mondo, eppure il mio amore e il mio rispetto per le fiere genti di campagna rimasero immutati. A Teheran non potei fare a meno di notare i poveri che vivevano in mezzo ai ricchi, i mendicanti sul ciglio della strada. Mi rammentavano di come le genti di campagna lavoravano i campi o badavano al gregge per guadagni assai miseri. A queste anime in pena, in città come in campagna, è sempre andata la mia compassione, e sono cresciuto con l'ardente desiderio di aiutarle a crearsi una vita migliore. Mi irritava vedere quanto fosse difficile cambiare le cose, ridurre la distanza che separava i ricchi dai poveri. L'istruzione ricevuta non mi portò a fare un lavoro col quale poter aiutare direttamente queste persone, ma approdai all'accademia dell'aeronautica dove immaginavo che un giorno, dopo aver raggiunto la vetta della mia professione, sarei stato in grado di esercitare la mia influenza per realizzare un programma volto a migliorare il loro destino. E questo mio progetto parve proseguire come speravo, con promozioni che mi portarono a diventare capitano. Poi scoppiò la rivoluzione, e io sentii la nazione intera chiedere a gran voce giustizia per le disuguaglianze che il governo aveva creato in Iran. Ed ero a favore di questa rivoluzione. Amavo in special modo i tre slogan urlati dalle migliaia di dimostranti: «Indipendenza, libertà e repubblica islamica». Ma due di queste tre idee non sono mai diventate realtà. L'attuarsi della rivoluzione non ha garantito libertà e indipendenza. Molti dei miei amici furono arrestati e giustiziati per le loro convinzioni. Che razza di libertà è questa? Alle famiglie non fu permesso di celebrare un funerale, né di piangere sulle loro tombe. Dovete capire fino a che punto mi spezzò il cuore vedere mogli e figli che mi guardavano in cerca di risposte al perché i loro padri e mariti e figli e fratelli erano stati uccisi. Ma io di risposte non ne avevo. Eppure parlavo per alleviare il loro dolore. Non perché fossi contro l'Islam o contro la rivoluzione, ma semplicemente perché quelle erano persone che amavo; io amo la gente, e ancor di più amo coloro che hanno bisogno di conforto. Credevo allora e credo ora che giustiziare il proprio popolo non sia l'unico modo per correggere degli errori, né lo è l'epurazione degli elementi di disturbo alla causa rivoluzionaria. E non sono il solo a pensarla così. In effetti, signori, correggetemi se mi sbaglio, ma io credo che ciò che sostengo sia nello spirito del Corano. Il profeta di Allah parlava di misericordia. E l'imam Ali parlava di perdono.

Quando scoppiò la guerra, a molti piloti fu risparmiato il plotone d'esecuzione solo per poterli costringere a salire sui loro aerei e assegnare loro missioni pericolose nella lotta contro Saddam. Forse ho dichiarato che questo era poco saggio, che non ci era utile mandarli allo sbaraglio senza una preparazione o un addestramento. Come potevano concentrarsi questi piloti? Come potevano compiere il loro dovere dopo che la prigione li aveva fisicamente distrutti? Questi uomini coraggiosi morirono tutti in battaglia, dal primo all'ultimo. Se mi sono esposto per loro, è stato perché ero convinto che in una rivoluzione che proclamava la libertà io fossi libero di pensare e parlare grazie all'intelligenza concessami da Dio. Libero di interagire con tutti, senza badare alla loro fede religiosa. Ero entusiasta delle nostre nuove libertà, e così non mi preoccupai neppure per un secondo di poter essere accusato per le mie parole o per le mie azioni.

Quanto ai miei contatti con gli stranieri, vi prego di ricordare che ero un delegato militare. Il mio rapporto con l'incaricato d'affari argentino era del tutto professionale. Quando l'ho visto era come se incontrassi un vecchio compagno di scuola, per così dire, e ho fatto del mio meglio perché il suo soggiorno fosse piacevole quando venne a visitare l'Iran. Se era un agente americano e lavorava per la CIA, e io non credo lo fosse, allora posso dire soltanto che non ne sapevo nulla. E se ho sbagliato a giudicarlo, allora il mio è stato un errore commesso in buona fede, ma resto comunque un patriota, e in quanto tale sono pronto a rispondere di questo sbaglio.

Una volta, mentre tenevamo discorsi nelle scuole di Teheran, conobbi il figlio di un pilota che era stato giustiziato per aver preso parte al tentativo di colpo di stato. Cominciò a piangere al ricordo di suo padre – forse vedendomi gli era tornato alla memoria – così lo abbracciai e piansi con lui. Mi aveva fatto pensare ai miei ragazzi, e a cosa ne sarebbe stato di loro senza di me. Avrei dovuto nascondere le mie emozioni? Credo che neppure una roccia sarebbe riuscita a trattenere le lacrime in quel momento. Eppure, mi vedo perseguitare perché mostrai con sincerità i miei sentimenti. Questo significa che sono contro la rivoluzione o contro l'Islam? Perché ho pianto per un bambino? Se non capite il significato di ciò che vi sto dicendo, allora il mio appello a questa corte è inutile. Considerate le mie parole come rivolte a Dio, perché solo lui potrà venire in mio aiuto.

Volete sapere dei miei contatti con gli americani. Li incontravo quasi esclusivamente nelle riunioni mensili con gli altri funzionari militari. Oppure ci vedevamo agli eventi ai quali erano invitati tutti i diplomatici. Le mie conversazioni con gli americani non erano diverse da quelle con gli altri funzionari. Avevo motivo di mostrar loro del rancore? No. Anzi, uno di loro lo apprezzavo in special modo. Mi piaceva la sua compagnia perché, come me, era stato pilota di guerra. Ma qualcuno di loro mi interrogò mai sul mio paese o mi fece mai discorsi su spionaggio o cose simili? Assolutamente no. In tal caso, i nostri rapporti si sarebbero subito interrotti. In un'occasione soltanto un americano mi chiese qualcosa che aveva vagamente a che fare con questioni di strategia: riguardava il numero di profughi afgani in Iran. Io gli consigliai di leggere la famosa pubblicazione militare internazionale chiamata «Jane's Weekly Magazine», e in seguito l'argomento non fu più affrontato.

Se questa mia condotta merita una punizione, così sia. Ma non si dica che sono una spia, perché l'idea di tradire il mio paese non ha mai sfiorato la mia mente. Sono ancora un eroe di guerra. E vi prego di voler riflettere su questo: il motivo per cui un soldato trova il coraggio di compiere missioni pericolose è lo straordinario amore che nutre per la sua patria.

Se ci sono domande sul fatto che mancai di spendere il denaro stanziato allo scopo di acquisire informazioni strategiche all'estero, fu così perché non ne avevo bisogno. La mia popolarità presso le delegazioni diplomatiche mi garantiva un facile accesso a quelle informazioni. Perché spendere denaro se non era necessario? Non ci serviva forse ogni risorsa per combattere contro Saddam Hussein?

Mi state accusando anche di promiscuità sessuale, e di possedere videocassette dei tempi dello scià. Lascio per ultima questa parte perché la trovo ridicola: senza alcuna offesa per la corte, non è forse sano e normale per un giovane mostrare interesse verso ragazze che cantano e ballano? Stiamo parlando dei tempi in cui ero ancora uno studente, prima che mi sposassi. È ingiusto chiedermi di razionalizzare questa fase così naturale della vita di un ragazzo. Prendete in esame la mia condotta di uomo sposato, se volete. Ho poco da dire sulle videocassette, se non che le registrammo dalla televisione circa quattro anni fa, ma le dimenticammo presto, come si fa con il telegiornale della settimana prima.

Mi ero annotato questi punti e li tenevo in tasca, pronto a usarli qualora avessi dovuto consultarli per rispondere alle domande dell'accusa. Verso le quattro del pomeriggio, mi scortarono al piano di sopra.

Non si può parlare di tribunale, c'erano solo un giudice seduto dietro a una normale scrivania da ufficio e un colonnello in abiti civili come avvocato dell'accusa, nonché un giovane segretario seduto dall'altro lato del giudice. Mi indicarono una sedia di fronte a loro. Senza alcun tipo di cerimonia, l'accusa dichiarò come fatto che avevo avuto contatti non autorizzati con degli stranieri e che ero una spia per conto degli americani contro l'Iran e la rivoluzione. Era questa l'accusa. Era questa! Non sapevo bene come cominciare la mia difesa senza un avvocato, così presi a parlare di me stesso seguendo più o meno i miei appunti, finché il giudice mi interruppe.

«Non sono qui per ascoltarla mentre si vanta di essere un eroe», disse. «Se vuole parlare, parli dei torti che ha commesso». Usò la metafora di una visita dal dottore, durante la quale descrivi cos'hai che non va, e non elenchi tutti gli organi che funzionano a dovere.

«Vostro Onore», dissi. «Voi sapete – e lo sa tutta la nazione – quanto devoto sono al mio paese. Dopo l'incidente in Iraq e il ritorno in patria grazie all'aiuto dei ribelli curdi, nessuno poteva pensare che sarei riuscito a volare di nuovo, ma l'ho fatto. Sono decollato dalla Quarta base tattica, a Dezful, dove fui promosso vicecomandante delle operazioni. Ho ricominciato a volare, eseguendo anche missioni pericolose in Iraq. Perché l'ho fatto? Perché sentivo che era una mia responsabilità. Come potevano le mie ossa rotte impedirmi di difendere i cieli iraniani? Con una tale attitudine, ditemi, Vostro Onore, perché mai avrei dovuto danneggiare in qualsivoglia modo questo paese? Che altro potevo fare per contribuire alla nostra causa? Per dimostrare il mio amore per la patria, la religione e la rivoluzione?

Come sapete, si pensò che fossi rimasto ucciso in missione. La mia famiglia dovette affrontare il funerale. Immaginate come si è sentita mia moglie quando ho deciso di tornare in guerra. State pur certi che mi ha supplicato di essere più cauto. Piangeva ogni volta che uscivo di casa, e mi abbracciava con forza, come se dovesse essere l'ultima volta che mi vedeva, eppure ci andai ugualmente. Quanto ai crimini di cui mi accusate, che posso dire? Non sono un avvocato, quindi non posso difendermi in modo adeguato. Vi chiedo solo di ricordare Dio e di ascoltare come Egli ascolta, con il cuore. Se ancora credete davvero che io stia mentendo e che abbia danneggiato questo paese, allora, rammentando che Dio, il sommo giudice, osserva questo processo, emettete pure la vostra sentenza. La mia vita dipende dalla vostra decisione».

Passai i miei appunti spiegazzati al giudice, ma lui non li degnò di uno sguardo e si limitò a consegnarli al suo segretario. Pareva esausto e desideroso di chiudere quella storia, però di sicuro notò i miei occhi gonfi di lacrime, anche se doveva essere ormai abituato a vedere imputati in condizioni ben peggiori delle mie. Ma forse non altrettanto loquaci. Mi ero dilungato con il mio discorso per circa venti minuti. Mi scortarono fuori dalla stanza e dall'edificio, e mi riportarono alla mia cella.

Dopo tre giorni, ancora non avevo notizia del verdetto, ma fui trasferito in una cella più grande occupata da altri quattro prigionieri. Pochi giorni dopo, mi spostarono alla prigione pubblica situata all'interno della base militare di Jamshidieh, a nordovest di Teheran. La prima notte che passai lì, mi rasarono la testa e il viso.

Andavo d'accordo con gli altri detenuti, erano circa quattrocento. Il nostro era un ambiente unico, eravamo tutti uguali, i ranghi non contavano più, come non contavano la ricchezza, l'istruzione e la condizione sociale. Colpevoli o innocenti, non faceva alcuna differenza tra di noi. Ci aiutavamo a vicenda a risolvere i vari problemi che si presentavano. Strano a dirsi, ma fu per me una specie di paradiso dopo l'isolamento.

I mesi passavano in fretta ora che avevo accesso ai libri ed ero abbastanza in salute da avviare un regime regolare di esercizio fisico. Un giorno, senza preavviso, mi portarono nella sala delle visite dove ad aspettarmi c'era Akram che stringeva fra le braccia nostra figlia. Mia moglie era coperta dalla testa ai piedi da un chador di seta nera, che poteva soltanto sottolineare la bellezza dei suoi occhi verdi come smeraldi grezzi che splendevano sulla superficie della luna. Malgrado la bellezza del suo volto, non sembrava felice né triste. Non piangeva, non sorrideva, trasudava un amore più profondo di quanto si potesse esprimere con qualsiasi emozione superficiale, qualcosa che risiedeva ben oltre lo sguardo, forse al livello dell'anima. Era eccessivo, quasi inquietante. Spostai l'attenzione su Mahrokh, che si protese verso di me, mi abbracciò e mi baciò. Dopo essermi ricomposto, chiesi ad Akram se aveva notizie del mio verdetto, dal momento che non ne avevo saputo più nulla. La sua prima reazione fu di distogliere lo sguardo e rivolgerlo a terra. Non era un buon segno.

«Ti hanno dato dieci anni», disse.

Ero al di là dello sgomento. Nessuno poteva farci niente. «Dieci anni sono troppi perché tu li passi in una penosa attesa», dissi. Sapevo di dover dire ciò che mai avrei immaginato di poter dire alla mia amata moglie. «Devi dimenticarmi, così che tu possa godere il resto della tua vita».

«Non parlare così, Yadi».

«Devi divorziare da me», le dissi.

«Non lo farò», rispose lei. «Smettila di parlare così. Io ti amo».

«I ragazzi staranno meglio se ti risposi».

«La vita senza di te non ha senso», disse Akram. «Sarò tua moglie e la madre dei tuoi figli finché vivrò. Quindi ti prego, Yadi, smettila di parlarmi così. O me ne vado subito».

Piangemmo l'uno tra le braccia dell'altra, con Mahrokh che ci fissava. Quando la guardia ci disse che il tempo era scaduto, potemmo solo scambiarci un rapido saluto. Ma ci scambiammo uno sguardo che consolidava i nostri voti. La visita mi lasciò con una gran forza, ma mi sentivo comunque in colpa per ciò che stavo infliggendo alla mia famiglia.

Pochi giorni dopo scoprii che la mia condanna a dieci anni prevedeva una condizionale, e nove di quegli anni dovevo scontarli al servizio della comunità. Qualsiasi mia azione o parola che – secondo gli standard delle autorità – fosse stata considerata deleteria per la repubblica islamica mi avrebbe rispedito dritto in carcere. Come parte della pena condizionale, dovevo anche fare rapporto una volta alla settimana presso l'ufficio della corte marziale.

Così, meno di un anno dopo, uscii di prigione e fui congedato dall'aeronautica. Finalmente potevo tornare a casa. Finalmente ero libero... be', almeno per qualche giorno, poi mi resi conto che la libertà in Iran era soltanto un'illusione.

# 15
# La storia di Akram

Fu un addio emozionante quello che scambiai con gli altri detenuti prima di uscire dalla prigione. Era nato tra di noi un legame che sarebbe stato impossibile nella vita di ogni giorno. Io ero diventato una specie di leader tra la popolazione carceraria, quindi forse si rammaricavano per la perdita di qualcuno capace di comprenderli.

Una volta di nuovo in strada, mi stupii per le cose che davamo per scontate: macchine, autobus, il viavai della gente. Non era cambiato nulla. Era tutto così meravigliosamente normale. Chiamai un taxi e diedi all'autista le indicazioni per portarmi a casa. Dopo un anno di assenza, era come se nel mio quartiere non mi riconoscesse più nessuno. Forse era perché non indossavo l'uniforme da pilota, mi dissi, o forse era solo una mia impressione. La fredda accoglienza non intaccò il buonumore con il quale bussai alla porta. Non potete immaginare lo stupore della mia famiglia. Avevano intenzione di venirmi a prendere alla prigione, ma più tardi.

Non mi sono mai sentito così fortunato di essere vivo. E libero e felice. Tutto quello che avevo desiderato era lì intorno a me, vicino, e non solo il cielo, ma soprattutto la mia adorata casa. Niente più "Hadji!" o "109!". Ero di nuovo Yadi, il mio vero nome. Che gioia!

Non avevo ancora potuto chiedere a mia moglie del suo arresto, e non ero sicuro che fosse il momento. "Meglio aspettare che si sistemino le cose", pensai. "E poi sarà lei stessa a raccontarmi tutto, come ha fatto dopo il mio miracoloso ritorno dall'Iraq". Ma questa volta era un'altra storia. Dopo l'incidente, ero stato accolto con gioia e celebrato, la casa piena di amici che volevano rimanere a festeggiarmi per tutta la notte. Adesso nessuno osava farsi vedere in compagnia di un traditore, un avversario della rivoluzione, una persona marchiata come nemica dell'Islam e dell'ayatollah Khomeini.

Ricordai il ritorno dall'Iraq e l'effetto rasserenante che aveva avuto su di me il doloroso racconto di Akram. La sua ordalia, credere che fossi morto, era stata un incubo per lei, ma ero sopravvissuto e l'ordalia era finita. Ciò nonostante, sentirglielo raccontare era come ascoltare una musica triste. Mi aveva confessato di aver avuto delle premonizioni ben prima della mia fatidica missione: il suo sonno era stato disturbato da incubi sulla mia morte. Non riusciva a concentrarsi o a mangiare o a celare l'ansia ad amici e vicini, che si chiedevano perché apparisse così turbata. Aveva pregato, non tanto per me quanto perché Dio ponesse fine alla guerra tra Iran e Iraq. Le notizie sui piloti dispersi in azione, evento quasi quotidiano, l'avevano convinta che fosse solo questione di tempo prima che qualcuno le dicesse che suo marito aveva avuto un incidente di volo o era stato colpito da un missile, o semplicemente non aveva fatto ritorno alla base.

«Non hai idea, Yadi, di quale attrice sono dovuta diventare con te», mi diceva. «Ma dal momento che sapevo quali responsabilità portavi sulle spalle, non volevo distrarti. Ti ricordi quando ti chiesi: "Se scoppiasse la guerra e io ti chiedessi di non partire o di darti malato, tu mi daresti retta?" e tu rispondesti: "No! E non farmi mai più questa domanda"? Mi spiegasti come l'amore per la famiglia sia diverso dall'amore per la patria, e che non avresti potuto sacrificare la nazione per passare un altro giorno con la tua famiglia. Era una dichiarazione crudele, ma era la verità. Dopo quel giorno, non te lo chiesi più. Ma ogni volta che uscivi per andare al posto di comando, ero devastata dall'ansia fino a quando non tornavi a casa la notte. Quando facevi tardi mi si spezzava il cuore, e non potevo fare a meno di immaginare ogni secondo l'arrivo di una cattiva notizia, una telefonata o qualcuno alla porta; la paura mi faceva fermare il respiro. Tu mi avevi consigliato di fare telefonate brevi in modo da lasciare la linea libera per le emergenze. Ma nei giorni precedenti il tuo incidente non ci sono mai riuscita, ero così nervosa; passavo tutto il tempo al telefono con mia madre, le mie sorelle, i miei fratelli e altri parenti e amici. Cercavo solo di tenermi la mente occupata. Spesso contavo gli aerei che decollavano e poi atterravano. E se il numero non corrispondeva, ero terrorizzata al pensiero che fossi tu quello che non era tornato.

Ricordi il giorno prima che sparissi, quando ti chiesi di invitare mia cugina e suo marito a pranzo per l'indomani? Non era da te accettare così su due piedi, e senza fare domande. Mi proponesti addirittura di chiamare anche uno o due amici di famiglia. Poi mi spiegasti che era meglio se mi tenevo occupata a preparare il pranzo per gli ospiti piuttosto che starmene da sola in casa. Mi incoraggiasti, pranzo o cena, non importava, ottima idea. E io cosa feci? Invece di apprezzare questo cambiamento in te, impazzii ancora di più, come se fosse una premonizione, un'ape che mi ronzava nella testa per dirmi che stava per succedere qualcosa. E diventai io stessa quell'ape senza più il suo fiore preferito. Così, prima ancora di perderti, già mi mancavano il tuo sapore e il tuo odore.

La notte prima che tu partissi per l'ultima missione, non riuscii a dormire. Ero ossessionata da tutte le cose brutte che potevano succederti. Combattei un'inutile battaglia per ignorare quei pensieri, e mi sentii davvero depressa. Fu la notte peggiore della mia vita, anche se ce ne sarebbero poi state tante davvero orrende. Ma alla fine sorse l'alba e tu ricevesti la chiamata dal posto di comando. Indossasti l'uniforme da pilota, lucidasti gli stivali e ti mettesti al collo la sciarpa rossa. Sembravi molto nervoso. Prima di uscire non volesti parlare con me né svegliare i ragazzi. Ti limitasti a un bacio mentre dormivano, e prima di chiudere la porta della loro stanza controllasti un'ultima volta per vedere se non ti stavano spiando da sotto le lenzuola. Bevesti solo una tazza di tè, quel mattino, malgrado io insistessi per farti mangiare qualcosa. No, tu eri già pronto ad andare. Avevi gli occhi pieni di amore per me, lo ricordo così bene. E quando mi stringesti forte tra le braccia, riuscii a percepire il battito del tuo cuore. Mi sentivo così al sicuro lì con te e non volevo che quel momento terminasse, pensai di chiederti di chiamare il tuo comandante e rimandare la missione di un altro giorno. Ma pensieri del genere erano infantili, e lasciai stare. Non so se ci facesti caso, ma dopo che mi salutasti con un bacio e uscisti di casa, io tenni la porta mezzo aperta e rimasi a guardarti fin quando non uscisti lentamente dalla mia visuale. Restai lì immobile finché Shahram non mi riportò alla realtà chiedendomi un bicchiere d'acqua. Dopo avergliело dato, pensai di nuovo di chiamare il tuo comandante e chiedergli di rimandare la missione. Ma che razza di moglie avrebbe fatto una cosa del genere? Non me l'avresti mai perdonato.

Restai in cucina, come stordita, senza pensare o fare nulla, solo aspettando alla finestra di sentire il ruggito dei motori dei jet, e poi guardai i tre aerei che salivano nel cielo cupo. Tu eri in testa alla formazione, questo lo sapevo, con gli altri due piloti ai lati, e ancora una volta rimasi a guardarti fin quando il cielo non assorbì la tua immagine. A quel punto, stavo piangendo. Prima che i ragazzi se ne accorgessero, mi lavai la faccia e cercai di mostrarmi quanto più normale possibile. Non avevo fame a colazione, o a pranzo, ma poi ricordai come mi avevi incoraggiata a invitare mia cugina, così cominciai a pensare a cosa avremmo mangiato.

Un'ora dopo il tuo decollo, ero di nuovo lì a guardare il cielo, nella direzione dalla quale tu spesso tornavi dopo i tuoi voli. Due volte mi tagliai mentre affettavo le verdure. Alla fine atterrarono due aerei, e il mio umore migliorò per magia. Il pasto era pronto e mi aspettavo una tua telefonata dalla base da un momento all'altro. Passò mezz'ora, e tu non chiamavi. Immaginai che il rapporto sulla missione stesse richiedendo più tempo del solito, tutto qua. Oppure che stavi parlando col tuo comandante, o avevi deciso di tornare a casa senza telefonare. Di tanto in tanto ti piaceva farmi di queste sorprese. Attesi accanto al telefono per un altro quarto d'ora prima di cominciare a sentirmi in ansia. Anche i nostri ospiti erano in ritardo, quindi ero doppiamente irrequieta. Non sarebbe più stato inopportuno se avessi telefonato al posto di comando, e stavo appunto per farlo quando sentii bussare alla porta. Pensando che fossi tu, che volessi farmi una sorpresa, feci cadere il tavolino del telefono per la fretta con cui corsi alla porta, ma erano mia cugina Batool e suo marito Faizi. Li feci entrare e li feci accomodare, e pensai che era decisamente il momento di chiamarti per dirti che gli ospiti erano arrivati. Presi il telefono dal pavimento e mi rispose il maggiore Firouz Ahmaripour. Gli chiesi di trovarti e di avvisarti che gli invitati erano arrivati. Lui mi spiegò che eri impegnato ma che avrebbe riportato il messaggio, con grande cortesia e tutto il resto. Poi mi salutò e riagganciò.

Io mi tenni occupata, offrii qualcosa di fresco da bere ai nostri ospiti, ma loro preferirono del tè. Stavo tornando dalla cucina con due bicchieri di tè bollente quando squillò il telefono. Questa volta ero assolutamente sicura che fossi tu, invece era il colonnello Farzaneh. Bastò il suono della sua voce e il mio cuore andò in mille pezzi, come un bel bicchiere di cristallo.

"Come sta, signora Sharifi?", mi chiese. "E i ragazzi, come stanno?". Prima che potessi rispondere proseguì: "Mi dispiace doverle dire che il capitano Sharifi è rimasto coinvolto in uno scontro aereo con i MiG iracheni e ha dovuto espellersi dal suo velivolo. I nostri soldati stanno sorvolando la zona in questo preciso momento a bordo degli elicotteri per trovarlo. Ci vorrà qualche ora, quindi la prego, si faccia forza e cerchi di non preoccuparsi. Quando avremo sue notizie la chiameremo".

Non so cosa gli dissi. Ma lui riattaccò subito. Non so bene neppure cosa mi disse lui, in realtà. Dopo aver saputo che eri stato colpito e avevi dovuto espellerti mi sentii stordita, e alla fine la cornetta mi cadde di mano e immagino che svenni, perché quando riaprii gli occhi mia cugina stava cercando di farmi rialzare dal pavimento, e Faizi era al telefono, ascoltava le notizie del comandante. Sembravano tutti e due spaventati, mia cugina e il marito. Provarono a rassicurarmi, ma non era possibile, proprio no. Più tardi, arrivarono gli altri amici che avevamo invitato, due coppie, il signor Rasoul Adeli e il signor Muhammad Muhammadi con le rispettive mogli, Esmat e Asraf. Parevano convinti che parlare dei dettagli del tuo volo e di tutti i particolari tecnici di un'espulsione dall'aereo potesse in qualche modo servire a farmi stare meglio. Cominciarono a fare ipotesi su dove potessi essere, da qualche parte vicino al confine fra Iran e Iraq. Erano certi che ti fossi salvato e mi rammentarono che mentre parlavamo gli elicotteri ti stavano cercando. La nostra piccola riunione di famiglia, che avrebbe dovuto essere un pomeriggio di gioia, si trasformò in qualcosa di più simile a una veglia funebre.

Parlai al telefono con uno dei piloti che erano con te, il capitano Abbasian, che aveva sentito le tue comunicazioni via radio nel momento in cui venivi intercettato dai MiG. Avevi detto: "Ehi, ragazzi! MiG! MiG!". Abbasian era sicuro che ti fossi salvato. Fu molto convincente, e il suo ottimismo mi rese un po' più facile credere che eri sopravvissuto. Facevo finta, tuttavia. Cercavo di comportarmi con naturalezza, di tenermi occupata con i miei ospiti, facendoli sentire i benvenuti, mentre, ovviamente, dovevano sentirsi assai a disagio e probabilmente pensavano che essere invitati lì proprio quando avveniva una tale catastrofe fosse una grossa sventura. Continuavo a offrir loro da mangiare, ma nessuno aveva fame. Fecero solo finta di mangiare, proprio come me.

Dopo pranzo, non ero in grado di fare nulla, ero emotivamente prosciugata. Mia cugina si occupò delle pulizie, e alle cinque del pomeriggio ancora non avevamo ricevuto notizie. La squadra di salvataggio ti stava ancora cercando, o così disse il colonnello Farzaneh. Cominciai a credere che stesse mentendo solo per tenermi calma, per prepararmi al peggio. Così, chiesi al signor Muhammadi e al signor Adeli di portarmi al posto di comando.

Incontrammo il colonnello Farzaneh, che ci accolse calorosamente e ci portò in una stanza piena di mappe coperte di linee e punti rossi e blu, dei quali non capivo nulla. Mi mostrò la zona esatta in cui ti eri lanciato dall'aereo. Era territorio dei ribelli curdi, mi spiegò, pieno di persone che combattevano contro Saddam, proprio come noi. Non dovevamo arrenderci, mi disse, perché gli elicotteri erano ancora in volo alla ricerca di mio marito. Anche gli aerei iracheni erano numerosi in quella zona, e questo sembrava dargli ulteriori motivi di speranza che tu fossi vivo e il nemico non ti avesse ancora catturato. A ogni modo, ebbi la certezza che stessero facendo tutto il possibile per trovarti. Inoltre, tutti ti lodavano come uno dei migliori piloti del paese, che aveva ricevuto un addestramento speciale proprio per sopravvivere a questo tipo di incidenti, perciò se anche non ti avessero trovato quella notte, c'erano comunque speranze di trovarti in seguito. Tutto ciò mi diede un poco di serenità, certo. I nostri ospiti di sicuro erano più speranzosi, e il loro ottimismo in qualche modo mi contagiò, e così andammo via da lì un po' meno preoccupati. Per essere ancor più sicura, chiesi a Muhammadi e Adeli di aiutarmi a trovare un altro dei tuoi piloti, il tenente Ardestani. Volevo confrontare la sua storia con quelle del capitano Abbasian e del colonnello Farzaneh.

Trovammo il tenente Ardestani a casa sua, e quando ci vide notai che sembrava un po' meno sicuro di sé, persino un po' nervoso. Ci invitò a entrare, ma rifiutammo perché andavamo di fretta. Gli chiesi se sapeva del tuo incidente, e quello che mi disse l'avevamo più o meno già sentito, ma il modo in cui rispose, con parole veloci e secche, e lo sguardo che andava di continuo al pavimento senza mai incontrare il mio, mi fece pensare che fosse evasivo, che cercasse di nascondermi la verità. E così ecco che tornai a sentirmi disperata. Lo ringraziai e gli augurai la buonanotte.

Quando arrivai a casa, mi bastò aprire la porta per capire quale fosse l'umore dei ragazzi, di certo mancava la consueta, frenetica energia. A quell'ora di solito correvano in giro per casa, giocavano, ridevano e litigavano. Adesso invece si comportavano come se neppure si conoscessero, seduti ognuno per conto proprio in qualche angolo della casa, come orfani, o come perle senza ostrica. Fu troppo per me, e scoppiai a piangere davanti ai miei ospiti, che erano rimasti lì mentre Adeli e Muhammadi mi accompagnavano al posto di comando. Shahram si precipitò da me, e Shahrokh gli corse subito dietro e cercò di spostare il fratello maggiore per abbracciarmi, tanto che mi strinsero da entrambi i lati, ancora lì sulla soglia, e cominciarono a piangere anche loro. Niente e nessuno poté farli smettere. Cosa anche peggiore, parevano pensare che la tua sparizione fosse colpa mia, o che quantomeno avessi la responsabilità di riportarti indietro. Mi sentivo così impotente e disperata. Una brutta situazione anche per i nostri ospiti, con tutte le signore che piangevano e i mariti che, da veri galantuomini, cercavano di farmi coraggio. Ma le loro voci erano piene di dolore.

Alle sei di sera i miei ospiti andarono via. Tornarono ai loro lavori, alle loro case, ai loro figli. Tranne mia cugina, che rimase e condivise la nostra tristezza per tutta quella lunga notte, che passò senza un istante di sonno. La mia mente era bombardata dalle possibilità, inclusa l'idea che tu potessi essere morto. Fino a quando non avessero avuto la prova del tuo corpo bruciato, sapevo che il tuo comandante avrebbe continuato a giocare con me, per prepararmi al peggio. Mi pareva già di sentirlo, tutto il linguaggio patriottico, di come eri stato un martire, sacrificandoti per l'Iran e la rivoluzione. Poi mi tornarono alla mente le parole del capitano Abbasian e del tenente Ardestani, e di nuovo provai a credere che fossi ancora vivo. Ovviamente, se eri sopravvissuto, ormai dovevano averti catturato. E gli iracheni sapevano tutto su di te, se era vera quella storia che Saddam Hussein aveva l'elenco dei piloti che voleva veder morti. Avevi causato grandi danni alla loro macchina da guerra. Ti avrebbero torturato, e non solo come un semplice soldato, ma in modo consono alla tua importanza e al tuo coraggio. Ti avrebbero ucciso torturandoti a quel modo, senza dubbio, a meno che tu non avessi fornito loro le informazioni che volevano, cosa che ovviamente non avresti fatto, se ti conoscevo come pensavo. Quindi mi sembrava ovvio che in un modo o nell'altro tu fossi morto. A meno che non fossi riuscito a fuggire. D'altronde, eravamo nel periodo più freddo dell'inverno, e il terreno, dal punto in cui eri stato abbattuto fino al confine iraniano, era montagnoso e assai aspro. Avresti avuto bisogno di cibo, ben più dell'uvetta e dei pistacchi che portavi sempre con te. E i vestiti? Come avresti fatto a riscaldarti a quelle gelide temperature?

Mia cugina provava a distrarmi, chiacchierava di continuo, faceva domande, mi teneva impegnata come poteva. Shahram faceva finta di non ascoltare, ma ogni volta che mi tremava la voce o mi si inumidivano gli occhi, lui chinava il capo e piangeva in silenzio. Questo fu troppo per mia cugina, che chiese ai ragazzi di darci la buonanotte e andare a letto. Io però sentivo che erano ancora svegli, e ascoltavano la tua canzone preferita, *Khalabanlar* («Piloti»), che avevi registrato la sera precedente. Che tristezza sentirla senza di te. Questa volta, senza neppure chiedere il permesso, mi ritirai nella nostra camera da letto e per la prima volta piansi come una bambina. Dopo, mi sentii abbastanza bene da dare un'occhiata ai ragazzi, ma piano, in modo da non disturbarli. Sentii il mangianastri a volume molto basso, e Shahrokh che faceva domande al fratello maggiore. "Perché piangi?", gli chiese. "Perché non abbiamo più un padre", rispose Shahram. "Sì che ce l'abbiamo, è andato in Alak per bombardare Saddam". Shahram gli spiegò che non si diceva Alak ma Iraq. Raccontò al fratello che il padre di uno dei suoi amici non era tornato dalla guerra. La famiglia aveva dovuto lasciare la casa concessa dall'esercito, perché il padre non era più un soldato. Era morto in Iraq. Questo discorso mi spezzò il cuore.

Nella mente vedevo soltanto un muro, infinitamente lungo, oltre il quale non era possibile guardare. Mia cugina, che fino a quel momento era stata davvero eroica, non riuscì più a nascondere il dolore e cominciò a piangere insieme a me. Dopo mi sentii un po' meglio.

Chiamai i ragazzi perché si unissero a noi in soggiorno, affinché non sprofondassero troppo nella disperazione. Loro rimasero in silenzio, come due uomini adulti. Era la prima volta che li vedevo insieme senza che si dessero addosso, senza che giocassero, senza che si divertissero o facessero un baccano infernale ignorando i miei rimproveri. Sembrava che la loro infanzia fosse scomparsa. Era come se si rendessero conto che ora era loro compito stare con me e prendersi cura di me in tua assenza.

Shahrokh fu l'unico ad addormentarsi quella notte, e soltanto per un paio d'ore. Noi restammo svegli, ma evitammo di guardarci negli occhi. Non ce la sentivamo di farci vedere in un momento di tale tristezza. Quando cominciò ad albeggiare, prese a squillare il telefono, una chiamata dopo l'altra, amici, parenti, semplici conoscenti che volevano sapere cosa ti fosse successo. Che potevo dire? Non avevo nulla da raccontare. Arrivarono i parenti dalle città vicine e lontane, volevano condividere il mio dolore. Lo apprezzai molto, malgrado fossi esausta, perché la cosa peggiore di tutte era restare da sola. Riuscirono davvero a risollevarmi il morale, creando un'atmosfera di orgoglio per ciò che eri, per il tuo patriottismo, per la tua dedizione alla causa della guerra e per i tuoi tanti successi. La casa era piena di amore e di rispetto per te. Non potevo aspettarmi nulla di meglio, date le circostanze.

Ogni giorno, da quel momento, ricevemmo visite. Shahrokh assunse il ruolo di tuo protettore, vietò a tutti di entrare nel tuo studio o di toccare i tuoi libri e i tuoi effetti personali. A pranzo o a cena, se qualcuno provava a sedersi al tuo posto, lui balzava sulla tua sedia e diceva: "Non ti puoi sedere qui, questa è la sedia di papà. Se ti siedi qui, poi papà dove si mette? Non lo capisci?". Valeva anche per me: non potevo entrare nel tuo studio né cambiare la disposizione delle cose. Non mi permetteva neppure di passarci l'aspirapolvere! Tutto doveva essere come l'avevi lasciato prima di partire. Puoi andare a vedere tu stesso, la tua divisa di ricambio è ancora stesa lì ad asciugare. E scommetto che ormai è asciutta! La camicia è sull'asse da stiro, il libro che stavi leggendo quella notte è ancora lì aperto, a faccia in giù, che ti aspetta. Ci crederesti, i ragazzi non mi hanno neppure permesso di cambiare le lenzuola del letto. Ogni notte, quando era ora di dormire, per prima cosa si sdraiavano qualche minuto sul tuo lato del letto per godersi l'odore che identificavano come tuo. Lo confesso, lo adoravo anch'io, e avevo inoltre la notte intera per nutrirmi di quel poco di te che ancora restava. Yadi, grazie a Dio sei tornato».

Questa volta, come ho già spiegato, il ritorno dalla prigione non mi portò nessun ospite in casa. Niente parenti, niente amici, nessuno. Rimasi a guardare mia moglie che preparava la cena di bentornato. Aveva un sacco di cose da dirmi, lo sapevo, tutto quello che le era successo dopo il mio arresto. Queste storie non sarebbero state intense come quelle che seguirono l'incidente aereo, ma io volevo sentire tutto, quando lei avesse deciso di parlare.

Akram preparò una montagna di cibo, come al solito, con tutti i miei piatti preferiti. E ce n'era così tanto che avrebbe potuto fare a meno di cucinare per una settimana, ma era mia responsabilità finire ogni cosa. Sedemmo a tavola stranamente silenziosi, limitandoci a condividere quel banchetto. Ebbi una visione di noi come cinque giocatori di pallavolo, tutti impegnati a tenere in aria la palla dell'amore, non volevamo che toccasse terra. Mahrokh, che aveva quattro anni ormai, di tanto in tanto mi dava baci a sorpresa. Mi fece dono di una bambola, una delle sue preferite. Mahdokht, così si chiamava. Ovviamente, a letto, tutti vollero dormire con noi. I ragazzi si lasciarono convincere ad andare nella loro stanza, ma non Mahrokh.

Passarono tre giorni senza che nessuno mi chiedesse direttamente che cosa mi fosse successo. Pensai di indossare l'uniforme e arrischiare una visita al quartier generale. Il mio capo sarebbe stato meno emotivo.

«Eravamo tutti in pensiero per te, Sharifi», disse. Era una calda accoglienza e la apprezzai. «Non ci aspettavamo di rivederti».

Sembrava davvero felice che fossi lì, e si congratulò con me dicendomi che ero un ufficiale eccellente e una brava persona, giusto un po' incauto sulle questioni religiose, suggerì. Senza dubbio era questo il motivo dell'arresto, mi disse. Io neppure commentai, mi limitai a ringraziarlo per la sua premura. Passai dunque al servizio di intelligence a prendere la mia lettera di congedo dalle forze armate, insieme a due pagine di istruzioni che mi aiutassero a muovermi nel labirinto burocratico per compilare i vari moduli. Non volevo trascurare nulla. Non volevo che mi trovassero in possesso di oggetti appartenenti all'esercito o all'aeronautica. Quello era l'ultimo giorno in cui indossavo l'uniforme che con tanto orgoglio avevo portato per ventun anni.

Approfittai della visita per un saluto al brigadiere generale Sattari. Era stato mio amico, non un pilota ma un addetto ai radar, ed era asceso alla carica di comandante delle forze aeree probabilmente grazie a stretti rapporti con figure di spicco del mondo religioso. Telefonai alla sua segretaria per avvisarlo che sarei passato e venni messo in attesa per qualche minuto, per poi sentirmi dire che il generale non era in ufficio. Mi sembrò una bugia. Più probabilmente non voleva vedermi. Mi imbattei nel suo vice, il colonnello Ardestani, che era partito con me per quella fatidica missione di sette anni prima. Lo avevano promosso al rango di colonnello perché era un musulmano fedele e un seguace dell'ayatollah Khamenei. Neanche lui fu troppo felice di vedermi, probabilmente perché all'epoca ero il suo comandante di squadriglia e rischiava di vedersi infangato dal mio arresto. Forse sarebbe stato più felice se fossi morto in quell'incidente. Col senno di poi, mi rendevo conto che all'epoca probabilmente aveva pensato che ero troppo duro verso la rivoluzione, anche se non ne aveva mai fatto parola, almeno non con me. Gli chiesi di salutarmi i miei vecchi amici che gli fosse capitato di incontrare.

Così andò quel giorno d'estate del 1989, il mio ultimo giorno come colonnello Sharifirad. Da quel momento in poi, sarei stato un civile e avrei cominciato una nuova vita.

Quando arrivai a casa, Akram era furiosa con tutto il sistema che mi aveva trattato così ingiustamente. Non riusciva neppure a guardarmi tanto era adirata. Il governo e tutta la gerarchia delle forze armate erano pieni solo di codardi, disse. E certo non poteva fermarsi lì, così cominciò a raccontarmi tutto quello che era successo dal giorno del mio arresto.

«Erano circa le undici del mattino quando suonò il campanello. Un uomo si presentò come agente del governo. Aveva ricevuto l'informazione che nel nostro appartamento era nascosta della droga e quindi era costretto a controllare. Lo lasciai entrare, dal momento che si trattava ovviamente di uno sbaglio, e se ne sarebbe accorto in fretta. Ma poi lo seguirono altri sette ufficiali, alcuni dei quali armati. Per prima cosa staccarono il telefono. Poi frugarono dappertutto, dal frigo alla centralina elettrica, fino alle scatole nello sgabuzzino. Impiegarono cinque ore, e ovviamente ne vennero fuori a mani vuote. Niente droga.

I ragazzi tornarono da scuola e videro tutti questi estranei in casa. Estranei armati. La piccola Mahrokh sedeva nel seggiolone, pietrificata. Passò anche tuo cognato. Era incredulo, ma rimase in silenzio finché quelli non ebbero finito di cercare e se ne andarono dicendo che sarebbero tornati il giorno seguente. Si presero tutte le nostre foto, quelle di famiglia e quelle dell'esercito, ogni cosa. Ah, già, e la tua radiolina Sony, il mangianastri e tutte le nostre videocassette. Anche i documenti, fino all'ultimo, e non mi restituirono nulla. Mi dissero che eri andato a Bandar Abbas per una missione speciale, e saresti tornato presto. Si presero anche quella valigetta che il tuo amico, l'incaricato d'affari argentino, ti aveva lasciato qui in custodia mentre viaggiava a sud verso Isfahan e Shiraz. Quando tu non tornasti a casa alla solita ora, chiamai il tuo collega, il colonnello Mirkiani, e gli chiesi se sapeva qualcosa di questa storia. Non ne sapeva niente. Scese la notte e tu ancora non arrivavi. Ero terrorizzata. Cosa ti era successo?

Il mattino dopo arrivarono altri due uomini, uno dei quali era maggiore dell'aeronautica. Continuarono a cercare, ricontrollarono ogni cosa, ma comunque non riuscirono a trovare nulla che li soddisfacesse. Fu l'ultima volta che li vidi, e poi un giorno mi arrivò una telefonata e mi chiesero dell'incaricato d'affari argentino. Che potevo dire? Non sapevo niente del suo viaggio in Iran. Non sapevo niente dei tuoi rapporti con i diplomatici in Pakistan. Degli americani sapevo meno di niente. Non sapevo nulla, anche se avrei voluto dire qualcosa di utile per farti tornare qui».

«Ma quindi non ti hanno arrestata?», le chiesi. «O torturata, o messa in isolamento?»

«Niente del genere», mi rispose. «Mi fecero soltanto pressione perché raccontassi dei tuoi rapporti con gli americani, ma come sai non c'era niente da dire, dal momento che non mi sono mai interessata al tuo lavoro per il governo».

«Allora mi mentivano!», dissi. «E che altro accadde?»

«Ogni giorno cercavo di parlare con qualche funzionario del governo a proposito del tuo arresto, ma nessuno poteva farci niente».

«Con chi hai parlato?»

«Incontrai il consigliere del presidente Rafsanjani. Mohajerani, si chiamava così. E il brigadiere generale Salimi, consigliere militare dell'ayatollah Khomeini, e il signor Rahimi, ex ambasciatore dell'Iran in Pakistan, e il personale del tuo ufficio, e quelli della corte marziale, anche se non ricordo i loro nomi».

«E nessuno ti aiutò?»

«Provarono ad aiutarmi, ma non potevano. Mi dissero che la tua situazione era molto delicata e quindi dovevano agire con cautela. Avevano paura di ficcare il naso dove non dovevano. Qualcuno del tuo ufficio mi disse – era solo un'ipotesi, spiegò – che forse ti trovavi in una prigione speciale delle forze armate nella base militare di Jamshidieh, con il nome in codice 336. Quando mi chiamasti dal carcere, non sapevo dove fossi. Poi venni convocata per farti visita, ma la cancellarono. Quando ricevetti la tua lettera dall'ospedale e seppi che ti avevano torturato, capii che dovevo vederti e scoprire cosa ti era successo.

Un giorno andai alla corte marziale per fissare un appuntamento con uno dei religiosi incaricati di giudicare gli ufficiali come te, ma non ottenni nulla. Anzi, mi chiesero di lasciare l'edificio. Un altro giudice mi notò, Hojjat-al-Islam Younesi. Mi chiese cosa volessi, e io gli spiegai chi eri e gli domandai perché ti avevano arrestato e perché nessuno mi diceva dove ti trovavi. Lui mi diede una risposta assurda. Non riuscivo a crederci. Innanzitutto, mi derise perché ero così ingenua da credere che tu non avessi fatto nulla di male. Tu eri un agente della CIA, lo sapevi questo, Yadi? Persino l'incidente, e i curdi che vennero in tuo aiuto, non erano altro che un piano degli americani. "Se ne vada a casa", mi disse il giudice. "Non ho tempo da perdere con lei". E io tornai davvero a casa, con il cuore a pezzi e disperata. Che altro potevo fare?

In tutto quel tempo a molte persone non avevo detto del tuo arresto. Né a tua madre né alla maggior parte dei miei parenti. Mi sembrava un disonore, un affronto alla tua dignità. Ne discussi però con mio fratello e con tuo cognato, ma anche con loro mi sentivo in imbarazzo. A parte loro, nessuno sapeva che eri stato arrestato». Si fermò.

«Non possiamo semplicemente dimenticare tutto?», mi chiese poi. «Tutto! Non ne parliamo più. Pensiamo soltanto al futuro e alla nostra nuova vita. Dobbiamo entrambi trovarci un nuovo lavoro. Dobbiamo dar da mangiare ai nostri figli. Piangere su questa ingiustizia non ci servirà a niente. Mi stai ascoltando?»

«Sì, ti sto ascoltando».

«Allora perché non rispondi?», mi chiese.

«Non ho risposte», le confessai. «La verità è che non so cosa farò. Io sono capace soltanto di volare».

Akram non sapeva che dire. Quel giorno, non avevamo la minima idea di cosa avremmo fatto.

# 16
# Una illusoria normalità

Continuavano a esserci ovunque arresti immotivati. Le persone venivano trattenute senza un'accusa formale, impiccate senza processo, uccise senza preavviso, sparivano così, senza lasciare traccia. Un amico, e uno soltanto, trovò il coraggio di venirmi a trovare in quei primi dieci giorni successivi al mio rilascio. Ma proprio non potevo biasimare gli altri. Temevano di essere osservati dai servizi segreti.

Malgrado il taglio netto con la mia vita passata, mi godevo ogni minuto di libertà. Ero libero di uscire e guardare il cielo, libero di sentire il caldo del sole sul viso fin quando volevo. Le giornate non avevano una rigida scansione, non c'era limite al tempo che potevo passare con la mia famiglia nelle lunghe sere dopo cena, a godermi la semplice gioia di stare insieme. Quando tutti dormivano, spesso restavo sveglio a guardare mia moglie stesa accanto a me con gli occhi chiusi. Pareva così rilassata e serena. Andavo nelle stanze dei ragazzi e li osservavo, le mie creature innocenti. Di nuovo a letto, restavo steso lì, senza trovare riposo, con la paura del buio e degli incubi che mi avrebbero assalito non appena fossi stato vinto dal sonno.

Dal punto di vista economico, navigavo in pessime acque. I conti in banca erano stati chiusi dall'intelligence, e rimasero sotto confisca. La mia unica rendita era una parte del mio vecchio stipendio. I risparmi di tutta una vita erano svaniti. Akram aveva nascosto del denaro in casa, ma non sapevo quanto sarebbe durato. Trovare lavoro per il governo era fuori discussione, quindi dovetti riflettere su come diventare un uomo d'affari. Avrei avuto bisogno di un prestito, ma le banche non ne volevano sapere di me.

Quanto ai miei ragazzi, le loro speranze per una qualsiasi forma di istruzione superiore erano infrante. L'università, per quanto ancora di là da venire, era fuori dalla nostra portata, quindi da una parte avevo la mia libertà ma dall'altra ero preoccupato da morire circa il nostro futuro. Né gli agenti dell'intelligence mi lasciavano in pace. Ero ancora al centro del loro mirino, in particolar modo quando mi veniva richiesto, una volta alla settimana, di presentarmi all'ufficio della corte marziale, e dovevo informarli se per qualsiasi motivo uscivo da Teheran. Quindi in realtà non ero affatto libero. La mia prigione era solo diventata più grande. Ma decisi di non menzionare queste restrizioni ad Akram, visto che l'avrebbero solo messa in agitazione. Scelsi invece di comportarmi quanto più possibile come un uomo libero. Progettai un breve viaggio nella città santa di Mashhad.

Mashhad ospita la tomba dell'imam Reza, l'ottavo leader religioso dei musulmani sciiti, che visse nel IX secolo. Dissi ad Akram che mentre ero in prigione avevo fatto voto di compiere questo pellegrinaggio, e lei lo ritenne un motivo abbastanza valido per prenderci una meritata pausa dai nostri ragazzi, Shahram e Shahrokh, portando solo la piccola Mahrokh. Per me e Akram quel viaggio fu una seconda luna di miele.

Dopo una breve visita alla tomba dell'imam Reza, Akram approfittò di ogni occasione per fare shopping. Le è sempre piaciuto fare spese e, a dispetto dei nostri problemi economici, diede prova di ciò ancora una volta, comprando gioielli e *firoozeh*, dei turchesi, con i suoi pochi risparmi. Esauste per aver camminato tutto il giorno, lei e Mahrokh tornarono in albergo, mentre io sentii il bisogno di passare altro tempo con l'imam Reza.

La leggenda vuole che l'imam Reza sia morto prima di diventare califfo dei musulmani, avvelenato dall'uva portatagli dalla moglie, persuasa che, se fosse morto avvelenato, di sicuro non poteva essere un buon califfo. La storia fu molto più gentile con lui e gli sciiti di tutto il mondo si resero conto di aver perso un grande leader, e ancora oggi si affollano presso la sua tomba per toccare e baciare la bara.

Molti si comportano come se fosse ancora con noi e gli chiedono di risolvere i loro problemi. Il mausoleo è bello quanto o più del palazzo di un re, con migliaia di pezzi d'oro e d'argento che decorano le pareti insieme a specchi di ogni colore. Nella sala centrale, sotto la cupola, è appeso un lampadario meraviglioso. Ti ci puoi storcere il collo a furia di guardarlo, ed è una cosa che fai senz'altro visto quanto è grande, immenso e luminoso come il cielo. Tutti quelli che entrano nel mausoleo ne sono impressionati, ma sembrava fossi l'unico ad apprezzarlo in silenzio. Non c'è una usanza comune in quel luogo, sono tutte diverse, da una stanza all'altra. Parlare con Dio o con l'anima dell'imam sembra essere la pratica più diffusa, espletata con una profusione di lacrime e lamenti. I contadini analfabeti pagano una bella cifra ai religiosi del posto affinché preghino al loro posto. Un buon affare. Oppure puoi comprare candele e accenderle, il che a quanto pare rende felice lo spirito dell'imam.

Mi sedetti accanto a un vecchio che, con il capo reclinato all'indietro, pregava rivolto al soffitto dorato della tomba. Teneva le mani aperte davanti al viso, e pregava in arabo con voce alta e luttuosa. Di tanto in tanto pareva riferirsi alle proprie dita, quasi contasse le grazie che chiedeva a Dio o supplicasse l'imam Reza di assolverlo da tutti i peccati commessi in vita. Poi cominciò a pregare per il ritorno di suo figlio, prigioniero di guerra in Iraq. Le sue lamentazioni erano come il pianto di un bambino affamato, non ne potei più e cercai un posto più tranquillo.

Lì tutti andavano lentamente di stanza in stanza, persi nei propri pensieri solenni. Non c'era nessuno che sorridesse, nessuno che si stesse divertendo. Ognuno aveva qualche problema, e tutti chiedevano all'imam Reza di sistemare le loro vite, dal momento che aveva fama di guaritore. Non esistevano malattie incurabili che non potesse guarire. Si diceva che, grazie ai suoi poteri, le donne sterili diventassero fertili.

La tomba vera e propria era racchiusa da una grata protettiva meravigliosamente intarsiata e ricoperta d'oro e d'argento. Era possibile vedere attraverso il tessuto nero e verde che avvolgeva il sarcofago. Intorno a questo luogo di sepoltura c'era almeno un milione di dollari in banconote di piccolo taglio, le offerte di una sola giornata da parte del flusso infinito di fedeli, la maggior parte dei quali poveri e cenciosi. I pellegrini cominciarono ad accalcarsi intorno a me, spingevano e spintonavano da ogni parte, così mi feci indietro e li osservai mentre cercavano di allungarsi e toccare la grata. L'emozione di trovarmi lì, unita alla cacofonia delle esclamazioni luttuose, mi portò in uno stato di alterazione mentale a causa del quale mi ritrovai incerto se credere o rinnegare il potere di un culto così esotico.

Non riuscivo a venire a patti con il contrasto fra la povertà della gente in visita alla tomba e lo sfarzo chiassoso del posto. Queste persone, che parevano patire una fame cronica, erano disposte a lasciare quel poco che avevano sulla tomba e sulle pareti scintillanti. Mi chiesi perché un uomo di Dio avesse bisogno di un luogo di riposo così pieno di lusso. A mio parere non rifletteva affatto l'umiltà con cui egli aveva vissuto. C'era davvero bisogno di quelle porte d'oro? Persino la sua famosa spada, appesa in alto sulla parete, era incorniciata d'oro. Questo tipo di religiosità era sempre stata troppo complessa per la mia semplice mente, così dopo la mia *namaz*, andai via. Di sicuro Akram si stava chiedendo dove fossi finito.

Mentre me ne tornavo in albergo, pensai a Khomeini: dubitavo fortemente che la sua tomba sarebbe mai diventata una meta per i turisti. Non avevo mai saputo nulla di lui fin quando nel 1979 era tornato in Iran, dopo quindici anni di esilio in Iraq e in Francia. Guardandolo in televisione, mentre scendeva dall'aereo all'aeroporto di Mehrabad, fui colpito da quanto sembrava lento e vecchio. Ma dov'era l'amore? Non ne vidi. Nel calcare il suolo iraniano, Khomeini non mostrò alcuna emozione, cosa che mi stupì. Nessun amore per il paese, nessun sentimento per la patria, neppure il minimo gesto di riconoscenza per le migliaia di persone venute lì ad accoglierlo. Come si può paragonare la compassione di un uomo come l'imam Reza all'egocentrismo di un Khomeini? Non si può.

Khomeini tenne il discorso per il suo ritorno in patria nel cimitero di Behesht-e Zahra, dove per lo più parlò dei poveri, ai quali promise aiuto. Per il resto si concentrò sullo scià, accusandolo di aver «distrutto il nostro paese e di averne riempito le tombe». E lui? Cosa aveva fatto per noi questo "salvatore"? Dopo dieci anni di regno, Khomeini aveva le mani sporche di sangue ben più dello scià nei suoi trent'anni di governo. Senza contare le morti causate dalla guerra ancora in corso contro Saddam Hussein. Poco prima che io uscissi di prigione, erano stati giustiziati cinquemila membri del partito Mojaheddin-e Khalq, colpevoli agli occhi di Khomeini di essere stati infedeli alla sua causa. Poi aveva ordinato che venisse loro succhiato il sangue dalle vene per rifornire la banca nazionale del sangue, che aveva un problema di solvibilità a causa della sua stupida guerra. Per restare sano di mente dovevo smettere di pensare a certe cose. Quest'uomo era un ayatollah? Andava celebrato come un rappresentante di Dio in terra? Non credo proprio! E dubito che lo credesse Dio.

Mi ero innervosito e adirato, ero tutto sudato e dentro di me ribollivo di rabbia al solo pensiero delle ingiustizie commesse dal regime dell'ayatollah. La sua fine non sarebbe mai arrivata troppo presto.

Giunsi in albergo e bussai alla porta della nostra stanza. Prima ancora che Akram potesse dire una parola, Mahrokh mi saltò in braccio e mi chiese dove ero stato. Sapevo che mi aspettava una paternale, dal momento che Mahrokh di solito non mi interrogava sui miei spostamenti. "Tale madre tale figlia", pensai. E certamente Akram era stata in ansia per me. Le spiegai che avevo riflettuto.

«Tu rifletti troppo», disse lei. «Finirai di nuovo nei guai, se non cominci a comportarti in modo normale».

«In realtà, ho pregato», dissi. Questo la fece arrabbiare ancora di più. «Mi dispiace, non ne posso fare a meno», continuai. «Ormai mi preoccupo per ogni cosa. Soprattutto per il nostro futuro».

«Smettila di preoccuparti», disse lei. «Tutto si risolverà per il meglio».

Cambiò argomento, raccontandomi dei suoi sogni a occhi aperti mentre io ero alla tomba dell'imam Reza, sogni sulla vita fortunata che tutto sommato avevamo vissuto. Dovevamo soltanto dimenticare quell'anno orribile. Nel complesso, il tempo passato insieme era stato meraviglioso, con soltanto un anno di sventura. Dovevamo ricominciare a essere ottimisti, disse. Dovevamo aspettarci che la buona sorte tornasse presto a farci visita. Mahrokh si addormentò mentre noi chiacchieravamo, e così accantonammo l'idea di andare al ristorante. Cenammo in camera e andammo a letto presto.

Mi svegliai il mattino dopo per un bagliore dorato che riempiva la stanza. Andai alla finestra, e fui sorpreso di vedere il tempio d'oro dell'imam Reza così vicino, il sorgere del sole che si rifletteva sulla cupola e illuminava questa nostra nuova vita. Facemmo colazione in camera, poi ci dirigemmo verso il mercato coperto, dove Akram, ancora una volta diede il meglio di sé. Come ho già detto, è nel suo elemento quando fa compere. Nulla la distrae, né la stanchezza né la fame né i problemi esistenziali. Dimentica ogni cosa, soprattutto me, che divento una specie di maggiordomo personale e la seguo tenendo Mahrokh per mano mentre con l'altra reggo i suoi numerosi acquisti.

Dopo i pochi giorni passati a Mashhad, fu tempo di tornare a Teheran. In aereo, mentre mia moglie e mia figlia dormivano, ricordai il mio primo grande viaggio fuori dal paese, quando avevo ventidue anni. Eravamo cinque cadetti diretti negli Stati Uniti per l'addestramento da pilota e avremmo passato la notte a Londra in un albergo nel cuore della città. I miei compagni non vedevano l'ora di uscire in strada e iniziarmi ai piaceri della vita notturna. Dovettero pensare che fossi un tizio strambo quando decisi di non unirmi a loro, considerando peccato guardare le donne nude. Mi sarei rilassato un po' una volta arrivato alla base dell'aeronautica di Lakeland, a San Antonio, in Texas.

Ci rimasi quattro mesi, per seguire un corso intensivo di inglese, e in quel periodo conobbi una ragazza in un negozio di abbigliamento. Era un vero schianto, come direbbero in America. Le chiesi di uscire. Ero con degli amici e lei rifiutò l'invito, ma promise che ci avrebbe mostrato dov'era il vero movimento, in una discoteca che si chiamava Chamisal. Il locale aveva un'ambientazione messicana, era chiassoso e pieno di adolescenti. Quando attaccò la musica, i miei amici cercarono di approcciare la ragazza, circondandola sulla pista da ballo mentre io me ne stavo seduto a guardare. Probabilmente le feci pena, perché venne a chiedermi di ballare. Dopo la prima canzone non sembrava volersi fermare, così continuammo a ballare. In effetti restammo insieme per tutta la sera, con gran disappunto dei miei amici, che tentarono di inserirsi come se avessi dovuto condividere la mia conquista. Quando gli altri furono pronti ad andare via lei era piuttosto ubriaca, così chiamai un taxi per portarla a casa. A quel punto i miei amici dovettero ammettere la sconfitta, li avevo surclassati, ma la serata era finita anche per me perché lei non era in condizioni di fare altro che augurarmi la buonanotte con un bacio, darmi il suo numero di telefono e chiudermi in faccia la portiera del taxi.

Il pomeriggio seguente, le telefonai e ottenni un vero appuntamento. Si chiamava Leonore, questo ero riuscito a sapere di lei, faceva la modella e lavorava in un grande negozio di abbigliamento. Si presentò a un popolare ristorante del centro con addosso una canotta rossa e un paio di pantaloncini attillati che attirarono gli sguardi di tutti. Avrei voluto chiederle di essere un po' più discreta, visto il modo in cui esibiva le gambe e si chinava sul tavolo, offrendo a tutti un'ottima visuale sulle altre sue attrattive, ma non ero abbastanza bravo con l'inglese per dirlo nel modo giusto. In Iran l'avrebbero arrestata se fosse uscita di casa così. E avrebbero rinchiuso anche me, come complice.

Dopo di allora, ci incontrammo quasi quotidianamente, e presto non potei più vivere senza di lei. Se passava un giorno senza che la vedessi facevo fatica a dormire. Mi mancava davvero. Immagino mi fossi innamorato, e lei pareva altrettanto attratta da me. La nostra relazione andò avanti per qualche mese, anche se qualcuno avrebbe potuto dire che era molto casta, dal momento che i nostri momenti intimi si limitavano, che ci crediate o meno, a baci, abbracci e passeggiate mano nella mano. Per quanto la amassi, la rispettavo, e non volevo farle proposte che la offendessero. Dopo tutto, in Iran le ragazze non possono fare sesso prima del matrimonio. Ragionavo ancora da buon iraniano.

Dopo aver preso il diploma alla scuola di lingue, fui assegnato alla base aeronautica di Randolph, vicino San Antonio, per cominciare l'addestramento da pilota. Sapevo che quel giorno sarebbe arrivato. Ora sarebbe stato difficile continuare a vederci, ma dopo una settimana fu lei a venire alla base. Ci incontrammo alla fermata dell'autobus fuori dal cancello principale. Questa volta era vestita in modo più pudico, ma riusciva comunque a essere molto sexy. Che ragazza. Ci abbracciammo come due amanti separati da tempo. Non mi lasciava andare. Non perdemmo tempo e andammo subito nella mia stanza presso la base, e una volta chiusa la porta non sprecammo neppure un secondo. Quasi non mi riconoscevo, mi comportai come un animale, ma non riuscivo a saziarmi di lei. Questa donna aveva qualcosa, qualcosa di simile alla ragazza del villaggio che odorava come la pioggia profumata di Dio, quella che "toccai" per la prima volta. Era una forza misteriosa e potente ed era bello cedervi, è tutto ciò che posso dire a mia discolpa.

Leonore fu l'unica fidanzata che ebbi durante il soggiorno in Texas. La nostra relazione finì all'improvviso quando ricevetti una sua telefonata. Era all'aeroporto, in viaggio per incontrare un amico in North Carolina che aveva non so quale problema. Non c'era tempo per raggiungerla prima che partisse, e così eccomi lì, non solo a soffrire con il cuore infranto, ma anche a chiedermi perché fosse sparita in modo così inatteso. Non la rividi mai più. Ci fu solo quella strana telefonata, e poi una lettera che spiegava ogni cosa:

Mio carissimo Yadi,
ancora ti amo, e ti ritrovo nei miei sogni. Grazie per esserti comportato da vero gentiluomo. Ti chiedo scusa per non avertelo detto prima, ma ero sposata quando ci siamo messi insieme. Io e mio marito ci eravamo separati, e così mi sono sentita libera di frequentarti, ma adesso stiamo provando a rimettere a posto le cose. Mi dispiace se ti ho ferito, mi dispiace anche per me, perché non immaginavo che ti avrei amato così tanto.

Si accesero i segnali che avvisavano di allacciare le cinture. Il pilota annunciò l'ora prevista per l'arrivo all'aeroporto di Mehrabad a Teheran, e cominciò la sua discesa da 8500 chilometri. Mahrokh si svegliò. Akram aprì gli occhi e mi guardò con aria critica, come se mi stesse leggendo nella mente. Era possibile? Sentii che stavo arrossendo e chiusi gli occhi, per nascondermi da ulteriori esami, e per tornare al passato.

Alla base di Randolph, mi addestrarono a volare sul T-41 e sul T-37. Il mio istruttore per il T-37 era il capitano Green, un uomo davvero piacevole, ma riuscii a tirar fuori il peggio da lui durante una serie di atterraggi e ripartenze. Per ben due volte dimenticai di far uscire il carrello. Lui sferrò un pugno al quadro di comando.

«Anche una scimmia volerebbe meglio di te!», mi urlò.

Non apprezzai le sue critiche, anche se probabilmente me le meritavo. Quando poi atterrammo e cominciammo a rullare, lui scoppiò a ridere e disse che stava scherzando. Non gli credetti: penso che stesse cercando di darmi una svegliata, e chi avrebbe potuto biasimarlo? Se mai avessi effettuato un atterraggio senza carrello, sarebbe stata la fine del giovane playboy.

Fui poi trasferito alla base di Vance, a Enid, in Oklahoma, e cominciai a volare sui T-38, diplomandomi alla fine di novembre del 1971. Poi toccò alla base di Fairchild per il corso di sopravvivenza, e infine alla base Williams di Phoenix, in Arizona, per completare l'addestramento sui Freedom Fighters, i vecchi F-5. Nella primavera del 1972 ero un vero e proprio pilota di guerra, ed era tempo di tornare in Iran.

Tre mesi dopo il rientro in patria, mi sposai con la bellissima Akram, e meno di un anno dopo divenni padre del nostro primo figlio, Shahram. Eravamo di stanza alla Terza base tattica nella città di Hamadan, nell'Iran occidentale, dove in inverno la temperatura precipitava sotto lo zero. Ma quando sei innamorato, e la tua vita va meglio di quanto tu abbia mai sperato, cosa vuoi che sia un po' di freddo nell'aria? Ci godevamo ogni istante del nostro tempo, anche quando dovevamo provare a far partire la macchina che si era trasformata in un blocco di metallo e grasso congelati.

Da Hamadan mi trasferirono alla Seconda base tattica, a Tabriz. Mentre ero lì, mi inviarono in Turchia come parte di un programma di scambio, il CENTO (Central Treaty Organization), un patto di mutua difesa tra Gran Bretagna, Stati Uniti, Iran, Pakistan e Turchia. Per un anno, volai con i piloti dell'aeronautica turca dalla base di Merzifon, vicino al mar Nero. Mi feci molti buoni amici, alcuni dei quali avrei poi richiamato per salvarmi la vita. Non tornammo in Iran fino al 1977, e un anno dopo, nel maggio del 1978, fummo benedetti dalla nascita di un altro figlio, Shahrokh.

Dopo meno di un anno, nel febbraio del 1979, la rivoluzione di Khomeini depose lo scià, e all'improvviso la paura divenne parte integrante delle nostre vite, poiché i plotoni di esecuzione e le impiccagioni pubbliche mietevano migliaia di vittime. Molti di quei piloti, fedeli allo scià, mi erano stati vicino, come amici o colleghi. Fu in quell'epoca che ebbi l'incidente in Iraq. Incontrai l'ayatollah Khomeini per la seconda volta mentre ero di stanza con la mia squadriglia nella Quarta base tattica, a Dezful.

Nel 1983 venni inviato in Pakistan come primo addetto militare dopo la rivoluzione islamica, e per tre anni ebbi il privilegio di vivere la vita dei diplomatici. Nostra figlia, Mahrokh, nacque nel giugno del 1986, facendo di me e Akram la coppia più felice al mondo. Era difficile immaginare un'esistenza più appagante. Grazie al mio lavoro, potevo avere contatti con tutte le figure politiche di spicco del paese. Una volta approfittai del mio status di diplomatico e mi lamentai di una faccenda personale con uno dei consiglieri del presidente Khamenei durante la sua visita in Pakistan. Ero stato trattato ingiustamente da un produttore, che si rifiutava di corrispondermi i diritti cinematografici per il mio libro. Fui anche tentato di dire qualcosa al nostro presidente durante quel breve incontro ufficiale, ma a trattenermi furono i suoi complimenti per i miei tanti successi in guerra e per il mio lavoro.

Il compito di delegato in Pakistan terminò nell'ottobre del 1986, quando tornai a Teheran e cominciai a lavorare al quartier generale delle forze armate unite. Seguirono in quest'ordine arresto, tortura, processo e scarcerazione.

«Stavi sognando», disse Akram interrompendo il mio fantasticare.

«No, non credo proprio», risposi.

«Prima avevi un sorrisetto», insisté lei. «Poi ti sei accigliato. Qualcosa ti passava per la testa».

«Pensavo ti fossi addormentata».

«Solo per un po', ma in realtà stavo pensando».

«A cosa?», domandai.

«A come passeremo il resto della nostra vita in un paese che è diventato una prigione per noi».

«Qualche idea?», chiesi.

Fummo interrotti dal pilota che annunciava l'atterraggio imminente. Quei pensieri rimasero sospesi a mezz'aria, una questione che avremmo dovuto affrontare ben presto.

Quando l'aereo atterrò, potei vedere la base di Mehrabad e i jet disposti lungo la pista. Era un peccato che non potessi più mettermi alla guida di quelle grandi macchine. Ma rivedere i miei ragazzi mi guarì da qualsiasi forma di autocommiserazione. Portai la mia famiglia in una pizzeria vicino al vecchio palazzo dello scià, dove io e Akram guardammo i nostri figli giocare nel parco di fronte al ristorante. Mia moglie mi parlò di un progetto che stava maturando, l'idea di diventare parrucchiera ed estetista. Voleva sapere se secondo me doveva iscriversi o meno al corso. Fummo entrambi d'accordo che poteva essere un buon modo per tenerla occupata ed evitare certi pensieri. Così si iscrisse: prese i suoi studi molto sul serio e vi si appassionò parecchio.

Quanto a me, trovai lavoro in un negozio di tappeti su viale Karimkhan. Il proprietario, il signor Esfandiary, non affrontò l'argomento del mio stipendio, forse perché aspettava di vedere se ero capace di lavorare in quel settore. Ma alla fine del mese, senza alcun accenno a quanto male me la fossi cavata, pareggiò il mio stipendio di militare. Fu bello vedere che mi ero fatto un nuovo amico, che mi rispettava e mi lasciava andare e venire a piacimento, senza preoccuparsi di quanto doveva detrarmi dal salario. Che sollievo, venir pagati regolarmente e senza problemi. Alla fine presi a comprare e vendere tappeti per conto mio, e cominciai a guadagnare più di quanto mi avesse mai pagato l'aeronautica.

Akram non ci mise molto a conseguire il suo attestato, e cominciò a lavorare in un salone di bellezza su viale Pasdaran. Le piaceva molto più dell'impiego precedente come aiuto infermiera. Allo stesso tempo, io cominciai a insegnare inglese agli studenti per il ministero del Petrolio, e ad alcuni membri di alto rango del ministero delle Miniere e dei metalli. L'unico aspetto negativo di questa nuova vita per il resto splendida era la visita settimanale all'ufficio della corte marziale. Spesso eravamo seguiti da sinistri individui, che ci tenevano sulle spine e mi impedivano di reintegrarmi a pieno nella vita di Teheran. In realtà, tutta la mia famiglia viveva in uno stato di paura costante, e cominciai a sentirmi vulnerabile come quel coniglio sulla collina dietro il mio villaggio. Sentivo l'ombra farsi sempre più larga intorno a me.

«Non possiamo continuare a vivere come criminali», disse Akram.

«Lo so», risposi.

«Che ne dici del Canada?», mi chiese.

*Che ne dico?* Terra di cowboy, slitte e ghiaccio. Un sacco di ghiaccio.

«Lascia stare», fece lei. «Non ti piacerebbe il freddo».

«Imparerò ad amarlo», dissi.

# 17
# Un piano

Il fratello maggiore di Akram aveva solo cose positive da dire sul Canada dopo averci vissuto per quindici anni. Io ne sapevo ben poco, solo che aveva fatto parte del vecchio impero britannico ed era il secondo paese più grande al mondo; questo lo avevamo imparato a scuola. Famoso per l'hockey su ghiaccio e pieno di aborigeni chiamati indiani. Montréal era stata sede dell'Esposizione universale nel 1967. E andando ancora più indietro, il primo ministro canadese aveva vinto il premio Nobel dopo aver escogitato un piano di pace durante la crisi del canale di Suez, sul finire degli anni Cinquanta. Mentre prestavo servizio in Pakistan, un mio conoscente canadese mi raccontò di quella volta in cui il Canada aveva invaso gli Stati Uniti e messo a ferro e fuoco la Casa bianca. Questo accadeva circa duecento anni fa. Io non pensai che fosse una gran bella cosa, ma ero curioso di conoscere la storia che c'era dietro. A parte questo, non sapevo nulla. Forse non c'era molto da sapere. Il Canada sembrava un paese gradevole per semplicità e purezza, proprio come i cowboy e la neve.

Akram non riusciva a immaginare come potessimo anche solo pensare di fuggire mentre eravamo sotto sorveglianza ventiquattr'ore su ventiquattro. Ci serviva un piano, le spiegai, ma talmente segreto che neppure i nostri fratelli e le nostre sorelle avrebbero dovuto sospettare alcunché. Lei mi rivolse uno dei suoi sguardi pieni d'amore, ma era un po' distante, come se in quel momento stesse esaminando la mia vita e non le piacesse quello che vedeva. Doveva essere piuttosto patetico, come guardare un'aquila con un'ala spezzata. Mi sentii costretto ad architettare un piano lì su due piedi.

Dovevano partire prima loro, mia moglie e i ragazzi. Se mi avessero arrestato di nuovo, almeno loro sarebbero stati liberi.

Quanto a me, avrei dovuto aspettare per riavere la mia libertà. L'avrei riconosciuta quando l'avessi rivista, quando fossi sceso da un qualche aereo in un paese libero. L'avrei riconosciuta con tutto me stesso. Chi potrebbe mai dimenticare ciò che significa respirare aria di libertà? I miei piedi avrebbero riconosciuto la sensazione di una semplice passeggiata lungo i corridoi di un aeroporto senza guardie armate. Gli occhi avrebbero riconosciuto la felice andatura di persone libere che passano in fretta la dogana per andare dalle mogli, dai figli e dalle figlie che le aspettavano. Se fosse stato possibile definire la libertà con semplici parole, le avrei urlate e sarebbe finita lì. Ma la libertà non è solo un elenco di sinonimi di *indipendenza*. Non è una cosa statica come una parola o una forma di benessere. È una storia. E noi lo sappiamo cosa succede in una storia quando l'eroe perde la concentrazione: finisce. Chi ama la libertà è entusiasta della vita con tutte le sue contraddizioni e tiene viva la sua preziosa libertà con cure continue da una parte e vigilanza perenne dall'altra. È una creatura fragile che può andare perduta se ne diamo per scontata l'esistenza, fidatevi.

Partimmo per un altro viaggio, con tutta la famiglia, in macchina a nord verso il mar Caspio. Eravamo agli inizi di marzo del 1990. Non ci sentivamo ancora pronti per fuggire, ma io avevo bisogno di un'altra tregua da quegli occhi indagatori. Sulla via del ritorno a Teheran, sentii l'impulso di fare una deviazione per passare a trovare mia madre a Karaj. Nel corso del viaggio le avevamo comprato delle aringhe affumicate. Fummo sorpresi di non trovarla a casa. Neppure le mie sorelle, che vivevano a pochi isolati di distanza, sapevano dove fosse. Organizzammo una ricerca, dagli ospedali alle stazioni di polizia, addirittura all'obitorio.

«Non era malata, che io sappia», disse Mahin, la più grande delle mie sorelle.

«Almeno non si è mai lamentata con noi», aggiunse l'altra sorella, Nasrin. «Anche se pensava di andare in visita a Mashhad».

Facemmo domanda alle agenzie di viaggio e poi agli alberghi nelle città sante di Qom e Mashhad, ma non trovammo indizi sugli spostamenti di mia madre. Era sparita.

Non potei fare a meno di pensare che poteva essere morta. Controllai ogni cosa a casa sua. Era tutto in ordine, tutto al suo posto. Sulla tavola, qualche mela e qualche arancia, delle caramelle, un vassoio di pistacchi. Aspettava ospiti? Chi? La vista peggiore fu l'armadio pieno di vestiti, che aspettavano in silenzio di essere scelti e indossati di nuovo da lei soltanto. Mi inquietavano i pochi piatti sporchi nel lavello, mi dicevano che non era andata lontano.

Qualche giorno dopo, mentre tenevo le mie lezioni al ministero del Petrolio, mio cognato Khodaverdi si presentò con una possibile pista. C'era un cadavere senza nome nell'ufficio del coroner a Teheran. Età, descrizione e data della morte erano sospettosamente familiari. Ci andammo subito e ci trovammo ben presto davanti a un cadavere coperto da un lenzuolo macchiato di sangue secco. L'etichetta diceva: *Donna sconosciuta, età approssimativa 60-65 anni, morta in un incidente d'auto*. Scostai il lenzuolo dal viso... era mia madre. Grigia e immobile. Ero stordito, senza parole. Riuscii solo fissarla lì sul pavimento spoglio, il volto gentile, gli occhi socchiusi e le labbra leggermente aperte. Mia madre morta, non riuscivo a crederci.

La sera dell'8 marzo, subito dopo il tramonto, era stata investita da un minibus mentre attraversava la strada per raggiungere il centro residenziale di Ekbatan. Voleva fare visita alla mia sorella maggiore per Capodanno. Ma non ci arrivò mai. Morì sul posto, senza alcun documento addosso. Per un viaggio così breve, di sicuro aveva pensato che non le servivano. Con l'aiuto di amici e parenti, trasportammo la salma al cimitero di Behesht-e Zahra per il funerale e poi portammo la bara a Taleghan, il nostro villaggio ancestrale, e la seppellimmo ai piedi della collina dove da bambino guardavo volare le aquile. Due giorni dopo, tornammo a Teheran e cominciammo a pensare seriamente ai nostri piani di fuga. Per prima cosa, ad Akram serviva un visto per il Canada. Studiai la procedura necessaria, tenendo per tutto il tempo il dolore rinchiuso dentro di me. Quando l'ambasciata canadese a Teheran rifiutò la sua richiesta, mi stupii nel vedere mia moglie tanto sconvolta. Nell'impeto della vendetta, progettò di far visita a degli amici in Turchia con l'idea di inoltrare di nuovo la richiesta all'ambasciata canadese di Ankara. Ebbene, una brutta sorpresa l'aspettava all'aeroporto Mehrabad di Teheran. Non le era permesso lasciare il paese. Non l'avevo mai vista così distrutta. Pianse per tutto il viaggio di ritorno a casa in macchina, assolutamente disperata. Che altro potevo fare se non prometterle che si sarebbe aggiustato tutto? Mi serviva solo un altro po' di tempo.

Mi procurai una lettera all'ufficio della corte marziale che autorizzava mia moglie e i due figli più piccoli a viaggiare all'estero, ma Shahram, che si avvicinava all'età del servizio militare, non poteva lasciare il paese. Quanto a me, non c'è neanche bisogno di dirlo, non potevo andare da nessuna parte. Così, con Mahrokh tra le braccia, Akram partì per la Turchia, dove passarono una vacanza meravigliosa con gli amici che mi ero fatto nel 1986, durante l'anno del programma di scambio piloti tra Iran e Turchia. Maksüt Demir e il colonnello (poi promosso generale) Ahmet Ergönen e le loro famiglie li trattarono come parenti. Ma quanto al visto per il Canada, rimase di nuovo a mani vuote, e tornò a casa sentendosi più che mai disperata per la sua vita in Iran. Bisognava fare qualcosa. Qualcosa di avventato e definitivo. Sapevamo di dover tentare la fuga. Decidemmo che Akram sarebbe partita per prima con i figli più piccoli, Shahrokh e Mahrokh. Io e Shahram li avremmo raggiunti in seguito. Era un piano difficile da organizzare e pericoloso da eseguire, ma quali alternative avevamo? Restare significava vivere come agli arresti domiciliari. La mia partenza sembrava particolarmente rischiosa, dal momento che dovevo presentarmi a rapporto ogni settimana. Per non parlare delle squadre che mi seguivano ovunque andassi. Per lasciare Teheran, anche solo per un giorno, mi serviva un permesso speciale. Ciò nonostante, il 27 agosto 1992 mettemmo in atto la prima parte del piano. Mia moglie e i ragazzi si prepararono a lasciare per sempre la nostra casa.

Dopo aver a malapena chiuso occhio durante la notte, e con le valigie pronte accanto alla porta, Akram cercò di farsi forza con un ultimo bicchiere di tè. Shahram aveva già detto addio a tutti prima di andare a scuola, ed era stato un bene, visto che la situazione era già abbastanza pesante senza che le sue lacrime complicassero tutto. Come al solito, Shahrokh e Mahrokh giocavano a rincorrersi in giro per casa. Quando fu tempo di andare, ad Akram non restava che imbustare dei pasti già pronti e metterli nel congelatore. Aveva cucinato cibo a sufficienza per diversi giorni, affinché io e Shahram non dovessimo da subito mettere a soqquadro la cucina.

«Ecco perché ti amo così tanto», dissi.

«Tutto qua?», ribatté lei. «Solo per come cucino?».

Sorridemmo entrambi. La tirai a me e l'abbracciai. «Sei la ragione per cui resto in vita», sussurrai.

Caricai le valigie nel bagagliaio dell'automobile e tornai per un ultimo controllo alla casa, poi uscii chiudendo a chiave la porta. Il traffico di mezzogiorno era tremendo, e ci diede tutto il tempo di rivedere il piano prima di arrivare in aeroporto. Avevo assoldato un agente di nome Muhammad perché agevolasse e accelerasse la loro partenza dall'aeroporto e fornisse documenti di viaggio validi da Singapore al Canada. La sua affidabilità mi era stata confermata da un amico che non molto tempo prima aveva inviato la famiglia in Canada grazie al suo aiuto. Quando lo avessimo individuato nel terminal, avremmo dovuto ignorarlo. Akram e i ragazzi avrebbero fatto il check-in e ottenuto le carte d'imbarco nel solito modo, mettendosi semplicemente in fila con tutti gli altri.

«Rimani calma», rammentai ad Akram. «Muhammad sa quello che fa. È esperto in questo genere di cose».

«Meglio che lo sia davvero», disse Akram. «Altrimenti siamo sotto di venticinquemila dollari. Gli hai dovuto dare tutta la somma in anticipo?»

«Sì», risposi.

«Perché?»

«Perché doveva pagare la sua gente. I suoi agenti, gli addetti alla sicurezza».

«E tu gli hai creduto?»

«Che scelta avevo?».

Akram non rispose.

Trovammo Muhammad che ci teneva il posto in una delle file. Fin lì tutto bene. Non demmo segno di riconoscerlo, ci mettemmo solo in coda dietro di lui, secondo il piano. Lo guardammo fare il check-in davanti a noi, e io studiai l'addetta dietro il bancone. Sebbene indossasse uno scialle, dal modo disinvolto in cui la sciarpa colorata e larga le copriva i capelli, capii che era il tipo di donna che avrebbe preferito non portarlo. Quando arrivò il nostro turno, ci fece cenno di aprire le valigie.

«Avete oro?», chiese. «Diamanti? Pietre rare o gioielli?». Continuò a ispezionare le valigie.

«Solo la fede nuziale e una catenina d'oro con pendaglio», rispose Akram.

«Valuta estera?», domandò la donna. «Quanto denaro portate fuori dal paese?»

«Un migliaio di dollari», rispose Akram.

«Ne sono permessi solo cinquecento», disse la donna. Fece l'occhiolino e mi chiese di richiudere le valigie. Akram mi guardò con una domanda dipinta sul viso. Io le feci l'occhiolino, chiusi le valigie e le poggiai sul nastro trasportatore.

«La ringrazio, madame», disse Akram con un sorriso mentre prendeva le tre carte d'imbarco per Singapore.

Stava funzionando tutto a meraviglia. Avevamo un'ora per i nostri lunghi addii. Ad Akram era sempre piaciuto mangiare in locali costosi, così eccoci salire le scale verso il ristorante che un tempo era per noi un lusso speciale. Ma questo prima della rivoluzione. Ora avevano eliminato tutti i simboli di decadenza occidentale: niente bar o alcolici, niente foto esotiche alle pareti, niente cameriere, solo camerieri con lo spezzato, ma senza cravatta. Ciò nonostante, ci godemmo il nostro ultimo pranzo insieme, sempre con il sorriso sul volto, attenti a non mostrare segni di tristezza, tensione o trepidazione. Dovevamo dare per scontato che ci stessero osservando. Quella separazione doveva avere tutto l'aspetto di un viaggio breve.

Usciti dal ristorante, ci dirigemmo verso la sala partenze al piano di sotto, io con Mahrokh in braccio mentre Shahrokh dava la mano alla madre, tutti insolitamente silenziosi. Avrei voluto urlare il mio disprezzo per questo paese che ci costringeva a tali procedure segrete solo per vivere in libertà come famiglia. Ma non potevo dire una parola, non potevo neanche avere gli occhi lucidi, dovevo solo continuare a sorridere.

«Papà, mi puoi anche mettere giù se sei stanco», disse Mahrokh.

«No, tesoro, non sono affatto stanco», dissi. Le chiesi di cantare una canzone, una che mi piaceva tanto, ma lei si vergognava con tutti quegli estranei in giro.

«E allora tu cantamela piano in un orecchio», dissi.

Potei sentire il suo alito dolce e caldo sul collo.

*Mio compagno di viaggio, non andare da solo;*
*portami con te.*
*Se tu vai,*
*io resterò da solo.*

Grosso sbaglio chiederle di cantare. Grosso sbaglio! Ero forse impazzito? Per camuffare la tristezza che mi stava devastando, abbozzai un sorriso, ma servì solo a farmi scorrere le lacrime sul viso.

«Perché piangi, papà?», mi chiese la piccola.

«Oh, è stato solo un incidente», dissi. «Volevo ridere, ma per errore ho premuto il pulsante sbagliato».

«No, papà», disse lei. «Tu non hai premuto nessun pulsante!».

Questo ci diede un buon motivo per sorridere e mi permise di uscire da quel guaio. Adesso toccava a me cantare una canzone per Mahrokh.

«Quella del bacio!», disse lei.

Gliela sussurrai piano in un orecchio:

*Oh fanciulla!*
*Oh mia bella,*
*dammi un ultimo bacio,*
*che io vado incontro al mio fato.*
*Il passato mi ha raggiunto,*
*cerco oggi il mio destino;*
*dammi un ultimo bacio.*

Ovviamente, lei mi diede un bacio. E continuammo la nostra passeggiata per il terminal, con Shahrokh che mi cingeva forte la vita con le braccia. Aveva la dolce abitudine di poggiarmi la testa contro l'addome. Io gli dissi che era pericoloso premermi troppo forte sulla pancia dopo un pranzo così abbondante. Lui rise e strinse ancor più forte.

Passammo un'ora dolce e spensierata, che finì troppo in fretta. Io e Akram ci abbracciammo, ma per essere sicura che io non dicessi qualcosa e rovinassi tutto, lei mi posò un bacio sulle labbra, poi pronunciò poche parole prima di girarsi e avviarsi all'imbarco. Shahrokh mi strinse la vita. Fui sorpreso dalla sua forza, come se si fosse allenato con i pesi, ma era troppo giovane per una cosa del genere. Mi chinai per dargli un bacio, e per rappresaglia lui mi sparò una raffica di baci su tutto il viso, forse per evitare di guardarmi negli occhi e di dirmi addio. Poi si girò e seguì la madre. Mahrokh, che era rimasta aggrappata alla mia gamba, mi saltò in braccio e mi diede il più amorevole dei baci.

«Tu non vieni con noi, papà?», mi chiese.

«No, tesoro», le dissi mentre la mettevo giù. «Vi raggiungerò dopo».

«Perché?», domandò lei.

«Perché non ho il biglietto. Vai!».

Li guardai superare il controllo della sicurezza e avanzare poi verso l'imbarco, finché non scomparvero alla mia vista. Ma rimasi ancora lì poggiato alla barriera, con la fronte che toccava il vetro, cercando di nascondere le lacrime che potevano affiorare. Mahrokh mi fece trasalire, la rividi che correva verso di me. Aveva dimenticato qualcosa? La sua bambola, forse? Non l'aveva con sé. Dall'altro lato del vetro mi mostrò la sua carta d'imbarco, come se fosse sufficiente a farmi partire con lei. Io le feci cenno di andare, mentre Akram veniva a prenderla urlando: «Andiamo! L'aereo sta partendo. Sbrigati!».

Mahrokh aveva poggiato le labbra sul vetro, così mi accovacciai fin quasi a sedermi sul pavimento per ricambiare quel bacio attraverso il pannello, fino a quando Akram la prese per mano e la tirò via senza osare guardarmi. Ma mi accorsi che anche lei stava cominciando a piangere. E così, alla fine, fu questo lo spettacolo che offrimmo di noi, proprio il tipo di scena che volevamo assolutamente evitare, mentre degli sconosciuti ci guardavano, un po' commossi anche loro. Akram azzardò poi un ultimo sguardo verso di me mentre portava via Mahrokh, un ultimo cenno di saluto prima di sparire oltre la postazione della sicurezza, un'ultima volta.

Corsi di sopra a una finestra che dava sulla pista, e aspettai che l'aereo di linea chiudesse i portelloni e cominciasse a rullare. Non mi ero mai sentito così triste, guardavo scomparire la mia famiglia. Avrei dovuto essere più razionale, mi dissi, dal momento che la nostra non era la prima famiglia che mandava i figli all'estero, per gli studi, per sfuggire al servizio militare, per scampare alla morte per mano dei boia di Khomeini. Mentre me ne stavo lì ad aspettare per venti minuti, non potei fare a meno di ricordare il più famoso volo verso la libertà partito dall'aeroporto di Mehrabad, quando l'ultimo re dell'Iran, lo scià Muhammad Reza Pahlavi, lasciò il paese il 16 gennaio 1979. Ufficialmente era per una vacanza oltremare di qualche settimana, ma verosimilmente sapeva che non sarebbe mai più tornato. Aveva perso la fiducia del popolo; aveva perso la battaglia ancor prima che Khomeini rimettesse piede in Iran, e così finirono duemilacinquecento anni di monarchia persiana. Speravamo che tornasse, ma era soltanto un pio desiderio. Un'illusione, in effetti, come quella che gli iraniani hanno coltivato per così tanti anni sperando che gli ayatollah abbandonassero il loro regime di terrore sui cittadini. Ricordo l'aereo privato dello scià che rimpiccioliva in lontananza, diventando solo un altro fiocco della neve che il vento faceva vorticare intorno all'aeroporto quel giorno di tanti anni fa. Il ruggito dell'aereo che decollava mi riportò alla realtà. Recitai una piccola preghiera a Dio affinché mi aiutasse a trovare la forza di vivere con un cuore così segnato dal dolore, per la mia famiglia e per lo scià. Sapete, non gli riuscì di trovare un paese in cui morire. Marocco, Bahamas, Messico, Panama, persino gli Stati Uniti gli negarono il permesso di atterrare, quindi dovette tornare in Egitto, il solo paese che gli offrisse asilo. Nessun capo di stato straniero – persone che conoscevano lo scià da più di un quarto di secolo – gli porse la mano in segno di aiuto. Neppure il presidente Carter, la cui visita in Iran alla vigilia del Capodanno del 1977 era indelebilmente impressa nella nostra memoria collettiva, lui che aveva alzato il calice di champagne in nome dello scià e proclamato l'Iran «un'isola di stabilità». Ma dov'era la sua ammirazione quando Khomeini si arrogò l'autorità morale sull'Iran già dal suo esilio in Francia? Carter consigliò allo scià di lasciare il paese per il bene dei diritti umani! Carter è senza dubbio il presidente degli Stati Uniti più disprezzato dagli iraniani. (Be', forse il secondo). Uomo di religione egli stesso, avrebbe dovuto essere in grado di simpatizzare con quanti si vedevano sottrarre ogni diritto. In tanti modi perdemmo il diritto di vivere come famiglie felici: arresti, esecuzioni, omicidi, o semplicemente il terrore; le famiglie venivano spaccate, distrutte e costrette alla fuga. Tanti furono gli ultimi viaggi di chi non sarebbe mai più tornato a casa. Immaginate tutta quella solitudine.

Nella hall dell'aeroporto riecheggiavano le parole del Corano. Dovevo andarmene da lì. Mentre scendevo le scale verso l'uscita principale, mi sentii minuscolo al cospetto degli slogan che urlavano dalle pareti: «Morte agli imperialisti americani!». E morte ai "sionisti israeliani" e ai "comunisti russi". Inoltre, citazioni del partito di Dio di Khomeini, gli Hezbollah: «Gli uomini che portano la cravatta sono lacchè degli americani. Il velo è una protezione per la donna. Sorella, tieni a posto il velo, fratello, tieni a posto gli occhi». Un manifesto ritraeva una donna con la testa coperta da un chador nero. Provai pena soprattutto per le donne soffocate da questo regime, per l'umiliazione e l'oppressione di cui erano vittime dall'inizio della rivoluzione, quando si erano viste imporre un codice d'abbigliamento radicalmente diverso: niente più moda europea, niente più trucco, niente più apparizioni in pubblico con uomini che non fossero il padre, un fratello o il marito, l'età legale per il matrimonio abbassata da diciotto anni a nove, e la lapidazione tornata in auge come pena per i crimini di adulterio e prostituzione. Tutto come nel VII secolo.

Notai una donna della "polizia morale" che cercava passeggere truccate o vestite in modo improprio. La osservai che afferrava una ragazza per un braccio e le strillava: «Copriti quei capelli come si deve! Non rispetti la legge islamica? Ti porterò al Komiteh», riferendosi alla polizia islamica. Nessuno di voi vorrebbe incontrare da vicino gli squadroni della morale islamica, credetemi.

Uscii di corsa da lì e raggiunsi il parcheggio, grato perché almeno la mia famiglia non avrebbe più dovuto vivere questo tipo di terrore. Rientrato in macchina, sentii il profumo di Akram. Ebbi il vivido ricordo di come Shahrokh riusciva sempre a farmi ridere. Per me quel ragazzo era più importante di quanto lo sia la luna per il cielo notturno.

Shahram non era ancora tornato da scuola quando arrivai a casa. La sensazione di vuoto mi colse di sorpresa. Mi ci dovevo abituare, e non sarebbe stato facile. La bambola preferita di Mahrokh, Mahdokht, era sul suo letto. La presi, ma quella, pensate un po', si limitò a guardare il soffitto. La lasciai in pace ed entrai nella stanza di Shahrokh. Che confusione: gusci di noci sparsi dappertutto, semi di girasole e cioccolato qua e là, i vestiti ficcati sotto il letto. Il resto della casa era pulito e ordinato, quasi come se stessimo aspettando ospiti. Non potevo restare lì ad attendere Shahram, dal momento che dovevo tenere una lezione al ministero del Petrolio. Preparai la tavola per lui e andai al lavoro.

I miei trentadue alunni, tutti giovani adulti, mi stavano aspettando. Avevo il panico da palcoscenico, mi terrorizzava anche solo l'idea di parlare, tanto ero vicino a crollare. Si accorsero che qualcosa non andava e uno di loro si arrischiò a chiedermi cosa. Raccontai la prima parte della storia, tacendo del piano e della destinazione finale. Era un viaggio breve – e legale – a Singapore, andata e ritorno. Dissi che era molto difficile salutare i propri figli quando si recano all'estero, e chiesi scusa per il mio sentimentalismo, ma loro non erano contrariati. Qualcuno propose di annullare la lezione. Avrebbero spiegato tutto loro al direttore della scuola. Accettai quella compassionevole offerta.

Quando i miei studenti se ne furono andati, rimasi da solo in aula per ricompormi; voglio dire, per darmi una controllata. È normale provare delle emozioni, è naturale, ma non devono prendere il sopravvento. Se la prima brezza emotiva mi spazzava via, come sarei sopravvissuto a un forte vento? Probabilmente non avrei dato un bello spettacolo. Mi ci volle qualche lungo respiro per prepararmi ad affrontare il mondo esterno.

Quando arrivai a casa, Shahram stava riordinando la sua stanza. Gestiva meglio di me l'assenza della famiglia. Squillò il telefono. Seppi che era Akram ancor prima di rispondere. Erano arrivati a Singapore e, tutto considerato, erano abbastanza felici.

«È una città bellissima», disse. «Vorrei che un giorno potessimo visitarla insieme».

«Con te andrei anche in capo al mondo», risposi.

Lei mi chiese come me la stavo cavando, e le mentii: «Bene, bene, bene». Non sapevi mai chi poteva essere in ascolto. Convinsi Akram che mi stavo prendendo cura di Shahram e che ce la passavamo bene.

Nei giorni seguenti Shahram fu per me come un cane da pastore, mi teneva alla larga dai ristoranti e dalle sale da tè che erano stati i posti preferiti della nostra famiglia. Di tanto in tanto io uscivo di nascosto per un assaggio di quella vita che non esisteva più. Prima di partire, Akram aveva chiamato un fotografo professionista perché scattasse delle foto a lei e ai ragazzi. Una di queste l'avevo incorniciata. La appesi alla parete di fronte al letto, affinché fosse l'ultima cosa che vedevo prima di chiudere gli occhi la notte e la prima quando li riaprivo al mattino.

I miei studenti presso i due ministeri mi tenevano occupato. Di tanto in tanto, passavo il pomeriggio con il signor Esfandiary al negozio di tappeti, chiacchierando con i tanti amici che mi ero fatto tra i suoi clienti. I pasti divennero poco più che soste ai box obbligatorie, la mia cucina si rivelava sempre o troppo salata o troppo insipida. La notte, prima di andare a dormire, di solito parlavo al telefono con Akram. Le era stato richiesto di restare a Singapore tre settimane mentre organizzavano il resto del viaggio verso il Canada via Giappone. Poi mi chiamò da Tokyo per dirmi che aveva perso il biglietto di Mahrokh. Peggio ancora, non aveva i documenti necessari per ottenerne un altro, con il risultato di vedersi rispedita in Indonesia.

La settimana seguente, quando mi chiamò da Singapore, sembrava spaventata ed esausta. Non era sicura di avere le energie per trovare un'altra via fino a Vancouver. Ma ci riuscì, passando per la Nuova Zelanda e Honolulu. Atterrò nella provincia della Columbia Britannica, sulla costa occidentale del Canada, il 28 settembre 1991. All'aeroporto fu interrogata dagli agenti dell'immigrazione e le venne concesso lo statuto di rifugiata con due figli.

La fuga di Shahram non sarebbe stata altrettanto semplice, non bastava corrompere qualche agente. Dovetti prendere in seria considerazione l'idea di farlo uscire dalla porta posteriore. Era triste e sorprendente sentire le storie di tanti iraniani costretti a lasciare la patria per la via meno trafficata.

# 18
# Shahram

La prima telefonata di Akram da Singapore era stata volutamente breve e piatta, in modo da non allertare chiunque ci stesse ascoltando. Volevamo soltanto sentire uno la voce dell'altra. Avevo avvisato Akram, prima del viaggio, che a quel punto il telefono non era un mezzo di comunicazione adeguato. Nei miei anni di servizio come diplomatico, avevo appreso che era fin troppo facile metterlo sotto controllo. Inoltre, volevamo che chiunque fosse in ascolto credesse che Akram lasciava l'Iran per sua decisione, e che io non c'entravo affatto. Il motivo di ciò era la mia condanna, che non mi dava il minimo agio di fare qualunque cosa il governo potesse etichettare come errore, perché a quel punto avrebbero avuto una scusa per incarcerarmi e torturarmi di nuovo. Non fui mai sicuro che le nostre conversazioni telefoniche fossero intercettate, ma era meglio essere accorti piuttosto che incauti.

Quando riattaccai, Shahram scoppiò a piangere.

Ero impressionato dal suo modo di soffrire. Quando aveva detto addio alla madre, al fratello e alla sorella, le sue non erano le lacrime capricciose di un bambino, ma la pena di un uomo che sente già la mancanza di chi gli è caro e vicino al cuore.

«Stai bene?», gli chiesi.

«La mamma mi manca così tanto», disse. «E anche Mahrokh».

«E Shahrokh no?», scherzai.

«Già, anche lui».

Lo abbracciai e gli dissi che non c'era niente di sbagliato a parlarne. In effetti, tra i due ero stato io quello più cupo, che se ne andava in giro con il muso lungo. «Ogni giorno che torno qui, in questa casa vuota, è uno strazio», confessai. Shahram parve sollevato quando me lo sentì dire.

«Prima, quando tornavo a casa da scuola», cominciò, «e citofonavo per entrare, mi rispondeva la voce da bambina di Mahrokh. Era sempre lei ad aprire e mi salutava venendo di corsa alla porta».

«Spezzerà il cuore a qualche ragazzo, prima o poi», dissi. «Non troppo presto, spero. Tra un bel po' di tempo».

«Non appena lei apriva la porta», proseguì Shahram, «sentivo il profumo della cena. Ti ricordi? Adesso per entrare devo usare le chiavi».

«E la casa è vuota», dissi io.

«Ancora mi aspetto tutti quei profumi», riprese lui. «Mamma che cucina. Cosa non darei per sentirli in questo momento. E ancora mi aspetto che Mahrokh arrivi di corsa».

«Be', c'è un aspetto positivo nel fatto che sono partiti», dissi. «Il letto di Shahrokh è sempre fatto!».

«Anche questo mi rattrista», rispose Shahram. «È incredibile, ma il dolore ancora non passa. Mi dispiace, papà, non ci posso fare niente».

La sua sofferenza sincera mi fece rendere conto di quanto stava maturando. Crescendo, sarebbe stato un vero uomo, non c'erano dubbi. Dovevo solo farlo uscire dall'Iran.

«Dobbiamo farci forza», dissi. «Ma te lo prometto, ogni giorno che passa si fa più vicino il momento in cui li rivedrai. Dobbiamo avere pazienza». Dissi a Shahram che poteva passare la notte in camera mia se la cosa lo faceva stare meglio, e lui accettò l'offerta a una condizione.

«Papà, promettimi che non mi scambierai per la mamma durante la notte».

Ridemmo, e fu bello ridere con mio figlio come con un uomo.

Avevo severamente vietato a Shahram di fare parola a parenti o amici di questo nostro intrigo di famiglia. Parlare della vacanza o del breve viaggio a Singapore andava bene, se necessario; per il resto, assolutamente nulla. Era una cosa difficile da chiedere a chiunque, ma in special modo a un giovane che presto si sarebbe lasciato per sempre alle spalle tutti gli amici e i parenti. Non poteva farne parola con nessuno, perché i pericoli che potevano derivarne rischiavano di costarci la vita. Lo capì. Alla fine, dopo alcuni mesi di ricerca e pianificazione, spiegai a Shahram come sarebbe fuggito.

Avevo trovato un contrabbandiere di nome Agha-Nouri, un uomo dalla voce mite, alto, con la pelle bianca, che portava occhiali spessi ed era quasi calvo. Godeva di una buona reputazione tra quelli del suo ambiente. Il patto che stringemmo valeva quindicimila dollari americani, soldi che avevo racimolato vendendo la macchina e chiedendo un prestito a un amico. Per quella somma, Shahram sarebbe stato accompagnato via terra fino in Turchia. Erano previsti tre pagamenti da cinquemila dollari, uno appena prima della partenza, il secondo da spartire tra le guide che avrebbero accompagnato Shahram oltre il confine, e un terzo pagamento una volta che mio figlio fosse giunto sano e salvo in Turchia. A quel punto mi avrebbe telefonato. Ovviamente, Shahram aveva un linguaggio in codice per confermarmi che era davvero arrivato sano e salvo e per dirmi dove si trovava esattamente.

Pochi giorni dopo il primo contatto con Nouri, lo incontrai nella sua cartoleria. Questa volta con lui c'era un altro contrabbandiere, un turco curdo di nome Bigler. Era alto, massiccio. Aveva la pelle olivastra e folti baffi neri. Vestiva bene e parlava farsi con accento turco. Bigler spiegò che non accompagnava personalmente i suoi clienti al di là delle montagne, ma poteva comunque assicurarmi l'incolumità di Shahram quando fosse arrivato in territorio turco. Decidemmo che di lì a una settimana avrei accompagnato Shahram e Nouri a Tabriz, una città nell'Iran nordoccidentale, dove avrei affidato mio figlio a Bigler e ai suoi uomini.

Una settimana, ecco quanto ci restava da passare insieme. Decisi di non dire niente a Shahram della sua partenza fino al giorno prima. Meglio non rischiare di mandare all'aria il piano di fuga. Fu un'agonia non poter condividere con lui la mia trepidazione, mi sentivo quasi in preda al panico quando mi chiedevo se ci saremmo mai rivisti.

La sera del 15 dicembre 1991 dissi a Shahram che quelle erano le ultime ore che passava a casa. Ebbe qualche difficoltà a venire a patti con la sua imminente partenza, ad accettare che doveva lasciarsi alle spalle tutte le sue cose, dagli scarpini da calcio preferiti alla collezione di fumetti dell'Uomo Ragno, che avrebbe protetto a costo della sua stessa vita. Doveva restare tutto qui. Poteva portarsi solo gli indumenti più caldi e qualche noce per una sferzata di energia, più una piccola borraccia d'acqua. E vestiti da città per l'arrivo in Turchia. Gli diedi del denaro iraniano da tenere nascosto per le emergenze.

Nouri e un suo amico, Hassan, vennero da noi col buio e aspettarono mentre Shahram si infilava la giacca verde dell'esercito e prendeva lo zaino. Prima di uscire, diede un'ultima, lunga occhiata alla casa che non avrebbe mai più rivisto.

«Addio, casa», disse.

Era un modo crudele di costringere un ragazzo a separarsi dai suoi ricordi d'infanzia, e ne stavamo pagando il prezzo, trattenendo le lacrime che sapevo gli riempivano il cuore.

Nouri aveva parcheggiato a una certa distanza, perché saremmo partiti con la BMW di Shahram, che gli avevo regalato di recente per aver preso la patente. La notte sembrava particolarmente lugubre malgrado la musica delle cassette di Shahram. Io riuscivo soltanto a sentire la voce dei miei pensieri in conflitto riguardo a questa missione: la fuga di Shahram contro la possibilità di non rivederlo mai più.

Arrivammo fino a Ghazvin, un viaggio di circa cento chilometri, facemmo il pieno e continuammo a ovest verso Tabriz, altri cinquecento gelidi chilometri verso nordovest. Sembrava fossimo le uniche persone così pazze da girare in macchina di notte e con condizioni climatiche tanto pericolose. I freni erano inutili sulle strade ghiacciate. Bisognava usare il cambio per mantenere il controllo, ma in una curva particolarmente insidiosa schiacciai il pedale del freno e la macchina prese a dimenarsi come un cavallo intenzionato a disarcionare il suo cavaliere. Dopo un paio di testacoda, ci fermammo contro un banco di neve.

«*Ya Imam Zaman!*», esclamò Nouri. Era piuttosto comune invocare il dodicesimo imam in tali circostanze.

Stavamo tutti bene, ma eravamo mezzo sepolti. Uscimmo per controllare i danni: niente di grave, finché non ci accorgemmo di avere due gomme a terra. Chi mai ne portava più d'una di scorta? Poi scoprimmo che il riscaldamento era fuori uso, e sui finestrini si formò rapidamente uno strato di ghiaccio. Scavammo intorno alle ruote per poterle togliere, ma i bulloni non volevano saperne di cedere. Shahram fu l'ultimo di noi a provarci, e con nostra sorpresa li allentò tutti. Lo interpretai come un buon segno, sapeva badare a se stesso. Potete rendervi conto di come la mia mente cercasse ogni tipo di rassicurazione possibile.

Cambiammo una ruota, poi aspettammo che comparisse un qualche salvatore per aiutarci con la seconda. Per nostra fortuna, il primo veicolo al quale facemmo segno con gli abbaglianti si fermò. Era un camion che trasportava forniture edilizie e andava nell'altra direzione, verso Ghazvin. Ci offrimmo di pagare l'autista e il suo passeggero per il loro aiuto. Avrebbero dovuto sacrificare buona parte del loro tempo per accompagnare Nouri e Hassan in città, aspettare che facessero riparare la ruota e comprassero le catene, e poi riportarli indietro. Dopo tutto questo, avrebbero dovuto anche rimorchiarci di nuovo sulla strada. Fu necessario ricorrere a tutta la nostra capacità di mercanteggiare, ma alla fine accettarono e si misero in viaggio, lasciando me e Shahram con la macchina. Indossammo tutti i vestiti possibili e non parlammo molto, se non per chiedere di tanto in tanto «Stai bene?» o «Sei abbastanza al caldo?».

Due ore dopo, tornarono con una ruota nuova. Mentre Shahram si occupava di rimontarla, ascoltammo la storia del gommista che, destato dal suo sonno, aveva accettato di aprire bottega solo dopo che gli avevano offerto di pagare un prezzo doppio per la ruota. Quando il camionista ci ebbe rimesso in strada, montammo le catene e riprendemmo il viaggio.

Avanzando ora assai più lenti, calcolai che saremmo arrivati a Tabriz con quattro ore di ritardo sulla tabella di marcia. Bigler ci avrebbe aspettato? Da qui scaturivano altre preoccupazioni, come la possibilità che Shahram venisse arrestato. Per settimane questo pensiero mi aveva ossessionato fino a farmi soffrire nel profondo. Ero impaziente di vedere questo piano messo in atto, ma avevo anche diverse perplessità.

Shahram dovette percepire la mia ansia, perché tolse la cassetta di ballate persiane, che tendevano a essere tristi, e la sostituì con Chris de Burgh, il suo cantante preferito all'epoca. Pensai che *Lady in Red* mi avrebbe rallegrato, ma esprimeva lo stesso tipo di dolore che mi stava tormentando. (Quella canzone mi si è impressa nella memoria, e ancora mi vengono le lacrime agli occhi quando la sento). Avrei pianto anche sentendo *Jingle Bells*, il che dimostra quanto fossi allo stremo. Quando mi presi un turno di riposo dalla guida, finsi di addormentarmi sul sedile posteriore accanto a Nouri, ma fui consapevole del sorgere del nuovo giorno.

Una luce grigia si rifletteva su un mondo coperto di neve fresca. Bianco a perdita d'occhio. Superammo la città di Zanjan, dopodiché la strada migliorò e potemmo avanzare più spediti. Circa alle due del pomeriggio arrivammo a Tabriz.

Andammo dritti al luogo stabilito per l'incontro, una piccola sala da tè vicino alla stazione degli autobus. Bigler ci aveva detto di ordinare qualcosa non appena fossimo arrivati e di aspettarlo. Poi lui e i suoi uomini ci avrebbero raggiunti e si sarebbero seduti con le loro tazze di tè. Quindi uno di loro sarebbe uscito a comprare un biglietto per l'autobus. Shahram doveva seguirlo e mettersi in fila dietro di lui, senza fare alcun tentativo di conversazione.

Shahram doveva comprare un biglietto per un villaggio nell'estrema zona nordoccidentale dell'Iran, vicino al confine con la Turchia. Poi sarebbe salito a bordo, restando quanto più possibile vicino al suo segreto compagno di viaggio. Bigler aveva molto insistito affinché io e mio figlio non mostrassimo alcuna emozione nel salutarci. Nessun lungo addio e soprattutto niente lacrime. Niente di niente. Shahram doveva stringerci la mano, salutarci in modo naturale, come se stesse semplicemente andando per qualche giorno in visita da un parente. Non doveva indossare vestiti alla moda, nulla che facesse pensare a Teheran, solo qualcosa di sobrio e un po' più sporco del solito. Questo era il piano.

Avevo appena bevuto il mio primo sorso di tè, quando arrivò Bigler con altri due uomini e tutti si sedettero a un tavolo vicino. Evitai di guardare Shahram. Non volevo in alcun modo che capisse quello che avevo dentro. Un solo sguardo d'affetto tra di noi, e avrei fatto saltare la copertura. Il mio unico dovere a questo punto era mostrarmi forte e sicuro, per fargli coraggio, ma in verità avrei voluto urlare. Grazie a Dio, anche Shahram evitava di guardarmi negli occhi.

Seguendo il piano, Shahram tornò con il suo biglietto e ci strinse la mano, rivolgendoci uno dei suoi bei sorrisi e concedendoci un rapido abbraccio. Mi rendevo conto che avrebbe voluto dire qualcosa, ma doveva avere la gola secca e serrata, proprio come me. Guardarlo uscire da quel locale fu una morte lenta. Qualsiasi genitore lo capirebbe, ma non bastano mille parole, mille biblioteche per prepararti a un momento del genere. Mi ritrovai in piedi – non l'avevo deciso, non era affatto un gesto cosciente – avevo soltanto bisogno di abbracciare mio figlio un'ultima volta. Senza pensare o riflettere sulle conseguenze, lo seguii.

Stava andando verso gli autobus con la sua tipica camminata, dondolando lentamente da una parte all'altra. Fui abbastanza accorto da non correre, ma sentivo di non poter urlare il suo nome, e non solo perché avevo un nodo in gola, ma perché sapevo che sarei scoppiato in lacrime. Be', lo urlai lo stesso. Lui si girò, e capii che non era stupito di vedermi. Cominciò a venire verso di me, ogni passo più veloce del precedente, finché non ci incontrammo e ci stringemmo l'uno all'altro, piangendo nel modo più discreto possibile, con le lacrime che si mescolavano sulle nostre guance. Alla faccia della capacità di controllo. Al diavolo! Baciai il suo volto triste, cercando di riempirmi i polmoni del suo odore, nella speranza di poterlo intrappolare lì dentro e averlo per sempre con me. All'improvviso, mi venne in mente una poesia di Mehdi Soheili:

*Non piangere, mio fiore.*
*Riflessa nelle tue lacrime*
*vedo la mia tristezza.*
*Giacché sanno le tue lacrime*
*ch'io ho un oceano di tristezza.*

Nessuno dei due fu capace di dire addio, nemmeno dopo che ci fummo separati, e ancora una volta dovetti sopportare la vista di mio figlio che se ne andava. Si fermò sui gradini del minibus, come se avesse cambiato idea su quel viaggio, e si girò per salutarmi con un ultimo cenno della mano, poi sparì all'interno. I finestrini erano sudici, come il resto della stazione degli autobus, come il resto di questo paese, così non ebbi modo di cogliere un suo ultimo scorcio. L'autobus oziò per qualche minuto ancora, poi si mise in moto. Vidi il palmo di una mano premuto contro il vetro, e che fosse o meno quella di mio figlio per me andava bene lo stesso: alzai la mia in un cieco addio.

Non mi restavano più lacrime, ma cos'erano quelle vertigini? L'infarto mi sembrava una possibilità assai concreta. Nouri e Hassan dovettero aiutarmi ed arrivare alla macchina, volevano persino portarmi in ospedale.

«A cosa servirebbe?», chiesi. «Nessuna medicina può curare il mio male».

«Bigler è furioso con te», dissero. «È andato via».

«Mi dispiace». Ovviamente non mi dispiaceva affatto. Non avrei scambiato quell'abbraccio con nulla al mondo.

Qualcuno menzionò la parola *cibo*. Ma l'idea di mangiare mi sembrava surreale. Trovammo un ristorante che serviva piatti tradizionali persiani, dove provai senza successo a mandare giù qualche boccone. Non ci vedevo bene, non ci sentivo bene; era quasi come se stessi vivendo un'esperienza extracorporea.

Lasciammo il ristorante e trovammo un negozio di ricambi auto, dove prendemmo batteria e tergicristalli nuovi. Dopodiché affrontammo il lungo tragitto di ritorno verso Teheran. Con Hassan al volante, mi rannicchiai sotto una coperta sul sedile posteriore e lasciai che le lacrime scorressero incontrollate, i miei gemiti soffocati dalla radio.

Arrivammo a Teheran alle prime ore del mattino di domenica. Nouri e Hassan mi portarono subito a casa e rimasero con me per un po', ma più che della loro compassione avevo bisogno di stare da solo per metabolizzare quello che mi era appena successo. Mi sedetti in soggiorno e ripensai alle ultime trenta ore, più e più volte, interrompendomi di continuo per chiedermi: «Dov'è? È al sicuro?». Commisi il grande errore di andare nella stanza di Shahram. Su una sedia c'era una pila di suoi vestiti ordinatamente piegati. Dovevo spedirli in Turchia al suo arrivo, ma vederli lì così fu troppo, e più tardi, sotto la doccia, scoprii cosa si prova a piangere senza freno e senza vergogna.

Passarono cinque giorni senza che avessi notizie di mio figlio. Nouri continuava ad assicurarmi che il piano avrebbe funzionato, ma come potevo credergli senza mai sentire la voce di Shahram? La mia disperazione era resa ancor più profonda dal fatto che non avevamo detto niente a nessuno, nemmeno ai parenti, e quindi nessuno mi faceva domande. Questo mi dava la sensazione di essere ancora più isolato. Mentre davo la colpa a me stesso per questo stato di cose, squillò il telefono.

«Il signor Sharifirad?». Era una voce femminile.

«Chi è?», chiesi.

«Niloofar, un'amica di Shahram».

Le raccontai che mio figlio era andato per qualche giorno in vacanza a Shomal, una famosa stazione balneare sul mar Caspio. Non avevo idea di quando sarebbe tornato.

«Telefonerò la settimana prossima», disse la ragazza.

«Perfetto, fai così», le risposi, chiedendomi quanto ancora avrei potuto tirarla avanti.

Naturalmente, ero rimasto in casa più del solito, ad aspettare una telefonata, qualsiasi telefonata, se non da Shahram in persona, almeno da Nouri, che potesse darmi un numero al quale chiamare mio figlio. Il settimo giorno la telefonata arrivò: era Nouri. Aveva il recapito. Riattaccai e composi il numero sul vecchio telefono a disco con mani tremanti. Occupato, dannazione! Ecco di nuovo il vecchio Yadi, che imprecava e sbraitava e lasciava che ogni inezia gli facesse saltare i nervi. Continuai a fare il numero, finché non trovai la linea libera e finalmente qualcuno mi rispose, una donna turca che mi chiese chi fossi. In un turco rappezzato, misi insieme la richiesta di parlare a mio figlio. Quei pochi secondi di attesa sembrarono ore.

«*Salam, Baba*», mi disse.

Grazie a Dio. Potevo di nuovo respirare.

«Com'è lì il tempo?», chiesi.

«Buono, sì, è buono», mi rispose. «Qualche nuvola lungo la via, ma per il resto c'è bel tempo».

Morivo dalla voglia di dire ciò che mi pareva, ma il piano era limitarsi al codice. Per il momento, mio figlio mi aveva fatto sapere che stava bene ed era in buona salute. Che sollievo.

«Vuoi venire a sciare con me questo fine settimana?», chiesi.

«Non posso, papà, mi dispiace», mi rispose, confermandomi che era in Turchia. Sollievo ancora maggiore.

La nostra breve conversazione andò avanti, fasulla e ridicola, e io ancora non volevo dirgli addio. Ma quando lo feci, fu con una certa sicurezza che mio figlio si fosse lasciato alle spalle la parte peggiore del suo viaggio verso il Canada. Chiamai Nouri chiedendogli di passare da me, e lui arrivò meno di un'ora dopo per prendere gli ultimi cinquemila dollari, secondo i patti. Rimase per il tè, e andò via con il sorriso sulla faccia.

Gli amici di Shahram continuavano a chiamare, alcuni di loro parvero insospettirsi, ma io che potevo fare se non continuare a mentire? Quelli più intimi venivano direttamente per salutarlo. Un giorno si presentarono Niloofar e la fidanzata di suo fratello. Erano convinte che Shahram fosse sparito, come tanti altri negli ultimi dieci anni. Non c'era una sola persona a Teheran che non conoscesse qualcuno che era stato arrestato con false accuse, ed erano sicure che io stessi tenendo tutto nascosto. Dovevo essere un pessimo bugiarno; vidi che me lo leggevano in faccia. Meritavano di sapere che fine aveva fatto. Così mi arresi.

«Non lo rivedrete mai più», ammisi. Provate a dire una cosa del genere senza piangere.

Mi imbarazza confessare tutte queste lacrime? Certo. Ma che sollievo condividere la tristezza con persone che amavano mio figlio.

Shahram fu trasportato a Istanbul, la città più grande della Turchia, ma un mese e mezzo dopo era ancora lì. Bigler aveva previsto una sosta di dieci giorni, quindi quel ritardo era causa di preoccupazione. All'inizio Shahram era stato sistemato in un albergo dall'organizzazione di Bigler, ma poi lo avevano trasferito in una casa con altri iraniani, anche questi portati di nascosto in Turchia da Bigler. Sebbene parlassi regolarmente al telefono con mio figlio, stavo sempre addosso a Bigler e Nouri per avere novità, e immagino che le mie maniere fossero peggiorate perché Bigler cominciò a non rispondere alle chiamate. Alla fine, tuttavia, mi telefonò con la notizia che Shahram avrebbe preso un volo per l'Olanda di lì a poche ore. Chiamai mio figlio e lui era molto emozionato. Gli raccomandai di comprare una scheda telefonica, così da potermi chiamare non appena fosse atterrato. Non lo lasciai trasparire, ma ero in apprensione per tutte le prove che avrebbe dovuto superare prima di arrivare in Canada. Avevo paura.

Sedici ore dopo, quando ormai Shahram sarebbe dovuto essere già ad Amsterdam, aspettavo una chiamata, ma non ne arrivarono. Telefonai sia a Bigler sia a Nouri, ma nessuno dei due mi rispose. Ero stufo di sentirmi così disperato. Finalmente Nouri mi chiamò. Dov'era Shahram? Pretendevo una risposta, ma lui non sapeva niente. Gridargli contro non era d'aiuto, ma non per questo mi trattenni. Lui provò a calmarmi, ma non riuscivo a pensare a un solo motivo per cui dovessi stare calmo. Passarono settantadue ore. Lasciai un messaggio minaccioso sulla segreteria telefonica di Bigler, promettendogli che avrei reso la sua vita un inferno se non mi chiamava dandomi notizie di mio figlio. Avevo amici potenti in Turchia, lo avvertii, che potevano rovinarlo. Ok, stavo impazzendo, e a nessuno piaceva meno che a me, ma gli concessi soltanto ventiquattr'ore. Contattami, altrimenti...

Bigler mi chiamò poco prima dell'ora, con pessime notizie. Shahram era stato estradato dall'Olanda per problemi con i documenti. Stava tornando in Turchia. Bigler disse che mi avrebbe richiamato più tardi, quando Shahram fosse ritornato fra le sue mani. Ancora una volta gli rammentai di mantenere la promessa.

Quella notte Shahram mi chiamò, sempre parlando in codice, ma capii dal suo tono di voce che era molto turbato dagli eventi. Accennò a dei «problemi», ma sperava che le cose si sistemassero da sole nei giorni seguenti. Quel codice mi stava facendo impazzire, così passai all'inglese, con tutti i rischi che ciò comportava.

«Che è successo in Olanda?», chiesi.

Bigler doveva essere lì accanto a lui, perché mio figlio non mi rispose, mi disse soltanto che stava bene e che doveva andare. Prima di attaccare, mi passò Bigler.

«Se Shahram ha bisogno di qualche aiuto speciale», dissi, «lo devo sapere. Non deve assolutamente essere rispedito in Iran. Ho amici nell'aeronautica turca. Possono darci una mano se mio figlio è in pericolo».

«Non sarà necessario», mi assicurò Bigler. «Si sistemerà tutto nei prossimi giorni».

Negli otto giorni che seguirono, mi tenni in contatto con Bigler con la relativa sicurezza di un telefono pubblico. Parlai con Shahram solo due volte. Era trattenuto in quella che chiamavano la "prigione degli stranieri", mentre Bigler gli procurava un altro passaporto. Poi arrivò una chiamata di Shahram a notte fonda da un telefono fuori dalla prigione. Bigler aveva corrotto una guardia perché mio figlio potesse comunicarmi le cattive notizie. Eravamo al capolinea, visto che Bigler aveva esaurito i contatti, o la magia, o qualsiasi cosa fosse ciò che contava nel suo lavoro. Con ogni probabilità, il passo successivo era il ritorno forzato di Shahram in Iran, e lui, com'è ovvio, era terribilmente sconvolto.

«Non perdere la fiducia, figliolo», dissi. «Ti prometto che non ti succederà niente. Tu giurami solo che mi terrai informato in ogni modo possibile».

Dopo i saluti, non mi restava che giocarmi il jolly: i miei amici turchi Ahmet Ergönen e Maksüt Demir. Li chiamai all'istante. I miei vecchi amici erano ora piloti d'alto grado, Ergönen nell'aeronautica turca e Demir nella compagnia aerea di bandiera della Turchia. Chiamai per primo il colonnello Ergönen, ma non mi rispose nessuno, neppure una segreteria telefonica! Poi tentai con Maksüt, che viveva proprio a Istanbul. Lasciai un lungo messaggio in segreteria per spiegargli la criticità della situazione. Gli chiesi di contattarmi non appena possibile. Dopodiché chiamai mia moglie a Vancouver.

Akram non sapeva nulla della partenza di Shahram dall'Iran, e anche se lui l'aveva chiamata dalla Turchia non le aveva rivelato alcunché. Voleva farle una sorpresa bussando direttamente alla sua porta. Be', al diavolo, adesso avevo un sacco di cose da spiegare, da un telefono che poteva anche essere sotto controllo. Finsi che

Shahram avesse agito d'impulso, da solo. Ovviamente, Akram non fu contenta di questa notizia, e nemmeno della storia della sorpresa. Mi beccai una ramanzina, soprattutto per non averle detto ogni cosa dall'inizio. Quando si calmò, le chiesi di contattare un avvocato dell'immigrazione e chiunque altro potesse aiutarci a evitare che Shahram venisse ricondotto in Iran. Più tardi quello stesso giorno, squillò il telefono.

«Papà! Sono libero!». Di sicuro non mi aspettavo di sentire Shahram, meno che mai così allegro. «Mi ha liberato Maksüt!». Si calmò abbastanza per raccontarmi gli eventi degli ultimi dodici giorni. «Papà, quella storia dell'Olanda era tutta una balla, non sono mai neppure partito da Istanbul».

«Che cosa?».

Con orrore appresi che lo avevano arrestato prima ancora che arrivasse al terminal dell'aeroporto. Gli agenti della polizia sotto copertura si erano insospettiti vedendolo mentre aspettava nel parcheggio dell'aeroporto con uno degli uomini di Bigler. Li avevano fermati per interrogarli, e li avevano trattenuti per via dei documenti irregolari. Il ritorno in Iran sembrava ormai cosa sicura, finché non era intervenuto Maksüt.

«Che ha fatto?», chiesi.

«Si è offerto come garante», disse Shahram, «per farmi uscire di prigione. Ha rischiato di perdere la casa, forse persino il lavoro».

«Tipico di Maksüt», dissi. «Fondamentalmente ha rischiato la vita per noi».

L'eroismo di Maksüt ci fece guadagnare tempo per raccogliere la documentazione necessaria tramite le Nazioni Unite e l'ambasciata canadese. Da quel punto in poi, Bigler uscì di scena e Maksüt divenne l'angelo della misericordia per Shahram, e il 25 febbraio mio figlio ebbe la strada spianata per ricongiungersi alla madre, al fratello e alla sorella in Canada. Ringraziammo Maksüt e la sua famiglia con telefonate, lettere e regali, e ancora sentivo che la nostra gratitudine era insufficiente.

Dopo quei mesi di agonia, naturalmente provai un immenso sollievo. La libertà esisteva, se non per me, almeno per la mia famiglia. Nulla ormai poteva più nuocere ai miei cari. Avrebbero portato il nome degli Sharifirad nel futuro. Assaporai la vittoria per un giorno o due, finché non venne il tempo di ricominciare a pensare come un animale in gabbia. Avevo un altro viaggio da organizzare. "Dio, donami la pazienza", pregavo. Di certo, la mia fuga avrebbe richiesto la pazienza di un santo. Ma dovevo smetterla di sognare la vendetta. I santi non restano svegli la notte sognando la vendetta. Dovevo calmarmi. Dovevo tornare a essere normale. Qualsiasi cosa significasse *normale*.

# 19
# Si accorcia il guinzaglio

Il piano per la mia fuga stava prendendo forma da un po'. Dopo la partenza di Shahram ero diventato più sospettoso, e avevo sempre più paura di essere sorvegliato. Una macchina di passaggio o una persona che faceva la mia stessa strada troppo a lungo bastavano perché mi sentissi pedinato. La prima mossa era dare l'impressione di un'esistenza normale. Più che mai, dovevo dare a vedere che non andavo da nessuna parte. Se uscivo, dovevo rientrare in orario. Ogni giorno fuori casa era un'occasione per stabilire una routine. Avanti e indietro. Sparisci e ritorna. Più in là avrei visitato le città di frontiera per studiare le possibilità di fuga, ma prima dovevo crearmi una reputazione di affidabilità tornando sempre a casa dalle mie brevi escursioni.

Approfittai di queste uscite per informarmi sul Canada: lessi libri e riviste che mi insegnavano la storia, la geografia o le curiosità su quel paese, in particolare su Vancouver. Lessi della Grouse Mountain, che sorge proprio alle spalle della città e raggiunge circa 1200 metri di altezza, dove si può sciare e la gente sale e scende con una navetta, cento passeggeri per volta. In estate, si potevano fare escursioni nella foresta di sempreverdi per godere della vista panoramica sulla città, sull'oceano e sulle montagne a nord, una delle zone più incontaminate del pianeta. Potevi vagare e perderti per sempre. In effetti, di tanto in tanto gli orsi si spingevano fino ai cortili delle case di periferia. Vidi le foto del Lions Gate Bridge, che sembrava molto simile al Golden Gate di San Francisco.

Lessi dello Stanley Park, circa quattrocento ettari di bosco, che lo rendevano il terzo parco cittadino più grande del Nord America. Era vicino al centro abitato e quasi interamente circondato dall'acqua. Appresi che per millenni la penisola era stata il luogo prediletto delle tribù di nativi della costa occidentale. Il parco era diventato una riserva naturale e poi nel 1886 vi era scoppiato un incendio. Riuscivo a immaginare la gente che passeggiava per il parco, beandosi alla vista del roseto, andando in bici o facendo jogging lungo i dieci chilometri della diga marittima, che finivano alla English Bay, una spiaggia che attira milioni di turisti ogni anno per i suoi tramonti spettacolari.

Tutti i giorni alle nove di sera, appresi, veniva sparato un colpo di cannone. Non era un segnale di guerra, ma di pace. Lo si sentiva in tutta la città, un boato che echeggiava per chilometri e avvisava i pescatori che era ora di smettere di pescare. Nella zona settentrionale della città c'era un ponte sospeso sul fiume Capilano, che doveva trovarsi vicino alla nuova casa della mia famiglia. Se le informazioni erano esatte, quello era il ponte pedonale sospeso più alto e più lungo al mondo.

Imparai altre cose sul Canada. Il centro commerciale più grande del mondo, per esempio, il West Edmonton Mall, era stato costruito da quattro fratelli iraniani, i Ghermezian. A est della Columbia Britannica, le province si estendono fino a Terranova, all'estremità della costa orientale, a 5000 chilometri di distanza. Lessi della vecchia generazione di eschimesi su al Nord, chiamati Inuit, che vuol dire "mangiatori di pesce crudo". Trovavo interessante che gli eschimesi avessero l'usanza di scambiarsi le mogli, o di offrirle ai propri visitatori. Era inteso come gesto di ospitalità, ma vi assicuro che se gli eschimesi fossero vissuti sotto la legge dell'ayatollah Khomeini, non ne sarebbe rimasto neppure uno. Li avrebbero lapidati tutti a morte per adulterio.

Chiamavo mia moglie al ritorno da ognuna di queste brevi gite. Lei sembrava quasi sempre felice, ma i ragazzi stavano diventando problematici. Shahram restava fuori con gli amici fino a tardi, e ogni tanto Shahrokh prendeva la macchina senza chiederle il permesso. E, ovviamente, percepivo dal suo tono di voce che aveva bisogno di me. Tuttavia, non commise mai l'errore di chiedermi quando sarei partito. Parlava del suo lavoro come parrucchiera e del corso di aggiornamento come aiuto infermiera. Shahram se la cavava bene al college, ma Shahrokh si era inimicato il preside della sua scuola, il quale chiamava spesso Akram per lamentarsi del suo comportamento. A scuola poteva anche essere irrequieto, ma si occupava di sua sorella e la proteggeva sempre, e questo era un gran sollievo. A ogni modo, le brutte notizie mi mettevano sempre in agitazione, e non ne potevo più di aspettare il momento giusto per la fuga. Se non avessi avuto bisogno di vendere la casa, avrei fatto le valigie non appena messa giù la cornetta.

Decisi di disfarmi subito della casa, di passare oltre e stabilire un'altra routine. Era la casa dei nostri sogni, ma quei sogni erano ormai ridotti in cenere. A ogni modo, era troppo grande per me. Meglio un appartamento più piccolo nello stesso quartiere. Vendetti poco a poco i mobili in eccesso, ma quando giunse il momento di dire addio alla libreria, be', fu più difficile. Duemila volumi! Collezionarli e leggerli era stata la passione di una vita. Ma che potevo fare, portarmeli in spalla? Non avevo scelta.

Sapevo che gli agenti dei servizi segreti mi tenevano sotto controllo. Dovevo osservarmi dall'esterno, attraverso i loro occhi. «Guarda Sharifi come vende casa e salda tutti i debiti. Ha messo su un'attività di import-export, e ci fa anche dei bei soldi, con queste merci coreane e i vestiti turchi. E ancora insegna in due ministeri, e ha i suoi turni al negozio di tappeti. È un tizio impegnato, questo Sharifi».

La vita diventò una piacevole routine: lavoravo durante la settimana e uscivo nei weekend. Si trattava soprattutto di andare a casa di amici per cantare e ballare con la musica dal vivo. Spesso non sembrava neppure di stare in Iran, visto che svaghi del genere erano proibiti. Ma, a porte chiuse, facevamo ciò che più ci aggradava. Le donne si vestivano come ai tempi dello scià, anzi, in maniera ancora più libera. E ovviamente nessuna portava il velo. Se il Komiteh avesse fatto irruzione, saremmo finiti in guai seri. Ma la nostra frustrazione era grande; c'era un limite a quello che potevamo sopportare, e queste feste erano piccole vittorie nella nostra segreta opposizione al regime. Alla fine decisi di rischiare la vita, di provare a vivere libero e senza paura. Esaminai la situazione dal punto di vista dei servizi segreti, e decisi che toccava a me dare una festa, per ricambiare tutte le volte in cui ero stato ospite.

Invitai dei musicisti e tutta la gente che poteva entrare nel mio appartamento. I più giovani dovettero restare in piedi, il che andava bene visto che comunque volevano ballare. E ballarono eccome, dimenandosi fino a far tremare tutta la casa, fermandosi solo per banchettare con il miglior servizio di catering della città. L'unica precauzione era un tizio di guardia alla porta, in caso si avvicinassero individui sospetti. Più o meno a metà serata, squillò il telefono. Riuscivo a malapena a sentire la voce dall'altro capo, così mi portai l'apparecchio in camera e chiusi la porta. Un gentiluomo mi chiese scusa per aver interrotto la mia festa, sempre senza presentarsi.

«Chi è lei?», chiesi.

«Mohseni», mi rispose, «dall'ufficio dell'intelligence, al quartier generale delle forze armate».

«Cosa posso fare per lei a quest'ora della notte?», domandai con la mia voce più sobria ed educata. «È urgente?»

«Lo è, in effetti», mi disse. «Ma non voglio contrariare i suoi ospiti costringendoli ad andare via. Vediamoci domattina alle otto all'ufficio del Protocollo su viale Pasdaran. Sa dov'è?»

«Certo», risposi. Vi avevo ospitato una delegazione straniera quando a capo di quell'organizzazione c'era il colonnello Beigi.

«A domani, allora», mi salutò Mohseni.

«E il motivo di questo incontro?», chiesi.

«Lo saprà domattina», mi disse lui, poi riattaccò.

La festa era rovinata.

Il mattino seguente mi alzai dal letto già esausto, coi postumi di una sbronza e più depresso del solito.

In macchina ci volevano appena dieci minuti da casa mia al cancello d'ingresso dell'ufficio del Protocollo. Nell'atrio c'erano due soldati. Chiesi dell'ufficio del dottor Mohseni e mi accompagnarono alla porta, che si aprì prima ancora che avessi toccato la maniglia. Mi trovai davanti un uomo poco più che trentenne, con un velo di barba sul viso.

«Colonnello Sharifirad, io sono Mohseni».

Niente stretta di mano, mi fece solo entrare in un ambiente con mobili costosi, splendidi tappeti e oggetti da collezione. Mi indicò una poltrona di pelle e si sedette su quella di fronte, poi estrasse dei documenti da una valigetta.

«Ok, colonnello. Sa perché è qui?»

«No», dissi. «E, sia messo agli atti, signor Mohseni, io non sono più colonnello».

«Il titolo non conta», disse lui. «Civile o militare, non cambia niente. Il motivo per cui l'ho convocata riguarda la partenza della sua famiglia. Sono in Canada, vero?»

«Esatto», dissi.

«Incluso suo figlio maggiore, Shahram. Com'è riuscito a farlo uscire dal paese?».

Avevo la sensazione che la verità fosse la via più breve tra me stesso e la colazione dell'indomani. «L'ho fatto viaggiare di nascosto», dissi.

«Con l'aiuto della CIA?»

«No, di un contrabbandiere del posto. A proposito, non conosco nessun agente della CIA».

«Ha avuto l'aiuto di qualche ambasciata?»

«Come ho detto, ho assoldato un comune contrabbandiere. Se l'è cavata da solo».

«E come ha fatto a trovarlo?», chiese Mohseni. «Chi glielo ha presentato?»

«È stata mia moglie, in realtà».

«Sua moglie? E come mai conosce dei contrabbandieri?»

«Gliel'hanno raccomandato degli iraniani residenti in Canada. Ci hanno dato il nome, e ci hanno assicurato che era affidabile».

«Ok, come si chiama e dove abita?».

Sapevo che prima o poi l'avrebbero scoperto, probabilmente tramite la tortura se avessi fatto resistenza. «Nouri», dissi. «Non posso garantire che sia il suo vero nome. Ha una cartoleria su viale Teheran Nou».

«È stato lui a portare suo figlio in Turchia?»

«No. Aveva un agente per questo, tale Bigler».

«È la verità o sta provando a ingannarmi sprecando il mio tempo?»

«Le sto dicendo la verità».

«Non lo sa che a suo figlio è vietato lasciare l'Iran?»

«Certo».

«Deve essere reclutato nelle forze armate. Deve servire il paese. Questo lei lo sapeva».

«Certo».

«Credo che questo rappresenti un crimine. Lei ha infranto le regole della corte marziale. Questo lo sapeva?»

«Non credevo che salvare la vita a mio figlio fosse un crimine», risposi.

«Salvargli la vita?», ripeté Mohseni. «Da cosa?»

«Da cosa?» dissi. «Sta scherzando?». Se continuavo così sarei finito nei guai, così cominciai a inventare una storia. «Dalla depressione», dissi. «Ero preoccupato per la salute di mio figlio. Non potevo più lasciarlo da solo a casa. Non potevo andare da nessuna parte senza che mi venisse dietro. Aveva paura di venire rapito. È una pazzia, lo so, ma può immaginare quale peso fosse per me, in quanto genitore single, e che effetto avesse sul mio lavoro di insegnante e sui miei affari».

«È sicuro che la persona con cui ha parlato sua moglie in Canada non fosse un agente americano?», disse Mohseni.

«Come posso esserlo, visto quanto siamo lontani? Ma non credo. Non ho motivo di crederlo».

«Chiederà a sua moglie di tornare da lei?», domandò Mohseni. «Che ne direbbe se le promettessimo la massima libertà qui? La sicurezza più totale?»

«Non credo che mi darà più retta», risposi. «Se le importasse davvero di me, non sarebbe mai partita».

Lui esaminò alcuni documenti. «È strano che mi dica una cosa del genere, colonnello. I nostri rapporti mostrano che era una moglie amorevole. Una moglie assai devota e amorevole che si è data un gran da fare per il suo rilascio quando lei era in prigione. Si è rivolta alle autorità perché la scagionassero. Non sembra che non le importi».

«In passato», dissi. «Quando credeva che tutto si sarebbe sistemato. Che mi avrebbero restituito il mio posto nell'aeronautica. Mi conosceva come un pilota rispettato. Ma tutto ciò è svanito, no? È cambiato tutto, ed è cambiata anche lei. Ha cambiato opinione su di me, poco ma sicuro. Si è unita a un'altra comunità di iraniani in Canada».

«Mi sta dicendo che è partita di sua volontà?»

«È ciò che le sto dicendo».

«Mi sta dicendo che la sua partenza non è stata architettata con cura, e che lei non c'entra niente? La prego, colonnello Sharifi».

«Glielo assicuro, non ne abbiamo mai parlato. Perché avremmo dovuto? Avevamo appena comprato una casa nuova, controlli pure i suoi documenti. Avevamo due macchine, i nostri figli frequentavano le scuole migliori della città. Perché rinunciare a tutto questo per andare a vivere in un paese dove saremmo stati degli stranieri, probabilmente cittadini di seconda classe?»

«Perché ve l'aveva chiesto la CIA», mi spiegò Mohseni.

«Questa è una sciocchezza bella e buona», dissi. «Non ha alcun senso!».

Era una strana conversazione, completamente sconnessa dalla realtà, tra le mie bugie e le sue assurdità.

«Sapevamo tutto», continuò Mohseni. «Per questo abbiamo tenuto il guinzaglio così lungo, colonnello, lasciando persino andar via suo figlio. Così potevamo seguirla e fare un elenco di tutti i suoi contatti, tutti i membri di questa organizzazione. Come previsto, quasi tutti i suoi contatti sono individui contro la rivoluzione e l'Islam».

«Mi sta accusando di essere un agente della CIA e un nemico dell'Islam?», dissi.

Stavo per perdere il controllo, e non per la bugia che avevo dovuto inventare, ma perché ero di nuovo intrappolato in quei vecchi dialoghi infiniti. Avrei dovuto fare leva ancora una volta sul mio passato di soldato, rivangare tutto e sbatterglielo in faccia. Ero un grande patriota. E se volevano parlare di fede, cos'altro poteva spingere un uomo a imbracarsi nella cabina di pilotaggio di un aereo e rischiare la vita per combattere il nemico? Le mie azioni erano documentate e sotto gli occhi di tutti, quindi se non fosse bastato questo a dimostrare il mio amore per l'Iran, cos'altro potevo fare per convincerli? Nulla.

«Qualsiasi cosa le abbiano ordinato di farmi», dissi, «è meglio se comincia subito».

Entrò un altro uomo, e Mohseni si alzò rispettosamente in piedi e non si sedette finché quello non gli fece cenno. Doveva aver ascoltato la nostra conversazione, perché non esaminò neppure il rapporto dell'interrogatorio prima di dire a Mohseni di smetterla di perdere tempo. «Le sue risposte sono solo spazzatura!», urlò.

«Buone per l'immondezzaio», fece eco Mohseni. «Sì, signore».

Il suo capo mi guardò con aria di repulsione, quasi puzzassi come un cane morto. Avevo la sensazione che volesse prendermi a calci in faccia, perché tremava leggermente. «Mi ha preso per un idiota?»

«Io non la conosco neanche, signore».

«Be', io conosco lei: comandante di squadriglia a Tabriz e vicecomandante delle operazioni a Dezful», ringhiò.

«Esatto».

«Lei adorava parlare, discuteva per un'ora intera coi suoi piloti per un volo di mezz'ora. E si aspetta che io creda che non ha progettato la partenza della sua famiglia? Mi ha preso per un idiota?», ripeté.

«È stata mia moglie a organizzare tutto», dissi. «Fece un viaggio preliminare in Turchia con nostra figlia. Poi andò a Singapore e non è più tornata. Cosa avrei potuto fare?».

«E sostiene di non sapere nulla anche sulla partenza di suo figlio maggiore?»

«Questo l'ho già spiegato», dissi. «E mi assumo le mie responsabilità».

«Il suo problema, Sharifi, è che lei non crede nell'Islam», continuò l'uomo. «Lei venera il suo cosiddetto patriottismo. Non lo sa che anche questo è vietato dall'Islam? I musulmani venerano soltanto Dio. Lei può amare il suo paese, non venerarlo».

«Religione e patria, le amo entrambe allo stesso modo», dissi. «Cosa c'è di sbagliato? La mia religione è l'amore, non le chiacchiere. Sono stufo delle chiacchiere, perché da voi non sento altro».

«Lei ama l'Islam? Non credo proprio, Sharifi. Altrimenti non avrebbe mandato la sua famiglia in America. Cos'è l'America? Il nostro più grande nemico. Il più grande nemico dell'Islam. Pensi ai musulmani in Palestina, perseguitati da Israele. E chi c'è dietro Israele? Non capisco perché l'abbiano fatta uscire di prigione. Cos'ha da dirmi, adesso, colonnello?».

Avevo finito le parole, ero senza spiegazioni, ero stufo di motivare gesta e azioni che erano solo logiche, ragionevoli e rette. Il problema era che l'Iran non era più nulla di tutto ciò.

«Ho due ordini qui con me», mi disse lui, brandendo dei fogli di carta. «Uno per il suo rilascio, e uno per il suo arresto».

Ancora i loro giochetti, sempre a tentare di farci implorare misericordia. Mi disse di restare lì dov'ero mentre lui andava a controllare la mia storia su Nouri. «L'aspetta un'esperienza assai peggiore questa volta», mi avvisò.

Ero nelle mani di un gruppo che si faceva chiamare Moghallede Imam Khomeini, i seguaci di Khomeini, e mi tenevano sotto sorveglianza. Dovevano essere ancora convinti che fossi coinvolto in azioni di spionaggio, e che una volta libero li avrei portati dai miei agenti e complici. Il soldato che mi faceva la guardia mi portò una tazza di tè della quale avevo un gran bisogno, consegnandomela con un rispettoso saluto militare. Mi fece ripensare ai vecchi tempi, ma mentre bevevo il tè il mio futuro mi pareva di nuovo estremamente misero. Forse stavano epurando gli ultimi piloti addestrati in America che avevano prestato servizio nelle forze armate dello scià. Era un miracolo che alcuni di noi fossero sopravvissuti così a lungo.

Ripensai ai primi giorni del governo rivoluzionario, quando ordinarono ai comandanti dell'esercito di individuare i piloti particolarmente fedeli al vecchio regime e tenerli d'occhio. Khomeini aveva fiutato la possibilità di un colpo di stato e aveva ragione: il colpo di stato di Nojeh del 1980, il tentativo di rovesciare il governo di Abolhassan Bani-Sadr e dell'ayatollah Khomeini, si concluse tuttavia con un fallimento spettacolare. Furono giustiziati numerosi piloti, e molti altri gettati in prigione, mentre quelli che restavano, che avessero o meno avuto un ruolo nei fatti, persero qualsiasi possibilità di promozione. In effetti, vennero degradati, o costretti al pensionamento. La mancanza di comandanti esperti portò ufficiali di basso rango ma fedeli alla rivoluzione a occupare posti per i quali non avevano sufficienti competenze. Uomini inesperti divennero tenenti, colonnelli e maggiori, e ottennero il comando delle basi tattiche dell'aeronautica.

All'inizio della guerra, prima che l'esercito rivoluzionario avesse tempo di allevare una nuova generazione di combattenti, i piloti del vecchio regime dovettero difendere i confini nazionali contro l'Iraq, soprattutto nelle città come Ahvaz, capoluogo della provincia di Khozestan. Immaginate di dover rischiare la vita sul campo di battaglia per un paese che intanto ti pugnala alle spalle. Noi però combattemmo, ricacciando indietro gli invasori. Allo stesso tempo, in una situazione assai ironica, ci rendevamo conto che la nostra sopravvivenza era dovuta proprio alla minaccia rappresentata dal nemico. Più le forze irachene avevano successo, più a lungo il nostro regime ci avrebbe risparmiati. Non esiste nulla di più contorto. E le epurazioni e le uccisioni non si fermarono nemmeno dopo tanti anni. La paranoia e gli omicidi erano la nuova droga degli ayatollah. Di recente, nel 1992, il regime aveva giustiziato altri due miei amici, uno era pilota di F-5, l'altro tra i migliori piloti di R-F4 dei tempi della guerra. Erano stati accusati di essere spie per conto della CIA.

La mia situazione appariva critica. Non sarei sopravvissuto a un altro soggiorno in prigione. Per quanto mi riguardava, il plotone d'esecuzione era meglio di un altro giro di torture.

Era mezzanotte passata quando sentii il cambio della guardia al cancello principale. Il soldato che stava con me era andato via alle nove e non era più tornato. Ero esausto a furia di preoccuparmi, nella mente mi vorticavano inutili pensieri. Mi deprimevo sempre più a ogni ora, finché a tarda notte Mohseni entrò nella stanza. Mi si parò davanti con una valigetta in mano, sembrava stanco e contrariato.

«Va bene, colonnello, abbiamo finito».

«Che intende dire?», chiesi.

«Intendo dire che abbiamo finito», mi rispose, piazzandomi un documento davanti. «Il mio lavoro è terminato». Mi lanciò una penna.

Mi batteva forte il cuore. «Questo cos'è?», domandai.

«Legga. Lo scopra da solo».

Era difficile concentrarsi, lo sguardo continuava a sfrecciare sulla pagina in cerca della condanna a morte. Ma no, quelle erano solo altre condizioni relative alla mia sentenza di dieci anni. Altre restrizioni sui viaggi e controlli più frequenti. E la promessa di riportare la mia famiglia in Iran, ma a parte questo nulla di cui preoccuparmi. Non era affatto una condanna a morte. Firmai in tutta fretta, con mano tremante. Strinsi persino la mano a Mohseni, tanto ero stanco di stare lì dentro.

Di nuovo a casa, nonostante la disperata stanchezza, cominciai subito a lavorare a un piano di fuga. La mia libertà non sarebbe durata a lungo, ne ero certo. Sarei sempre stato l'agente della CIA che volevano che fossi. Mi serviva un piano ben architettato, ma la mente non voleva collaborare. Avevo bisogno di dormire un po'.

# 20
# Dervisci

Tornai alla mia routine di lezioni e giri d'affari, senza trascurare per un istante la possibilità di essere pedinato. La prima volta che tornai all'ufficio di Mohseni, uno dei suoi colleghi mi invitò a lavorare per lui. Si chiamava Khaleghi, e voleva che lo aiutassi a seguire le attività dell'addetto militare pakistano in Iran.

«Ok», gli dissi. Ne sembrò rallegrato. «Ma prima dovrà fornirmi un ordine scritto», aggiunsi. Subodoravo un complotto per sorprendermi in combutta con degli stranieri.

La soddisfazione svanì dal suo viso. Doveva aver pensato di avere a che fare con un idiota. Quando ci incontrammo di nuovo, giorni dopo, Khaleghi mi disse che non volevano perder tempo con i permessi scritti.

«Non farò nulla senza una richiesta formale da parte del suo capo», gli risposi. Non avevo intenzione di subire altre false accuse.

I miei timori che volessero tendermi una trappola vennero confermati qualche giorno dopo, quando ebbi notizie da Nouri, il contrabbandiere. Passò da me con un'offerta per fuggire dal paese. Costava poco ed era a prova di bomba, tutto troppo bello per essere vero. E lui continuava a parlare della mia famiglia, come fosse un'esca. Per quanto mi mancassero, ero abbastanza disciplinato da non parlare di mia moglie e dei miei figli con qualcuno che non conoscevo bene. Non ero in grado di menzionarli senza dare l'impressione di star morendo di sete.

«Grazie lo stesso», dissi. «Ma, sai, la vita a Teheran mi piace davvero tanto». Non riuscivo a credere che quelle parole stessero uscendo dalla mia bocca. Spiegai a Nouri che volevo fare richiesta per un passaporto, in modo da partire legalmente o non partire affatto.

Povero Nouri, sembrava a sua volta intento a uscire da una trappola. Era ovviamente diventato un informatore per il servizio di intelligence, senza dubbio come condizione per la sua libertà.

Poi Mohseni mi invitò a pranzo all'Homa Hotel in via Bijan, vicino a piazza Vanak. Aveva una proposta: dovevo riportare la mia famiglia in Iran o avrei avuto il fiato dei servizi segreti sul collo per il resto della vita. Mi assicurò che avevano metodi di sorveglianza dei quali ero totalmente all'oscuro.

«Ci penserò», dissi.

Immagino che ci pensai troppo a lungo, perché fui presto licenziato dal ministero del Petrolio. Non c'era modo di capire se ci fosse Mohseni dietro quel licenziamento, ma lo sospettavo. Nel frattempo, il lavoro presso il ministero delle Miniere e dei metalli andava avanti senza problemi, ma prima che iniziasse un nuovo semestre diedi le dimissioni. Innanzitutto, non volevo avere più a che fare con il governo, ma, cosa più importante, dovevo essere libero da qualsiasi impegno con orari fissi per portare più facilmente a termine il mio piano di fuga.

Tutto stava nello stabilire uno schema ricorrente: uscire di casa e farvi ritorno. Viaggi brevi verso diverse zone del paese, tornare, partire di nuovo e di nuovo tornare. Dare vita a uno schema che mi rendesse prevedibile. Forse, se la mia vita fosse diventata abbastanza noiosa, sarei uscito dai radar dell'intelligence. Un pio desiderio. Allo stesso tempo, feci richiesta per un passaporto. Certo, era impossibile che lo ottenessi, l'idea stessa era addirittura ridicola, ma forse quel mio tentativo mi avrebbe dato credibilità, avrebbe mostrato che non avevo alcuna fretta di partire. Dovevo agire con calma, e costruirmi una reputazione di individuo prevedibile.

Più tardi, nel luglio del 1993, un mio amico, Mohimani, mi invitò a unirmi a lui per un viaggio a Bakhtaran, capoluogo di provincia nella zona occidentale del Kurdistan iraniano. Mi doveva del denaro, ed era convinto di poter mettere le mani su una vendita di terreni gestita da uno dei suoi soci in modo da potermi ripagare. Insieme a un suo amico, Mohsen, ci infilammo nella mia piccola Renault e partimmo da Teheran al mattino. Era una torrida giornata, tipica dell'estate. Malgrado i finestrini aperti, la macchina diventò una sauna ancor prima che varcassimo i confini della città.

«Forse è meglio se andiamo un altro giorno», dissi.

«Sii paziente», rispose Mohimani.

Una volta imboccata l'autostrada, trovammo un po' di frescura, e superato il casello acquistammo una buona andatura e cominciammo a sentirci meglio. Il viaggio da Teheran a Qavzin fu tranquillo, su una strada a tre corsie che tagliava per un'ampia pianura. Certo non uno spettacolo per turisti. Dopo tre ore, con i miei passeggeri che dormivano della grossa, passammo vicino alla Terza base tattica fuori dalla città di Hamadan, dove mi avevano assegnato dopo il ritorno dagli Stati Uniti nel 1972. Fu durante quel periodo che sposai Akram, e fu lì che nacque Shahram. Era la famosa base di Nojeh, residenza dei principali gruppi di piloti che guidarono le operazioni contro il regime islamico e organizzarono un infruttuoso colpo di stato nei primi giorni della rivoluzione. Quando entrammo a Hamadan, la mia mente era ancora ferma a quel tragico capitolo della nostra storia nazionale.

Svegliai Mohimani per condividere con lui i dolci ricordi di quando io e Akram facevamo picnic in quella zona. Gli parlai dei kebab e del pane fresco con il basilico, e dei grandi ristoranti, in particolare del Boali Hotel e delle feste magnifiche che si tenevano nelle loro discoteche. Individuai il minareto con la tomba del padre di Avicenna, senza dubbio uno dei filosofi più famosi del mondo, ma non ci fermammo. Il nostro non era un viaggio di piacere. Continuammo per il passo di Asadabad, poi fino a Kangavar, dove facemmo sosta per una meritata pausa in una sala da tè. Mezz'ora dopo eravamo di nuovo in strada, e non ci fermammo più fino all'arrivo nel nostro albergo di Bakhtaran.

Il servizio era orribile, e l'arredamento vecchio e trasandato. Che postaccio!

Ci concedemmo un'ora di riposo, poi girammo per la città, fermandoci ai piedi del monte Bistoon. Lì le rocce sono coperte di scritte e disegni, ricordi di una favola dei secoli passati che qualsiasi iraniano potrà raccontarvi.

Un giovane guerriero di nome Farhad era innamorato di Shirin, il cui nome significa "dolce". Ai due era stato proibito di vedersi, ed erano quindi costretti a comunicarsi il reciproco amore usando diversi segnali. Ogni notte, Farhad colpiva la roccia con la sua ascia, per far sapere a Shirin che era ancora vivo e che l'amava. Se lei non sentiva i rintocchi dell'amore di Farhad, non riusciva a prendere sonno. Le scritte descrivevano proprio queste sue pene d'amore, quando ancora i sentimenti e le emozioni umane erano argomenti dei poeti.

*Stanotte non s'ode suono d'ascia dal Bistoon.*
*Forse Farhad sta sognando Shirin,*
*o forse Farhad è sprofondato in un sonno dolce.*

Mi svegliai presto per il terribile russare di Mohimani. Alla fine del corridoio c'era una doccia comune. Come ho detto, quello non era un albergo vero e proprio, non c'era neppure un ristorante per far colazione. Passammo a prendere il socio di Mohimani, un uomo di nome Ghobadian, la cui famiglia aveva proprietà immobiliari nella regione di Bakhtaran. Ci dirigemmo verso la vicina città di Marivaan, ma i miei compagni di viaggio ci stavano mettendo un'eternità e non arrivavano al sodo di quell'affare.

«Rilassati, Sharifi», disse Mohimani. «Ti mostreremo qualcosa di indimenticabile».

Passammo per una campagna che era una gioia per gli occhi: colline e valli, in parte rocciose e in altre zone coperte di fertile fanghiglia. Alcuni campi, per lo più di frumento, erano ancora verdi, mentre altri stavano diventando di un giallo maturo, le pannocchie così pesanti che gli steli ondeggiavano anche al minimo refolo di vento. Quella vista, il lento dondolio di orzo e frumento maturi come onde di un oceano, mi ipnotizzò. Il modo in cui gli steli si chinavano mi fece pensare all'inchino dei giapponesi in segno di rispetto. Dicono sia un omaggio al Dio che risiede in tutti noi. Scene come questa sono davvero un dono di Dio a chiunque abbia occhi per vedere, e mi chiesi come potevano le persone che lavoravano la terra non rimanere stupite e ammirate di fronte a tali capolavori. Ma ovviamente erano anch'esse commosse da tali miracoli, ed era per questo che io adoravo i contadini, uomini e donne pazienti con le facce segnate dalle condizioni atmosferiche e la falce in mano. Ci fermammo affinché potessi godermi la scena.

Venne da noi un vecchio. Ci offrì acqua, pane e formaggio, tutto quello che aveva con sé. Aveva il volto bruno e rugoso come un guscio di noce e il suo sorriso mi fece pensare ai guerrieri curdi che in Iraq avevano rischiato la vita per me. In quel momento feci un sogno a occhi aperti: immaginai di essere forte e capace di adattarmi e sopravvivere a ogni difficoltà proprio come queste genti. Politica e confini nazionali non significavano nulla per loro. Questo sì che era vivere in libertà.

Sulla strada per Marivaan, vedemmo carri armati, camion e altri veicoli dell'esercito abbandonati. Inorridii provando a stimare il numero di morti, il numero di anime costrette al sacrificio per saziare la fame di potere di Saddam e Khomeini.

Giunti a Marivaan, Ghobadian ci portò a casa di un amico, il quale ci invitò a entrare. Sedemmo su semplici tappeti tipici delle popolazioni nomadi. Dovetti sembrare a disagio poggiato alla parete, poiché un giovane mi offrì due grandi cuscini. La moglie del nostro ospite, vestita con abiti curdi, stese un telo di plastica davanti a noi e portò a ciascuno una ciotola di *abgusht*. Insieme al brodo c'erano piatti di crema di piselli, patate, carne, oltre a rondelle di cipolla e altre verdure fresche come contorno.

«*Befarmayid*», disse la donna. «Ecco qua! Servitevi pure».

Un pranzo fantastico! Poi un breve riposo, dopo il quale Ghobadian ci portò in una piccola moschea al centro della città. Prima di entrare, ci fu richiesto di eseguire delle semplici abluzioni in un pozzo artesiano, le cui acque venivano dalla montagna appena fuori città. Ci lavammo le mani, la bocca, il viso, le braccia e i piedi e poi accedemmo alla moschea, dove ci aspettavano ventidue uomini seduti in cerchio, il capo coperto da sciarpe o turbanti di diversi colori. Erano i *deravish*, i dervisci, membri della fratellanza religiosa musulmana che faceva voto di povertà e austerità, ma differenti dai dervisci danzanti della tradizione sufi in Turchia. Ghobadian mi comunicò che quello era il gruppo di *deravish* più rispettato della città. *Darvish* era il singolare, mi spiegò, e *deravish* il plurale. Quando arrivammo, loro si alzarono per salutarci, portando le mani al torace e poi inchinandosi, fin quasi a toccarsi le ginocchia con la testa. Seguii il loro esempio e mi inchinai. Poi ci sedemmo tutti, con la schiena contro il muro.

Passarono quindici minuti di silenzio totale. Quindi il maestro fece un cenno del capo rivolto a noi; doveva averci chiesto il permesso di cominciare la cerimonia, poiché si alzarono dodici *deravish*. In cerchio, con gli occhi chiusi e tenendosi per mano, cominciarono a muoversi lentamente e a intonare un insistito «*Ho! Ho! Ho!*». Quelli rimasti seduti battevano su alcuni tamburi, sempre più forte a mano a mano che gli altri continuavano a girare. Anche i danzatori presero a cantare a voce più alta e i loro inchini si fecero ancora più marcati; vidi che stavano sudando. Si tolsero i copricapi, mostrando magnifici capelli neri. Era facile immaginare che non li avessero mai tagliati. E questi capelli fluttuavano come code di cavalli che danzavano in un cerchio sacro. Il suono dei tamburi si fece sempre più forte, e il canto mutò per includere il nome di Ali. «*Ali, Ali, Ali, Ali, Ho-ho, Ali, Ali, Ali*...». L'esibizione mi fece venire la pelle d'oca.

Ghobadian mi sussurrò a un orecchio: «Per loro Ali è come Dio».

Ali era il genero del profeta Maometto, quarto califfo dell'Islam e primo imam dei musulmani sciiti. Ero così toccato da quella dimostrazione di fede che cominciai a dondolarmi anch'io, guidato dal suono dei tamburi, ed entrai in un piacevole stato di incredulità. Nel senso che sospesi la mia fede in tutto ciò che credevo di sapere. Soprattutto quando un *darvish* cominciò a ingoiare frammenti di vetro! Un altro stava mangiando pietre, un altro ancora teneva carboni ardenti in una mano, e un altro si forò il viso con uno spillone, trapassandosi da guancia a guancia.

Erano di sicuro in trance, una qualche forma di estasi religiosa, uno stato alterato che mi commosse al punto da riempirmi gli occhi di lacrime. Non mi era familiare, quest'emozione che mi aveva avvinto. Dovevo avere sul viso un'espressione di orrore, perché il maestro fece un gesto con la mano che portò alla conclusione della cerimonia. Lentamente, i tamburi rallentarono il ritmo, e poi altrettanto fecero i *deravish*. Quando si fermarono, i volti sudati ripresero il loro normale colorito, ma per il resto non sembravano affatto gli uomini che avevano cominciato quell'esibizione. Erano fari di luce benedetta e serena.

Un *darvish* sistemò un grosso telo di plastica al centro del pavimento, mentre altri portavano il cibo e ci invitavano ad avvicinarci e a mangiare con loro. A quanto pareva, era loro usanza aspettare che cominciassimo noi. Secondo il loro culto, chiunque al mondo viene prima di loro. Doveva essere una vita semplice e pacifica quella dei *deravish*, senza alcuna preoccupazione per il domani, a meno che non riguardasse qualche altra persona. Non potete immaginare il mio sollievo: mi sentivo di nuovo felice e fiero del mio paese, avevo conosciuto persone che avevano trovato un modo per vivere libere, malgrado il luogo in cui si trovavano. Era come se una parte del mio cuore da tempo dimenticata avesse preso vita lì davanti a me. Non avrei mai potuto ringraziarli abbastanza.

Passai la notte assediato dalle zanzare a casa dell'amico di Ghobadian. Il loro attacco fu incessante, dall'istante in cui poggiai la testa sul cuscino fin quando non mi alzai dal letto la mattina. Che sollievo svegliarsi e cominciare il viaggio di ritorno verso Bakhtaran, dove finalmente i miei amici si occuparono d'affari. Ghobadian aveva dei terreni da vendere, ma spiegò che il mercato era in una fase di ristagno, quindi tutto quel viaggio si rivelò una specie di fallimento. Forse per questo mi avevano portato dai *deravish*, perché non rimanessi troppo deluso. E avevano fatto bene. Ero ancora eccitato. Inoltre, le loro intenzioni erano state pure. Erano persone gentili e affidabili. Che altro avrei potuto desiderare?

Ghobadian rimase a Bakhtaran per tentare ancora di vendere qualche proprietà, mentre Mohsen tornò a Teheran, e io e Mohimani ci dirigemmo verso il confine con la Turchia, all'estremità nordoccidentale dell'Iran. Sospettavo che il servizio di intelligence mi stesse spiando o pedinando, ma non ne ero sicuro. Presi tutte le precauzioni possibili e feci un altro passo verso la realizzazione del mio piano. Volevo incontrare un contrabbandiere nella città di Maako. Si chiamava Hossein. Gli dissi di cominciare a organizzare la mia fuga in Turchia attraverso le montagne.

# 21
# Turista per caso

Vendetti il mio appartamento di Teheran e mi trasferii in una casa in via Niavaran, non lontano dalla residenza di Khomeini. Era una casa vecchia con più spazio di quanto me ne servisse, c'era persino una piscina nel cortile anteriore, ma fu quello sul retro che mi conquistò: la casa includeva un boschetto di noci. Una copertura perfetta per andare e venire di nascosto.

Quell'estate del 1993 fu così umida che già sudavo prima ancora che sorgesse il sole. Un mattino mi svegliai con un'emicrania che mi stordiva, ma avevo prenotato e già pagato un altro viaggio, questa volta a sud, verso Isfahan e Shiraz. I miei viaggi stavano diventando sempre più lunghi, miravo ad accumulare prove del fatto che tornavo sempre a casa. Mi rasai, feci la doccia e mi scaldai lo stomaco con una grossa tazza di tè rosso, accompagnato da due aspirine extraforti. Non avevo fame, ma mangiai comunque una pagnotta di pane *lavash* con formaggio bianco e un uovo sodo. Avevo preparato le valigie la sera prima, così non mi restava che uscire di casa, ma proprio mentre varcavo il cancello mi ricordai di aver dimenticato di chiamare l'intelligence. E ora rischiavo di fare tardi. Composi il numero di Mohseni e ascoltai il segnale di chiamata finché non partì la segreteria telefonica. Spiegai che partivo per un viaggio organizzato a Isfahan e Shiraz, poi riattaccai.

Presi un taxi e in venti minuti arrivai all'agenzia di viaggio di viale Motahari. Era zeppa di persone vocianti, per lo più donne, cosa che non fece bene alla mia emicrania. Quando salimmo sull'autobus, feci in modo di sedermi accanto a un ragazzo, perché sapevo che mi stavo scegliendo il compagno di viaggio dei prossimi giorni. Il nostro autista dalla voce mite si presentò come Ali e ci diede il benvenuto a bordo. Era giovane e sovrappeso, ma sembrava una persona felice, coi capelli corti, le guance rosse e i denti bianchi. Il secondo conducente, Morad, era un tipo nervoso con gli occhi piccoli, o forse erano solo i suoi movimenti scattanti a dare quest'impressione.

Quando l'autobus cominciò a muoversi, Ali urlò: «*Salavat!*».

E tutti gridammo: «Che la pace sia con il profeta Maometto!».

Tutti i viaggi da Teheran iniziano lentamente. Ci vogliono circa tre quarti d'ora per raggiungere l'autostrada. Una volta lì acquistammo un po' di velocità ed eravamo finalmente pronti per recarci alla città santa di Qom, a sud. «Quattrocentottantatré chilometri alla città di Isfahan!», annunciò Ali.

Alcuni passeggeri già dormivano malgrado il chiacchiericcio incessante. Solo pochi, come me, si accontentavano di star seduti in silenzio a guardare il panorama. Morad intratteneva i passeggeri delle prime file con le sue imitazioni, facendoli ridere a tal punto che altri da dietro vollero unirsi allo spettacolo. Morad cominciò a cantare, scimmiottando un famoso cantante, Muhammad Reza Shajarian. Non avrebbe dovuto essere divertente, ma ridemmo tutti così forte che cominciò a ridere anche lui e non riuscì a finire la canzone. Riconobbi in quel pezzo una poesia di Hafiz: *«Ogni luogo è dimora dell'amore, la sinagoga così come la moschea...»*.

Poi fu il turno di una signora di mezza età con una voce trillante, alla quale si unì un uomo che poi passò a una canzone tutta sua. Quindi, una sfilza di barzellette di un gentiluomo in fondo all'autobus ci fece ridere ancora. Quando arrivammo a Qom, eravamo come una famiglia di viaggiatori, e condividemmo anche gli spuntini che ci eravamo portati dietro; i pistacchi girarono in gran quantità, insieme a tè, pasticcini, panini e bottiglie d'acqua. Mentre attraversavamo Qom, ascoltammo una delle cassette di Ali, le canzoni di Leila Forouhar, cantante e attrice iraniana che stava facendo carriera a Los Angeles. Una ragazza si alzò in piedi senza il *roosari*, il velo, e cominciò a ballare nello spazio tra le file di sedili. Ma se ci avvicinavamo a una città o passavamo davanti a una stazione di polizia, Ali o Morad ci avvisavano e le signore si sedevano e si coprivano, e la nostra piccola carovana dei divertimenti viveva una pausa di sobrietà.

Alle tre e mezzo del pomeriggio giungemmo a Isfahan, una delle città più grandi del paese, della quale giustamente si diceva *Isfahan Nesfe Jahan*, «Isfahan è la metà del mondo». Non c'è altra città in Iran che si possa paragonare a questa, forse neppure nel mondo intero. Ogni anno vi si riversano i turisti, e nelle stradine affollate di negozi imperversa la compravendita di oggetti d'arte e artigianato di gran pregio. Tessuti, mosaici, incisioni, tappeti, miniature e lavori in rame sono tra gli articoli più famosi di Isfahan. La nostra destinazione era l'hotel Abbasi, un gran bell'albergo, costoso secondo gli standard del tempo, che risaliva all'epoca dello scià. Ma quando ci registrammo, il fattorino, un giovane che ci portò in camera le valigie, mi insospettì. C'era qualcosa di strano nel suo aspetto, un aspetto al quale ero ormai abituato, occhi nei quali non vi era la minima scintilla di compassione. Lo ringraziai, gli diedi la mancia e lo lasciai andare. Dovevo raggiungere i miei compagni di viaggio nella hall.

Dopo aver attraversato l'Iran a suon di spuntini, nessuno di noi aveva fame. Ma c'era grande entusiasmo per lo shopping e i luoghi da visitare. Ci dividemmo in quattro gruppi e sparimmo in diverse zone della città. Io stavo con altre quattro persone, una coppia di sposi novelli, Ramien e Lili, e due loro amici. Prendemmo un taxi per Chehar Bagh, un quartiere di strade e giardini, con un affollato viale fiancheggiato dalle palme. Era più un parco che il tipico centro cittadino, ma non mancavano i negozi. E fu lì che ci dirigemmo, come falene verso una fiamma.

I mercanti di Isfahan sono una razza a parte. Rinomati per la loro astuzia e intelligenza, nessuno è più bravo ad attirare clienti e concludere una trattativa. Sanno riconoscere un affare a chilometri di distanza e sono in grado di sedurre il più sofisticato degli acquirenti. Ma sono anche gentili, affascinanti e cortesi, con un gran senso dell'umorismo. Persino il loro accento è unico, un tono lieve con un prolungarsi della voce alla fine delle parole. Nessuno di noi si aspettava di uscire vincitore da un incontro con queste persone. Toccare qualcosa in uno dei loro negozi equivale a mettere il piede in una trappola per orsi. Chiedere il prezzo di un articolo qualsiasi significa arrendersi alla loro malia. Se ti offrono un tè o qualche prelibatezza, come il *gaz*, il dolcetto bianco iraniano, non ti illudere che sia gratis. Mai e poi mai devi credere che questi venditori siano gratuitamente generosi, nient'affatto, perché senza dubbio ogni costo verrà aggiunto al prezzo della merce, un prezzo che stai pur certo pagherai prima che ti lascino andare; un prezzo che sarà di certo tre o quattro volte più alto dell'effettivo valore dell'articolo in questione, non importa quanto ti sforzi di mercanteggiare. Non c'è da stupirsi se gli abitanti di Isfahan sono famosi per la loro taccagneria. Non spendono neppure un centesimo senza prima aver valutato tutte le ottime ragioni per non spenderlo.

Comprai un portagioie decorato per mia moglie, e poi un osso di cammello con sopra ritratta in miniatura la scena di una partita di polo. Offrii al mercante un quarto del prezzo che mi chiedeva, e lui accettò, ma io allora cambiai opinione. Mi fece uno sconto ancora più grande e finse di rimetterci. Così io accettai di pagare quella cifra, e lui impacchettò con cura i miei acquisti e me li consegnò dicendomi: «Goditeli, amico mio, ma sappilo, non hai certo vinto». E cominciò a ridere. Il suo senso dell'umorismo era irresistibile. Voglio dire, stavamo ridendo tutti. «Scherzavo», aggiunse poi. «Ti stavo solo prendendo in giro. Ti ringrazio per questo affare e spero di rivederti presto».

Continuammo a passeggiare verso altri negozi. I giovani sposi Ramien e Lili volevano comprare un vassoio di rame fatto a mano. Quando fu stabilito un prezzo e Ramien fece per pagare, all'improvviso il mercante non volle accettare il suo denaro. «Ti prego, tieniti quei soldi. Mi pagherai un'altra volta». Ramien insisté per pagare, e due o tre volte il negoziante gli rispose allo stesso modo, arrendendosi solo alla fine. Era un'usanza chiamata *ta'arof*, un tradizionale tira e molla fatto di chiacchiere che non hanno alcun senso. Se i miei amici avessero preso sul serio il mercante e se ne fossero andati senza pagare, quello li avrebbe seguiti e si sarebbe preso i soldi. Ero già stato a Isfahan con mia moglie e avevo visto come funzionava il *ta'arof*. Avevo già visto i mercanti fare questo giochetto, e ancora mi irritava. Chiesi al resto del gruppo se avesse voglia di passare alla visita di piazza Naqsh-e jahan, la «piazza degli specchi del mondo». I miei compagni accettarono.

Un edificio a tre piani dominava la piazza, con un balcone al secondo piano dal quale un tempo re Abbas osservava le parate militari e guardava le partite di polo. Questo accadeva quattrocento anni fa, durante la dinastia Safavide (1501-1722), che aveva qui la sua capitale. Ora la piazza era dotata di una piscina rettangolare con fontane all'interno e tutt'intorno. Lo zampillante spettacolo è un vero e proprio richiamo per i turisti. Sul lato orientale c'è la moschea di Sheikh Lotf Allah, un edificio famoso per la cupola ricoperta di mosaici turchesi e versi del Corano, per i delicati dettagli architettonici e per i due minareti che paiono toccare il cielo.

Lungo le strade che circondano la piscina centrale ci sono tanti negozi antichi, pieni in egual misura di acquirenti e turisti. Uno dei commercianti ci disse che, tra tutti gli scià della storia persiana, re Abbas era il più popolare. Se il nostro ultimo scià si fosse comportato come Abbas, sarebbe rimasto re finché non fosse morto per cause naturali. All'epoca di Abbas, chiunque poteva inoltrare una lamentela se veniva trattato crudelmente. Lo scià in persona era solito aggirarsi di nascosto per la città, spesso di notte, travestito da comune cittadino. Si fermava al bazar e testava il polso della popolazione, prestando speciale attenzione alle lamentele, e poi si occupava di porre rimedio a ingiustizia e corruzione, soprattutto se il problema era dovuto al suo governo o alle macchinazioni dei suoi parenti. Non potei fare a meno di paragonare il re Abbas ai nostri leader attuali, gli uomini di religione, che si erano macchiati di innumerevoli crudeltà e corruzioni, e avevano trasferito nei loro conti privati all'estero il denaro sottratto al popolo iraniano. Per il momento abbandonai queste riflessioni perché il mio gruppetto si era rimesso in marcia.

Il bazar più grande di Isfahan era situato sul lato settentrionale della piazza: un ampio mercato coperto al quale accedemmo da un'entrata ad arco. I vicoli simili a tunnel erano ben illuminati dalle lampade. C'erano così tanti negozi, ognuno dei quali era addobbato con merci che pendevano dal soffitto e si riversavano fino in strada, al punto che ci sarebbe voluta una giornata intera per visitarli tutti. Era davvero troppo per un cliente già stanco. In molti negozi c'era soltanto una lampadina come illuminazione, che rendeva l'atmosfera stranamente intima, splendendo a volte attraverso le elaborate incisioni di una lanterna di rame. Mezz'ora nel bazar ed eravamo pronti per il tè.

Quando entrammo in una piccola sala da tè, una donna tra gli avventori subito si coprì meglio la fronte con il chador. Sulla parete notai i ritratti di Khomeini, Khamenei e Rafsanjani che ci guardavano torvi. Dal momento che gli abitanti di Isfahan erano molto religiosi, dovemmo comportarci come loro e seguire la tradizione. Bevemmo il tè senza fare critiche, poi uscimmo dal locale e aspettammo un taxi.

Mentre eravamo lì, decidemmo la destinazione successiva: il ponte più famoso di Isfahan. Si-o-seh Pol e i suoi trenta archi attraversano il fiume Zayandeh Rud e collegano due parti della città. Non riuscimmo a trovare un taxi per tutti e cinque, così ci dividemmo in due gruppi. Io e Ramien prendemmo la prima vettura, mentre sua moglie e gli altri due avrebbero aspettato la successiva. Il sedile posteriore era già occupato da altri tre passeggeri, così io e Ramien dovemmo stringerci su quello anteriore, il mio amico seduto per metà sul freno a mano mentre l'autista armeggiava sotto la sua coscia per cambiare marcia. Ci facemmo grandi risate durante quella breve corsa.

Non è possibile non restare meravigliati al cospetto di Si-o-seh Pol, davvero, uno dei capolavori dell'antichità al cui confronto l'architettura di oggi sembra così banale. Guardammo le famiglie che facevano picnic lungo le rive erbose del fiume, e i giovani sui pedalò che gridavano e ridevano. Alcune fanciulle mi fecero pensare a mia figlia, Mahrokh. Quanto mi mancavano lei e i ragazzi! Quando l'altra metà del nostro gruppo ci raggiunse, ci sedemmo sulla panchina con una buona visuale del ponte. Contai quattordici arcate su due livelli, e due padiglioni a ciascuna estremità. Tutto il ponte era illuminato da proiettori, la cui luce si rifletteva sul fiume creando un peculiare spettacolo e rammentandomi tempi più felici. Dopo un po', ci alzammo e passeggiammo fino a fermarci in un'altra sala da tè.

Il locale era affollatissimo, e mentre aspettavamo per sederci alcuni ragazzi ci invitarono a unirci a loro. Stavano fumando il *ghalyan*, la pipa ad acqua, chiamarono il cameriere e ordinarono tè per noi e un'altra pipa. Che locale allegro! Questi nostri nuovi amici conoscevano un mucchio di barzellette tipiche del posto, che ci fecero morire dal ridere. In mezzo a tanto divertimento mi ritrovai a sentire la mancanza della mia famiglia, che non era lì a condividere tanta allegria. Poi, quando due uomini entrarono nella sala da tè, tornai completamente sobrio. Una reazione dovuta alla mia lunga esperienza con i membri del servizio di intelligence. I due avevano senz'altro un aspetto sinistro, e se il loro intento era ricordarmi che mi tenevano d'occhio, ci riuscirono. Non trovarono tuttavia un posto per sedersi, quindi furono più o meno costretti ad andarsene. I miei amici bevvero il tè e fumarono, passandosi la pipa finché non arrivò a me. Ressi il boccaglio con la mano e tirai, poi aspirai il fumo che ne uscì. Mi piaceva il pacifico gorgoglio dell'acqua nella bolla di vetro. Ramien spiegò che fumare la pipa era rilassante, mentre le sigarette ti rendevano solo nervoso e impaziente. Non essendo un fumatore, faticavo a credere che un modo di consumare tabacco potesse essere così diverso dall'altro. Anche per Lili era la prima volta, ed ebbe un tale capogiro che dovemmo portarla fuori a prendere aria, e visto che ancora non si riprendeva tornammo in albergo.

Il giorno dopo feci visita al palazzo dello scià Abbas, poi tornai al bazar per aggirarmi ancora un po' tra i negozi. Quella sera io e i miei amici andammo in un ristorante di classe, dove il nostro budget ridotto ci costrinse a ordinare una misera pizza, ma ce la spassammo davvero. I camerieri non erano altezzosi, e il conto fu ragionevole. Tornammo in albergo per le undici, pronti per una buona notte di sonno prima di proseguire il viaggio al mattino.

«Vi siete divertiti a Isfahan?», ci chiese Ali, il conducente, guardandoci dallo specchietto retrovisore mentre metteva in moto.

«Sì!», rispondemmo all'unisono.

«Siete pronti per andare a Shiraz? Se sì, allora sentiamo un grande *Salavat!* per il profeta Maometto e i suoi parenti, così il nostro viaggio sarà sicuro». Rispondemmo: «La pace sia con il profeta Maometto e i suoi parenti». Ali fece partire l'autobus.

Non ci mettemmo molto ad arrivare in autostrada. Quasi tutti i passeggeri chiusero gli occhi e cominciarono a sonnecchiare. Anche Morad pareva stanco dal nostro giro a Isfahan. Ramien si sedette accanto a me.

«L'altra sera mi sono procurato della vodka fatta in casa», disse. «Che te ne pare?». Era chiaro che voleva stapparla all'istante.

«È meglio se facciamo attenzione», dissi. Mi stavo già divertendo abbastanza senza rischiare frustate e scudisciate perché mi avevano beccato ubriaco.

Ali mise un po' di musica per ravvivare l'atmosfera, ma nessuno era pronto a fare baldoria. Vicino alla città di Abadeh, dovemmo accostare per un controllo di polizia. Ali andò personalmente al commissariato, ma tornò presto con la tabella di marcia tra le mani. Lo acclamammo per la sua bravura al volante, il suo buonumore e le maniere gentili. Lui rispose con una battuta, che finalmente ci mise nello stato d'animo giusto per festeggiare. Morad prese il testimone con qualche altra barzelletta e infine una canzone, questa volta sforzandosi sul serio di essere intonato. Sulla strada per Shiraz ci fermammo a Persepoli, settanta chilometri a nordest. Patria di Ciro il Grande. La mia vera Mecca.

# 22
# Uccello in gabbia

Scendemmo dall'autobus a Persepoli e andammo verso le poche colonne ancora in piedi tra le antiche rovine. Ciro il Grande (560-529 a.C.) aveva regnato da questo palazzo. Non si era mai proclamato profeta, ma probabilmente aveva illuminato la vita delle persone più di quanto non facciano tante cosiddette figure religiose. La teocrazia iraniana aveva provato a demolire questo luogo nell'estate del 1980, ma gli abitanti del posto si erano organizzati per evitarlo, e in qualche modo ci erano riusciti, grazie a Dio. Per un iraniano fiero della propria storia antica non c'è città più importante di Persepoli, patria del primo "Imperatore del mondo". Passeggiando tra le rovine, devi usare la fantasia per ricostruire il passato. Per me era facile viaggiare indietro di duemilacinquecento anni, aggirarmi tra le stanze da letto e i soggiorni, nella grande sala e infine nelle cucine, dove solo qualche pietra sul terreno testimoniava l'antica esistenza di quegli ambienti. Immaginai Ciro che governava il mondo dal suo trono tempestato di gioielli, dispensando giustizia e pianificando la sua strategia militare, in base alla quale avrebbe guidato egli stesso le truppe in battaglia. È dura credere che ci sia stato un tempo in cui governante e governato godevano di tale mutuo rispetto.

La tomba di Ciro era situata ai piedi di una collina poco lontana. Non recava alcuna iscrizione, nessuna dichiarazione che descrivesse i suoi successi, nessuna iperbolica espressione della sua grandezza, solo umili pietre impilate su una tomba a sei strati anch'essa di pietra. Ciro giaceva lì indisturbato da duemilacinquecento anni, forse proprio grazie all'umiltà del suo luogo di sepoltura. Non c'erano ori, e neppure mullah che vendessero i loro servizi. Ricordai il consiglio che Ciro diede a tutti quelli che un giorno sarebbero andati a rendergli onore sulla tomba, e lo condivisi coi miei compagni di viaggio. «Guardate la mia tomba», citai, «e pensate a questo re dell'Asia e del mondo del quale non resta che cenere. Dunque non mi invidiate».

Nessuno disse una parola. Nessuno voleva rompere l'incantesimo di quel luogo sacro.

Avevo letto diversi libri che tentavano di spiegare perché Ciro il Grande fosse così grande. Era un ottimo condottiero e un essere umano eccelso, ma c'era dell'altro. Sebbene avesse conquistato vasti territori, alla sua vittoria non seguì mai la devastazione. In effetti, ai suoi soldati erano vietati il saccheggio e lo stupro. Né dovevano attaccare luoghi di culto o di sepoltura. I civili innocenti potevano continuare a vivere liberi. Ciro fu il primo a far rispettare un codice di diritti umani, una copia del quale è esposta alle Nazioni Unite. Ciro era zoroastriano, seguace del grande profeta iranico Zarathustra, il quale visse sei secoli prima di Cristo e predicò una religione basata su tre princìpi: purezza di pensiero, purezza di parola e purezza nelle azioni.

Nel 1971 lo scià dell'epoca celebrò i duemilacinquecento anni della civilizzazione iraniana sotto una monarchia benevola, proprio qui tra queste rovine. Invitò i capi di stato di tutto il mondo. Nel suo discorso, lo scià rassicurò Ciro: «Ora puoi riposare in pace, poiché ci sono io a vegliare su di te». Ma lo scià non visse a lungo dopo quel giorno, né poté passare il testimone a suo figlio. Cosa anche peggiore, non vide esaudito il suo ultimo desiderio: essere sepolto accanto a Ciro il Grande. Morì in esilio in Egitto.

Lasciammo Persepoli in silenzio, ognuno da solo coi propri pensieri, consapevoli di quanto la vita sia breve e fragile e di come tutto possa cambiare rapidamente. Ricordai il vecchio motto: "Non fare affidamento sul tuo aspetto, che può sfiorire per una febbre, e non fare affidamento sul tuo denaro, che può svanire in un giorno".

Oltrepassata la città di Marvdasht, ci fermammo a un altro posto di controllo della polizia, e poi procedemmo verso Shiraz, entrando dalla Porta del Corano. Dopo esserci registrati all'Homa Hotel e aver lasciato le valigie nelle nostre stanze, ci dividemmo di nuovo in più gruppi. La mia combriccola di Isfahan votò per un'altra giornata di shopping, e io rimasi con loro malgrado fossi ansioso di visitare le tombe dei due più celebri poeti iraniani, Hafiz e Sa'di. Il giorno seguente andammo in pellegrinaggio alle loro tombe.

Sia Hafiz sia Sa'di furono cittadini dell'antica Shiraz. Hafiz (1320-1390) era il mistico, mentre Sa'di (1184-1291) quello più saggio, che offriva intuizioni sull'esperienza della vita. La tomba di Hafiz era affollata di pellegrini che pregavano per una sua benedizione. La bara era ricoperta di marmo nero sulla cui superficie erano incise le sue poesie. Restammo in rispettoso silenzio, alcuni di noi tentando di leggere tutte le parole incise, altri con gli occhi chiusi. Io arretrai verso il giardino che circondava la tomba, e parlai con un vecchio che reggeva una gabbia al cui interno, ebbene sì, c'era un uccello. Attaccata all'esterno della gabbia c'era una scatola con dentro dei fogli di carta ripiegati.

«Vende la gabbia o l'uccello?», chiesi.

«Nessuno dei due», mi rispose. «Vendo i foglietti! Ed è il mio piccolo amico pennuto a sceglierli per voi».

«Quanto?»

«Questo dipende», disse il vecchio, «dalla sua generosità».

Gli diedi del denaro, che intascò senza neppure contarlo, poi schioccò due volte le dita. L'uccello si sporse e beccò tra i pezzi di carta, prendendone uno e voltandosi verso di me.

«Chiuda gli occhi», mi disse l'uomo. «Poi apra la mente e il cuore. Infine prenda il foglio e legga cosa c'è scritto».

Feci come mi aveva chiesto. Sulla carta c'erano i versi di una poesia di Hafiz:

*Saki, di fuori albeggia:*
*riempi il bicchiere di vino.*
*La ruota del cielo non indugia:*
*presto, mentre ancora t'appartiene il mattino.*

Non mi sentivo dell'umore giusto per festeggiare, e mi chiesi se l'uccello non fosse un po' troppo ubriaco della divina saggezza di Hafiz. A ogni modo, la cosa bella di un presagio è che vi puoi leggere ciò che desideri. Lasciando stare per un attimo il vino, non c'erano dubbi sulla fretta, sulla mia crescente urgenza di lasciare l'Iran. “Grazie, Hafiz”, pensai.

«Grazie, vecchio», dissi.

Il mio gruppo era scomparso, ma avevamo un piano di emergenza per le “pecorelle smarrite”. Chi restava isolato avrebbe preso un taxi per la tomba di Sa‘di, e così feci. Il posto era così affollato che avevo ben poche possibilità di ritrovare i miei compagni, così passai un'ora ad ammirare la cupola che sovrastava la tomba, tutta di vetro con piastrelle azzurre incastonate, le mura interne ancora più decorate, con mosaici posizionati secondo strane angolazioni. Mi allontanai dalla ressa così da poter osservare il quadro generale, la moltitudine di pellegrini e la poesia tutt'intorno a noi sulle pareti. Uno dei miei brani preferiti recitava:

*Siamo tutt'uno, veniamo tutti da un cuore solo.*
*Come il corpo prova dolore per ciascuna delle sue parti offese,*
*così noi sentiamo il dolore di tutti.*
*Se la miseria altrui ti lascia indifferente,*
*e non provi pena alcuna,*
*non ti si può chiamare essere umano.*

Un uomo che cercava di spingersi verso la gabbia d'oro che ricopriva la bara di Sa‘di attirò la mia attenzione. Si aggrappò alle sbarre, poggiò la fronte alla gabbia e, a occhi chiusi, sussurrò le sue preghiere. Mi parve un gesto pieno di grazia. Poi l'uomo alzò il capo e prese a cantare a voce alta: «*Gli esseri umani sono come le parti del corpo, creati dalla stessa essenza...*». La medesima poesia che aveva catturato il mio sguardo. Accanto a lui, due donne – dovevano essere le mogli o le figlie, non saprei dirlo per via dei chador che coprivano gran parte del viso – stringevano il velo tra i denti e lo laceravano con le mani. Sa'di aveva ragione, riuscivo a percepire il loro dolore. Quando l'uomo si alzò e proseguì, le due donne lo seguirono. Formavano un terzetto di fedeli così unito che rammentai le tante pene condivise dalla mia famiglia e capii che, come diceva il poeta Hafiz, era davvero giunto il momento di affrettarsi, di porre fine a tanta sofferenza.

Poiché non riuscivo a trovare i miei amici, controllai il percorso che avevamo stabilito per sapere quale fosse la tappa successiva. Il Giardino del Paradiso era un palazzo usato dallo scià Muhammad Reza Pahlavi quando si trovava a Shiraz con la famiglia, ma in seguito era stato convertito in museo. Non individuai il mio gruppo neppure lì, così andai un po' a zonzo, beandomi dell'elegante arredamento, dei tavoli da gioco e dei vassoi dorati. Una guida turistica stava elencando i tanti peccati dello scià, descriveva la sua vita lussuosa in un Iran povero, dove milioni di persone morivano di fame. Troppo stanco per dare la caccia ai miei compagni di viaggio, tornai in albergo per una tazza di tè, poi mi ritirai in camera e caddi in un sonno profondo.

Mi svegliai perché qualcuno bussava alla porta. I miei amici, pensai, e andai ad aprire: di fronte a me c'erano due uomini con abiti scuri ed eleganti e la barba ben rasata.

«Posso aiutarvi?», chiesi, sentendo un tuffo al cuore.

«Lei è il colonnello Sharifirad?»

«Non sono più colonnello», risposi. Sempre lo stesso copione. Provai l'irresistibile impulso di strangolarli. «Che ho fatto questa volta?», domandai. Sentivo che stavo per compiere qualcosa di avventato.

«Noi non ne sappiamo niente», mi rispose quello più anziano. «Abbiamo degli ordini da eseguire, tutto qua. Dobbiamo riportarla a Teheran. Immediatamente».

Non mi permisero nemmeno di lasciare un messaggio per il mio gruppo. Se ne sarebbero occupati loro, come si erano già occupati di spiegare la mia partenza improvvisa alla reception dell'albergo. Ci vollero quaranta minuti per arrivare alla Sesta base tattica fuori Shiraz. La conoscevo per le mie numerose visite in qualità di pilota. I due mi condussero in una stanza al secondo piano arredata con un letto simile a quello sul quale ero stato torturato. Su di esso c'era una coperta grigia, e sopra il comodino erano poggiati i due soliti libri, il Corano e una copia del *Resaleh* di Khomeini. C'era poi un tappetino per la preghiera. I due se ne andarono, lasciandomi in custodia a un civile, il quale mi chiese se volevo una tazza di tè. Io volevo solo restare da solo per pianificare la mia vendetta su questi criminali che continuavano a rovinarmi la vita. Cosa piuttosto prevedibile, non riuscii a dormire.

Al mattino, i gorilla ben vestiti del giorno prima vennero per scortarmi alla rampa dove tante volte avevo parcheggiato il mio jet. Fui fatto salire a bordo di un C-130 diretto a Teheran. Riconobbi il pilota, un tempo mio amico, che però fece finta di non conoscermi. Avevo sempre provato compassione per chi come lui cercava solo di difendere la propria reputazione, ma in un impeto di rabbia mi resi conto che li biasimavo. Tradire un amico è imperdonabile, soprattutto perché tutti sapevano che le accuse contro di me erano fasulle. Il volo durò più di due ore.

Dalla base di Mehrabad andammo in macchina fino in città. Quando mi diedero una benda e mi ordinarono di metterla intorno agli occhi, sentii di essere tornato all'inizio del capitolo più orribile della mia vita. E, come volevasi dimostrare, mi resero invisibile al mondo, costringendomi a tenere la testa poggiata in grembo all'uomo accanto a me. Avrei preferito qualsiasi altra cosa a questa lugubre routine, ma non avevo scelta. Le tante svolte a sinistra e a destra mi confusero abbastanza da farmi perdere l'orientamento prima che ci fermassimo. Tutto avvenne secondo la solita procedura: fui condotto in un edificio, poi in una stanza, dove mi lasciarono su una sedia da solo per nove ore. Stanchezza e rabbia avvelenarono tutti i miei pensieri finché non ne rimase che uno soltanto: aggredire e uccidere la prima persona che fosse entrata, prima che uccidesse me. Quando arrivò un uomo, tuttavia, una saggezza più profonda ebbe il sopravvento, anche se non sentii alcun bisogno di mostrarmi gentile.

«*Salaam*, fratello», mi disse.

*Come no, figlio di...*

«Può togliersi la benda, colonnello».

Era basso e grasso, aveva i capelli rossi e indossava una sudicia uniforme dell'esercito senza alcuna mostrina a indicare il rango. Era patetico. Si sedette dietro la scrivania e cominciò l'interrogatorio, altre domande stupide, folli e insensate alle quali dovetti rispondere su carta. Alla fine, volle sapere perché non avevo fatto rapporto al signor Mohseni prima di partire per Isfahan e Shiraz.

«Gli ho lasciato un messaggio in segreteria», dissi.

«Non l'ha ricevuto», mi rispose. «E perché per cinque giorni prima di questo viaggio lei ha mancato di presentarsi e firmare il registro della corte marziale?»

«Questo non è vero», dissi. «Sono sempre stato puntuale. Qual è la prossima domanda?».

Mi chiese spiegazioni sul viaggio a Shiraz, per esempio perché mi ero separato dal gruppo. Mi accusò di averlo fatto di proposito. «Sappiamo che lei sta progettando la fuga», aggiunse. «Dal porto di Bushehr».

«Allora ne sapete più di me», dissi, trattenendomi a malapena dall'essere scortese.

«Il viaggio a Shiraz era un'astuta copertura per la fuga».

«Non mi è neanche passato per la mente», risposi, cominciando a ribollire di rabbia. «Se davvero progettavo di fuggire, perché mai avrei richiesto un passaporto? Perché avrei dovuto aspettare tre anni?»

«Un altro bel trucchetto», fece lui.

«Un trucco stupido», ribattei, «vivere sotto questo tipo di pressione per tre anni». Non ero sicuro che sarei riuscito a controllarmi ancora. Non sopportavo l'idea di farmi rovinare la vita anche solo per un altro giorno. «Nemmeno un animale dovrebbe vivere così!», gridai. L'uomo parve sorpreso, quasi sconvolto. «La odio questa vita! Odio tutti voi! Se volete uccidermi, fate pure! Chiunque si sente minacciato da me, portatelo qui e mi uccida pure! Altrimenti lasciatemi in pace!».

L'uomo mi fissò: era evidente che non sapeva cosa fare, così prese i miei documenti e uscì. Tornò due ore dopo con il signor Mohseni e un altro individuo che era chiaramente un loro superiore. I due abbozzarono una debole scusa per «l'inesatto rapporto» inviato dal loro agente di Shiraz, ma Mohseni non aveva intenzione di cedere sul mio messaggio telefonico.

«Ha dimenticato di dire il suo nome, colonnello. Quindi, credo che l'errore sia stato di entrambi. Ora è libero di andare».

Bendato, mi lasciai alle spalle quella stanza sconosciuta, la stanza sconosciuta in un edificio sconosciuto in un paese che ogni giorno capivo sempre meno. Sapevano che cosa avevo in mente di fare, ma non quanto ancora avrei continuato a giocare prima di mettere in atto il piano.

# 23
# Grazie, signor Boor-boor

Avevo un amico, Yazdan, il cui figlio maggiore Amir, avuto dalla ex moglie, aveva avuto la grandissima fortuna di conquistare la mano della ragazza più bella di un piccolo paese nella provincia settentrionale di Mazandaran, così nel 1993 fui invitato al loro matrimonio. Secondo i piani, dovevo accompagnare Yazdan insieme alla moglie, la figlia e il figlio più piccolo. Lo sposo viveva a Ghaem Shahr, una regione con una foresta lussureggiante e frutteti di arance, pompelmi e mandarini. Passammo la prima notte a casa del cognato di Amir, Yousef, dove erano già cominciati i festeggiamenti. La casa era piena di persone, che affollavano il piano di sopra e quello di sotto, il cortile anteriore e quello posteriore. Secondo la tradizione, venivano offerti pranzo, cena e spuntini in abbondanza per tutti. Nel frattempo, la sposa dava la sua festa nel paese dove viveva insieme ai genitori, poco lontano da lì. La sera del secondo giorno, gli amici intimi e i parenti di Amir si assieparono in alcune auto e si diressero verso il villaggio della sposa. Che ragazza incantevole, educata e timida. La casa era semplice: appena due stanze, già affollatissime di ospiti. Non appena videro arrivare la comitiva dello sposo, ci acclamarono a gran voce. Le donne lanciarono le loro urla, battendosi su un lato della bocca mentre strillavano con gioia. Poi fu la volta dei balli, che spinsero tutti all'esterno, lasciando lo sposo, la sua famiglia e gli amici all'interno come ospiti d'onore della casa.

Mentre ce ne stavamo seduti a ingollare tè, dolci e l'immancabile varietà di pistacchi, datteri e frutta, entrò un uomo di religione. Era basso e grasso, e portava un turbante bianco su un soprabito nero. Teneva il Corano sotto il braccio sinistro, mentre nella mano destra reggeva i lembi dell'ampia tonaca. Qualcuno si alzò per fare un inchino, altri si mossero per fare spazio a quest'uomo giunto per sancire il legame matrimoniale, come previsto dalla legge islamica.

Si sedette di fronte agli sposi, che rimasero in silenzio, lo sguardo rispettosamente abbassato. Davanti a loro c'era un panno bianco sul quale erano poggiati uno specchio e una copia del Corano, insieme a fiori e dolciumi. Due ragazze tenevano sospeso sopra la coppia un bel velo di seta a mo' di ombrello, mentre altre due donne, come augurio di felicità e buona fortuna, strofinavano tra loro due grosse zollette di zucchero, lasciando ricadere i grani sul velo teso sopra i due sposi. Il religioso cominciò a recitare dei passaggi in arabo, che io non capii come, immagino, anche tutti gli altri. Accompagnò questa nenia con sguardi carichi di significato al padre della sposa. Molti si inchinarono. Il padre della sposa, soprattutto, eseguì un inchino speciale portandosi la mano destra sul cuore. Il religioso proseguì recitando altri versi dal libro sacro, poi rivolse una domanda alla sposa.

Qualcosa come: «Prendi quest'uomo come tuo marito secondo la legge?».

Lei non rispose, ma la domanda le fu rivolta altre due volte, e alla terza disse: «Sì». Tutti la acclamarono, e di nuovo le donne lanciarono quelle loro urla per esprimere la propria gioia, mentre il religioso faceva gli auguri ai novelli sposi. Poi prese il suo libro e andò via. Ovviamente, la madre della sposa cominciò a piangere, dando così il la al pianto generale. Tutte le donne presenti scoppiarono in lacrime. Era la solita, vecchia storia, per quel che ne sapevo: la mamma era felice di vedere la sua piccola sposata, ma non si sentiva del tutto sicura della scelta, dubitava che lo sposo potesse badare adeguatamente a sua figlia.

Dopo la cerimonia, gli sposi salirono a bordo di un'auto bianca decorata con fiori e drappeggiata di strisce di tessuti colorati, e cominciarono così il viaggio di ritorno verso la casa dello sposo a Ghaem Shahr. Altri veicoli si unirono al corteo, suonando ininterrottamente il clacson finché non arrivarono alla dimora di Amir, dove la cerimonia sarebbe proseguita in privato.

Io restai con la famiglia di Amir per altri due giorni, uno dei quali lo trascorsi facendo delle escursioni nelle foreste della provincia di Mazandaran con i due cognati di Amir e il suo giovane fratellastro, Ali. Il secondo giorno, io e Yazdan andammo in visita ai suoi parenti nei villaggi del circondario, dove incontrai un altro uomo di religione, Hadji Alizadeh. Fu interessante scoprire che aveva dei legami col dipartimento di Giustizia di Teheran. Venne fuori che era la moglie a essere imparentata con un esponente del governo. In realtà, l'uomo di mogli ne aveva due, la seconda delle quali era una giovane attraente con la quale passava gran parte del tempo. È un'usanza che non ho mai appoggiato pubblicamente, ma tra me e me pensavo: "Chi può biasimarlo?". A ogni modo, dopo avergli parlato, lo convinsi ad accelerare la pratica per il mio passaporto. Gli diedi del denaro affinché non dimenticasse la sua promessa.

Poco dopo il mio ritorno a Teheran, Hadji Alizadeh passò a trovarmi. Per altro denaro. Aveva perorato la mia causa presso le autorità della corte marziale, disse, avendone ottimi riscontri. Sentii crescere la speranza, che andò poi scemando nelle settimane che seguirono senza che nulla accadesse. Non avendo più notizie di quell'uomo, capii che avevano ancora una volta approfittato di me. Decisi di affrontare di petto la faccenda del passaporto.

Ottenni un incontro con il signor Boor-boor, capo del dipartimento esecutivo nell'ufficio della corte marziale. Arrivato al suo ufficio, un giovane soldato alla reception mi disse di accomodarmi, mentre io osservavo una guardia disarmata che scortava le persone dentro e fuori dalla stanza di Boor-boor. Dopo aver atteso per quasi mezza giornata, arrivò il mio turno. Non mi aspettavo che fosse così giovane, aveva a malapena trent'anni! Non si rasava da qualche giorno, una cosa piuttosto diffusa tra gli agenti del regime. Sembrava più un mendicante che un funzionario di governo.

«Be', cosa stai aspettando?», mi disse brusco prima ancora che avessi modo di sedermi. Immaginavo che mi avrebbe invitato ad accomodarmi, ma lui teneva il viso sepolto in una cartellina. «Di' quello che sei venuto a dire».

«Sono qui per la mia richiesta di passaporto», cominciai.

«Mi piacerebbe concedertelo!», gridò lui. «Vorrei davvero che te ne andassi! Non capisco perché le autorità impediscono a voi dissidenti di lasciare l'Iran. Non siete altro che agenti dei paesi infedeli! Dovreste andarvene tutti, secondo me. Siete inutili, anzi, siete un peso, una maledizione! Un problema per tutti!». Volevo dirgli che ero d'accordo, ma non aveva ancora finito. «Hai fatto uscire di nascosto dal paese tua moglie e i tuoi figli, allora a che ti serve un passaporto? Perché non te ne vai illegalmente anche tu? Spiegamelo! Perché sprechi il mio tempo? Stai sprecando il mio tempo! Hai capito? Vai!».

Rimasi lì, pieno di rabbia per le parole di quel pazzo. Tutti i miei sforzi per fare le cose secondo le regole non avrebbero mai pagato. Avevo sprecato più di due anni, pensando di poter agire all'interno del sistema. Ebbene, ora basta, e grazie signor Boor-boor per avermi chiarito ogni cosa. Non mi presi neppure la briga di discutere, mi limitai a uscire da quell'ufficio prima di dire qualcosa di troppo aggressivo; corsi alla macchina e me ne andai. Quando mi fui calmato, compresi che se volevo rivedere la mia famiglia l'unico modo era lasciare l'Iran illegalmente, proprio come mi aveva consigliato di fare Boor-boor. Promisi a me stesso che una volta fuggito gli avrei scritto per ringraziarlo di avermi aiutato a decidere. Non mi aveva forse dato praticamente il permesso? Aveva detto: «Vai! Fallo!».

«Grazie, signor Boor-boor!».

Stavo tornando a casa col pilota automatico, per così dire, ma poi mi sovvenne che lì non c'era nessuno ad aspettarmi. Niente zuppa sui fornelli, nessuno a cui importasse se tornavo tardi o non tornavo affatto. Non mi restava che fuggire, lasciarmi alle spalle l'Iran, il paese che amavo e avevo difeso rischiando la vita. Volevo partire all'istante, o il giorno successivo, al massimo due giorni dopo. Era tempo per gli ultimi saluti.

Oltrepassai la città e mi diressi a nord, verso il villaggio della mia infanzia, Nesa-Olya, nella valle di Taleghan. Quando arrivai a destinazione, il sole stava tramontando, così andai dritto al cimitero.

# 24
# «Sto per partire»

Dovevo porgere l'ultimo saluto ai miei defunti genitori. Ma mi sentivo a disagio, in quella penombra, mentre cercavo la tomba di mia madre. Era come una premonizione, come se non mi sentissi più in pace con me stesso. Mi inginocchiai, ancora spaventato, ma da cosa? Ripulii la lapide dal terriccio e, con gli occhi chiusi, seguii il contorno del nome inciso sulla pietra, leggendolo con le dita così da sentire con forza maggiore la sua presenza. Le parlai, all'inizio solo mentalmente, per dirle con non poca vergogna che stavo per abbandonare l'Iran.

«Mi dispiace, madre. Non sentirai più le mie mani che puliscono la tomba, mai più le lacrime che bagnano la lapide. Sono venuto a dirti addio». Giuro che mi sembrò di sentire le sue mani tra i capelli, come se cercasse di rasserenarmi.

«Sono solo», proseguii. «Anche gli amici e i parenti si tengono alla lontana, per paura delle conseguenze. Nessuno vuole vedersi rovinare la vita come il governo ha rovinato la mia; mi hanno rubato la pace, il sonno, la felicità, tutto. La separazione da mia moglie e i ragazzi mi ha quasi ucciso. Dio mi ha dato la forza per sopportare, in qualche modo, ma ho esaurito pazienza e volontà. Non ce la faccio più. Mi sento come uno straniero nel mio paese. Io ho difeso l'Iran a rischio della mia stessa vita, e in cambio ne ottengo solo punizioni. Dov'è la giustizia in ciò? Tu per me ci sei sempre stata, madre, mi ascoltavi sempre, mi hai sempre amato nonostante tutto, e questo mi dava una grande forza. Ho bisogno della tua benedizione e delle tue preghiere. Ti voglio bene, madre. Mi dispiace di non poter più venire qui a trovarti, ma sarai per sempre con me, nel mio cuore e nei miei pensieri. Addio, mia amata madre».

Aprii gli occhi, mi alzai e mi avviai verso un altro cimitero, più vecchio, dov'era sepolto mio padre. Era stato un uomo gentile, paziente e virtuoso. Malgrado la scarsa istruzione, è stato per me l'insegnante migliore. Da lui ho imparato come bisogna amare la propria famiglia. Mi insegnò a perdonare, a essere una persona migliore, a essere un uomo. Sarebbe stato per sempre il mio eroe. Quando ero accanto a lui, non avevo paura di nulla. Anche nei momenti difficili lui si manteneva forte e saldo, come una montagna. E se lo deludevo, uno solo dei suoi sguardi era il peggiore dei miei incubi, anche se l'espressione rabbiosa non poteva certo celare l'oceano di amore che nutriva per me. Non ho mai avuto paura di lui. Sulla sua tomba, non riuscii a trattenere le lacrime. Non aveva mai approvato chi piangeva in pubblico, ma non mi ero mai sentito tanto triste come quella sera

«Mi spiace, padre», dissi.

Era convinto che se desideravi qualcosa dovevi batterti con tutte le tue forze, e se lo ottenevi, bene; se però perdevi, dovevi accettare la sconfitta. Accettare! E non potevi neanche parlare di sconfitta, perché in cuor tuo sapevi di aver dato tutto. La mente corse agli sforzi che avrei dovuto fare per fuggire dall'Iran, e giunse così il momento di dire addio, ma i ricordi cominciarono a scorrere come un film mandato avanti velocemente.

«Addio, padre. Non mi rivedrai mai più qui. Ti prego, non mi aspettare, perché non tornerò. Mai più i miei passi ti desteranno da questo lungo sonno, ma sarai sempre nei miei pensieri. E nel mio cuore, come la mamma. Ti prego, non preoccuparti per me, perché non sono più un bambino. Mi hai insegnato a essere uomo, e mi hai insegnato bene. Se non fosse stato per te, non sarei sopravvissuto a giorni così bui. Dormi bene, padre, e ti manderò preghiere nella brezza che soffia via la polvere dalla tua lapide. O nella pioggia che la lava, o nella neve che le fa da coltre. Chiederò alle stelle di cantare per te, affinché tu possa addormentarti di nuovo dopo la mia partenza. Ti voglio bene, padre, ti voglio bene».

Andai al villaggio dove vivevo un tempo, avvolto ora da un'oscurità quasi totale. Le case erano tutte uguali, fatte con l'argilla, gli ingressi illuminati da una singola lampada appesa al muro. Era silenzioso, come il villaggio dei morti. Non restava nulla della nostra casa, la casa dov'ero nato e cresciuto, soltanto un monticello di terreno, che continuava a erodersi a ogni pioggia. C'era il vecchio noce, le cui foglie erano come un'ampia tenda per la nostra casa. Riconobbi i rami, quelli che vedevo dalla finestra della mia stanza, e ricordai come si piegavano sotto il peso della neve, che io scrollavo via per salvare l'albero. Nelle calde giornate d'estate mi arrampicavo senza paura di cadere, ossessionato dall'idea di arrivare in cima. Era un'esperienza simile a quella del volo: decollavo pensando solo a portare a termine la missione, senza mai curarmi di possibili incidenti. Una volta nella cabina di pilotaggio ero come un bambino sul tetto che gioca con un pallone e non si rende conto che potrebbe cadere.

Dovetti tirare a indovinare dove fosse un tempo la porta. Rimasi lì a ricordare i vecchi tempi, e a un tratto ero di nuovo un adolescente, innamorato per la prima volta. Quanta innocenza, in quell'amore. Giuro che sentii il suo profumo proprio come in quella notte lontana, quell'unica notte che avevamo avuto per stare insieme. La mia prima e unica "storia di una notte". Pioveva, e sentii bussare alla porta. E lei era lì, una contadina, una ragazza più o meno della mia età che conoscevo solo vagamente. Era zuppa d'acqua, tremava e cercava riparo dalla pioggia, così ovviamente la invitai a entrare. Il suo profumo mi inebriò. L'impatto fu immediato. Cos'era? Un odore di muschio, come le prime gocce di pioggia primaverile sul terreno arido. Solo più dolce. Rimase vicina alla stufa a petrolio mentre io andavo a prenderle qualche abito asciutto. Non avevo mai violato il guardaroba di mia madre prima di allora. Quando tornai, pochi minuti dopo, lei stava armeggiando col vestito bagnato. Non riusciva a slacciarlo. Era un indumento semplice, legato sul davanti tra i seni, così le chiesi se le serviva aiuto, facendo intendere di non sapere nulla di certe cose, il che era vero. A ogni modo, sì, mi disse, le serviva aiuto, ma neppure io riuscii a slacciare quel nodo. Così strappai via tutto!

Che mi era preso? Ero spaventato, ma giuro che agivo sotto l'effetto di quel profumo, se non della lussuria. Era comunque una scusa davvero goffa per toccarle il seno. Mi sentii un vero idiota! Lei si girò e si sedette rannicchiandosi per coprire le sue vergogne.

«Scusa», le dissi. «Non l'ho fatto apposta». Sembravo sempre più stupido.

Sparii mentre lei indossava i vestiti di mia madre, ma il ricordo di quello che avevo visto continuava a sopraffarmi, e quel suo profumo... non l'avevo mai sentito, non su una persona. Non era una fragranza artificiale, di questo ero certo; non era possibile imbottigliare un aroma così selvatico. Era naturale, come se fosse stata tutto il giorno nei campi a raccogliere il sole nei capelli e i balsami di madre natura sulla pelle, e poi la pioggia avesse nebulizzato il tutto; non sapevo come altro spiegarlo.

Quando tornai nella stanza, lei era in piedi e indossava l'abito blu a fiori di mia madre, il capo chino e lo sguardo fisso a terra. Il suo corpo dava a quel vestito un aspetto del tutto nuovo, e con i capelli neri che le ricadevano sulle spalle e la stanza piena del suo profumo inebriante, be', dovetti sforzarmi per controllarmi: durò fino a quando lei mi chiese di baciarla. Non aspettavamo altro.

Il verso dei gufi mi riportò alla realtà, ma subito un altro ricordo prese il sopravvento: ascoltavo i gufi, nel mio letto di bambino, e mia madre mi stava accanto cantandomi la ninnananna. La mia carcerazione aveva avuto un effetto devastante sulla sua salute. Mi disse che malediceva di continuo gli uomini che mi torturavano, e spesso piangeva per quell'ingiustizia. Poi la sua improvvisa sparizione, e infine la morte.

La vista si era abituata all'oscurità e così, come un gatto selvatico, raggiunsi uno dei luoghi preferiti della mia infanzia, su in alto, dietro il villaggio, Lo-a-sar. Vedevo solo una traccia di luce che si rifletteva sul fiume, ma il rumore dell'acqua nel cuore della notte era cristallino. Nelle giornate di sole potevi vedere il fiume che serpeggiava verso ovest fino a sparire dietro colline distanti. Potevi vedere le montagne in ogni direzione, e i pastori coi loro greggi come squadre di ballerini che si esibivano sui declivi.

Avevo portato qui Akram, la prima volta che era venuta a Taleghan, per mostrarle il panorama. Avevo raccolto un fiore di campo e glielo avevo offerto, accompagnandolo con qualche parola dolce che aveva avuto un discreto effetto. Non ero riuscito a trattenermi, forse era di nuovo quel profumo. Il fiore era rosa, non rosso, e in realtà non aveva alcun profumo, ma le spiegai perché era perfetto: perché era selvatico e libero, proprio come lei. «Ti dono questo fiore», le avevo detto, «affinché tu lo porti accanto al cuore e possa sempre sentire il mio amore per te».

Poi lei mi aveva baciato sulle labbra, ma poi si era fatta timida. Le avevo sollevato il viso e avevo notato che gli occhi verdi erano gonfi di lacrime.

«Tu sai sempre come farmi sorridere», aveva detto con il suo dolce accento turco, dandomi un altro bacio. «Ringrazio Dio che ha fatto incrociare i nostri sentieri», aveva aggiunto. Io avevo iniziato a raccogliere altri fiori, ma lei mi aveva fermato: «No, Yadi. Lasciali vivere. Ti darò un bacio per ogni fiore che c'è in questa valle».

Mi ero guardato intorno: migliaia di fiori dappertutto! E probabilmente pensammo la stessa cosa: non ci sono abbastanza ore in un giorno perché sia possibile mantenere una tale promessa.

«Passerò tutta la vita a tener fede alle mie parole», aveva detto lei, gettandomi le braccia al collo e poggiando di nuovo le labbra sulle mie. Potete capire che tipo di magia ci fosse in quel luogo.

Abbandonando per il momento i ricordi di Akram, tornai al villaggio. I cani cominciarono ad abbaiare come se fossi un fantasma, e continuarono finché non raggiunsi il vecchio ponte di legno che collegava il villaggio alla strada principale. Mi voltai per un'ultima occhiata, l'ultimo addio al luogo dov'ero nato e a tutti i ricordi della mia infanzia. Addio per sempre.

Arrivai a Teheran proprio mentre stava spuntando il nuovo giorno.

Quando mi svegliai, era mezzogiorno passato. Balzai giù dal letto. Avvertivo un grande senso di urgenza, soprattutto riguardo alle mie finanze. Il conto principale era ancora congelato, quindi dovevo rintracciare i clienti che mi dovevano del denaro. In contanti e subito, prego, e grazie. O prima possibile. Alcuni pagarono sul posto, mentre altri mi firmarono assegni postdatati. Ovviamente anch'io avevo dei debiti, e volevo saldarli, sistemando anche tutte le questioni irrisolte in appena due giorni. In ansia per i sospetti che questa mia fretta poteva destare, inventai una storia sul fatto di voler rientrare nel commercio di tappeti. Allo stesso tempo, feci attenzione a non essere pedinato. I miei giri per la città divennero volutamente complicati. Prendevo il taxi invece della mia auto, e organizzavo gli incontri in luoghi pubblici e affollati, dove potevo facilmente far perdere le mie tracce. Furono due giorni di attività frenetica. L'ultimo appuntamento era con l'agenzia di cambio, dove comprai dollari americani con i miei rial.

Prima di tornare a casa mi fermai da mio fratello, Akbar, e gli lasciai tutti gli assegni posdatati. Mi sentivo continuamente osservato. Riuscivo a vedermi coi loro occhi, un uomo ossessionato dagli affari che corre da un incontro all'altro; non era affatto da me. Nei suoi rapporti, l'intelligence doveva avermi descritto come un uomo che manteneva un equilibrio tra il lavoro e l'esercizio fisico, così andai verso le colline per un'escursione di qualche ora sulla vicina vetta di Kolak-chal, ma una volta tornato a casa abbassai le tapparelle e cominciai a fare le valigie.

Sarei partito prima che quel giorno giungesse al termine, lasciando tutto com'era, compresa la macchina sul viale di casa. Niente più addii, niente più sentimentalismo. Non toccai nulla, lasciai tutto com'era e mi fiondai fuori. Non posso neanche descrivere la mia partenza, tanto fu banale. Alcuni miei amici abitavano in centro, e fu lì che andai.

Sentivo l'urgenza di continuare a muovermi, di lasciare la città e dirigermi a nord, ma credevo che così facendo avrei dato nell'occhio. Se i servizi segreti si fossero insospettiti, o se addirittura mi avessero arrestato, non dovevo dar loro modo di accusarmi di aver lasciato la città. Ovviamente non potevo spiegare nulla di tutto ciò agli amici, così li convinsi che ero semplicemente disperato, che non ne potevo più di vivere in solitudine. Mi turbava dover ingannare persone così leali, ma non avevo scelta. Tutti sapevano che avevo in mente di raggiungere la mia famiglia in Canada, ma credevano che stessi agendo nella legalità. Una mia possibile fuga non sfiorava neppure la loro mente, e io non feci nulla per convincerli del contrario. Restai con loro per tre giorni.

Il terzo giorno visitai alcuni dei luoghi preferiti di mia moglie, incluso il santuario dell'imam Zadeh Saleh, dove era solita pregare per me mentre ero in prigione. Poi telefonai ad Akram. Aveva brutte notizie: sia Shahrokh che Shahram erano stati in ospedale. Shahrokh si era rotto un gomito mentre faceva la lotta, e Shahram aveva un problema di vecchia data al ginocchio. Un'altra preoccupazione da aggiungere alle mie pene. Anch'io avevo delle notizie, ma come potevo comunicargliele?

«Sto per fare un altro viaggio», le dissi. Feci volutamente una pausa, sperando che capisse che c'era qualcosa di diverso. «Ti contatto non appena ritorno».

«Dove vai?», mi chiese. «Chi vai a trovare?»

«Maksüt», risposi.

Pregai che capisse il senso. Maksüt era il nostro amico turco. Mia moglie non fece domande, ma riuscii ad avvertire il suo nervosismo, così misi fine a quella chiacchierata. L'ultima cosa che mi serviva era che uno dei due si lasciasse prendere dall'emozione.

Un'ora dopo dicevo addio al mio amico e alla sua famiglia, spiegandogli che «facevo il giro», per così dire, e sarei andato a casa di un altro amico. Quando aprii la porta per uscire, la loro figlia Sogam mi chiamò dalle scale, chiedendomi quando sarei tornato a trovarli.

«Giovedì prossimo!».

Non ce la feci a guardarla, non potevo voltarmi. Avrebbe visto la menzogna sul mio viso. O forse non mi girai perché sapevo che non avrei mai più rivisto quelle care persone. Detestavo il mio inganno, ma era necessario. Non potevo permettermi di piantare neanche il più piccolo seme di dubbio.

Mentre mi confondevo tra la folla in strada, mi venne in mente una poesia. Due brevi strofe di Forough Farrokhzad. Non voleva andarsene. Voleva che l'ascoltassi, come fosse un importante messaggio:

*Sto per partire,*
*ma prima ch'io vada, vi prego, non dite che non fui leale*
*non c'era altra via per me, se non la fuga.*
*L'amore che bruciava in me, senza futuro,*
*stava morendo di una morte lenta per le troppe ingiustizie.*

*Sto per partire,*
*per lavar con le mie lacrime laddove tu posasti il tuo cocente bacio,*
*sto per partire per restare sempre viva in questa poesia.*
*Sto per partire, senza dire la verità,*
*e porterò con me il mio orgoglio, poiché non ti rivedrò mai più.*

Andai in taxi fino a casa di un cugino di mio padre, Amoo Muhammad. Nessuno venne ad aprire quando bussai alla porta, così continuai fino alla dimora di un altro amico, un altro Muhammad, la cui moglie, Flour, mi fece entrare in casa. Avevano tre figlie che mi avevano sempre trattato come uno zio, e ovviamente dovetti raccontare la stessa, vecchia storia, che ero disperato e solo al mondo. Be', non erano bugie. Dopo un piccolo rinfresco, andai a far visita alla mia sorella maggiore, Mahin, che abitava poco lontano.

Viveva da sola con il figlio di ventidue anni, malato di schizofrenia. Malgrado il suo sorriso coraggioso, si vedeva quale peso portasse sulle spalle. La abbracciai forte come sempre e lei mi baciò come nessuno faceva mai, una volta su ciascuna guancia e infine sulla fronte. Mentre preparava la tavola, mi chiese di Akram e dei ragazzi. Io le dissi che andavo di fretta, che ero passato soltanto a vedere come se la cavava. Non riuscivo neppure a guardarla in faccia, perché la sua tristezza era più di quanto potessi reggere, per non parlare del senso di colpa al pensiero di ciò che la mia partenza avrebbe aggiunto al suo fardello. Infine, ovviamente, c'era il dolore che già provavo all'idea di non rivederla più. Dati i problemi che stavo avendo con Mahin, cambiai idea sul far visita alle altre mie due sorelle. Chiamai mio fratello e gli chiesi di passarmi a prendere. Fu difficile non piangere quando salutai Mahin con un abbraccio. Avrei tanto voluto guardarla negli occhi, ma non potevo rischiare di tradirmi. Così corsi verso la macchina di Akbar, forse un po' troppo bruscamente.

Io e Akbar passammo a prendere un amico comune mentre ci recavamo a un incontro che avevo organizzato per le sette di sera. Si trattava di un prestito, una considerevole somma di denaro che avevo dato a un conoscente perché potesse estendere il proprio giro d'affari, con l'accordo che mi ripagasse un anno dopo. L'anno era passato e quell'uomo non aveva dato alcun cenno di voler saldare il debito. Ogniqualvolta gliene parlavo, ottenevo soltanto deboli scuse e altre promesse di essere ripagato la settimana o il mese successivi, ma non ottenevo mai soddisfazione, e non andò meglio quest'incontro, malgrado la presenza di mio fratello e del mio amico. Dopo due ore di trattative, il tizio mi firmò degli assegni postdatati di dubbio aspetto, che io diedi a mio fratello dopo che l'uomo si fu allontanato.

Akbar mi lasciò a casa di Muhammad e Flour. Non sapevo come dire addio neppure ad Akbar, e mi attenni al piano di lasciarlo all'oscuro di tutto, non perché non mi fidassi di lui, ma per la sua stessa incolumità. Se per qualsiasi motivo fossi stato scoperto e arrestato durante il mio tentativo di fuga, era meglio che lui non sapesse niente. Gli agenti dell'intelligence lo avrebbero messo sotto torchio, ma il suo stupore sarebbe stato così palese da costringerli a lasciarlo in pace, o almeno speravo che sarebbe stato così. Ovviamente, nessuno sapeva meglio di me che a quei bastardi non serviva una confessione per impiccare la gente. Sceglievano a casaccio dalla loro lunga lista di crimini. Ciò nondimeno, preferii non parlare con mio fratello, e con nessun altro in realtà. Nessuno sapeva niente, e volevo che continuasse a essere così.

Quando aprii la portiera per uscire dalla macchina, Akbar come al solito fece per scendere e correre ad aprire la portiera per il fratello maggiore, ma io gli afferrai un braccio e gli dissi che non era necessario. Il suo sguardo mi sorprese, o forse fu il mio a sorprendere lui. Questo non era un saluto come gli altri, e lo sapevamo entrambi. Aprii le braccia, e ci ritrovammo calamitati l'uno dall'altro. Sapeva che me ne stavo andando, l'aveva intuito, e ovviamente nessuno dei due disse una parola, ma avevamo il volto bagnato. Mi staccai dall'abbraccio e scesi dall'auto, asciugandomi le lacrime, stupito dal fatto che lasciare un fratello fosse difficile quanto abbandonare una sorella.

Muhammad era in casa ad aspettarmi, felice di avermi come ospite, ma mi chiese cosa mi avesse trattenuto e se stavo bene. Flour mi indicò il mio posto a tavola, per una sontuosa cena a base dei miei piatti preferiti. Chiesi a Muhammad perché non mi avesse preparato il *kabab koobideh*. Era una battuta, dal momento che lui sapeva quanto adorassi il suo kebab.

«Finisci tutto quello che c'è a tavola, Yadi, e se non sei sazio te ne faccio un po' al volo». Ridemmo tutti.

Dopo cena, ero stanco e avevo bisogno di una buona nottata di sonno, anche se non potevo spiegarne la vera ragione. Dovevo alzarmi presto, e bastò dire questo perché mi preparassero il letto e mi lasciassero dormire. Al mattino, dopo colazione, dissi addio a Flour e lei spruzzò un po' d'acqua alle mie spalle in un gesto simbolico per augurarmi un buon viaggio e un rapido ritorno. Muhammad mi diede un passaggio. Dopo aver accompagnato una delle figlie a scuola, mi portò in piazza Azadi, lo snodo principale di Teheran. Ci fermammo in sosta vietata, così non avemmo molto tempo per salutarci. Quando ci stringemmo la mano, ci guardammo in viso, e proprio com'era accaduto con Akbar immagino che il mio amico capì ogni cosa.

«Fai attenzione», mi disse. Tutto qua; si limitò ad aprire le braccia come un fratello, per concedermi un ultimo abbraccio.

«Meglio se sposti la macchina», gli dissi, «prima che ti facciano la multa».

Arretrai di un passo, gli feci un cenno di saluto e mi girai verso la banchina dei taxi dall'altro lato di piazza Azadi. *Azadi* significa "libertà", e se non mi fossi sentito così in ansia ne avrei riso.

La piazza, di forma circolare, brulicava di venditori ambulanti con i loro carretti, che pubblicizzavano a gran voce frutta, verdura, panini, ninnoli, libri, un po' di tutto. Io ero completamente assorbito dal tentativo di raggiungere la parte occidentale della piazza senza dare nell'occhio. C'era la solita fila di veicoli, i cui conducenti gridavano le varie destinazioni sparse per il paese. Mi avvicinai a un autista che aveva già due passeggeri paganti sul sedile posteriore della sua vecchia Chevy Malibu, ma gliene servivano altri tre prima di partire per Tabriz.

«Vado di fretta», dissi. «Pagherò tre posti. Andiamo».

Lui reagì come se non gli fosse mai successo nulla del genere, così gli mostrai il denaro. Era basso e ricurvo, con occhi piccoli e penetranti, ma l'unica cosa che mi serviva da lui era che fosse sveglio, e mi sembrò superare l'esame. Aprì lo sportello anteriore, depositò la mia valigia nel bagagliaio, balzò al volante e subito mise in moto. Prima che partissimo, tuttavia, un giovane bussò al finestrino.

«Posso unirmi a voi?», gridò. Aveva poco più di vent'anni, la barba corta e un piccolo zaino in spalla.

«No», risposi.

«Certo!», disse l'autista. Prese la tariffa dal nuovo passeggero e la diede a me. «Risparmi i suoi soldi».

Denaro non me ne serviva, ma di sicurezza non ne avevo mai abbastanza. E ora temevo di non averne affatto.

«Nel nome di Allah, il misericordioso e munifico!», dichiarò l'autista dando gas, mentre lo sgradito passeggero si accomodava tra i due uomini sul sedile posteriore.

Erano le nove di mattina del 18 dicembre 1993. Una giornata fredda e luminosa. Ci mettemmo in viaggio.

# 25
# Addio, Teheran

L'autista fece il giro di piazza Azadi, mormorando in turco e imprecando contro gli automobilisti che non rispettavano la segnaletica e più in generale contro chiunque non possedesse le sue abilità al volante. Arrivati in autostrada, ci fermammo al casello per poi dirigerci finalmente a ovest su una strada sgombra.

La combriccola era silenziosa, e a me andava più che bene. Chiesi all'autista di accendere la radio, ma lui si oppose sostenendo che c'era spazzatura su tutte le frequenze. Mise invece una cassetta e cantò insieme alla musica, anche piuttosto bene. Era una canzone d'amore turca che lo commosse a tal punto da fargli chiudere gli occhi nell'estasi dell'amore immaginario. Mi sentii sollevato quando si riprese da queste sue fantasie per maledire un altro autista che l'aveva sorpassato. Quelli sul sedile posteriore dormivano, poi mi accorsi che anche il conducente faceva fatica a tenere gli occhi aperti.

«Perché non accosta e ci prendiamo una pausa?», gli proposi.

Lui mi guardò come se l'avessi accusato di chissà cosa. «Magari più tardi», mormorò.

«Mi sembrava che si stesse addormentando», gli dissi.

«No, no! È la luce», rispose. «Fa male agli occhi. Così ogni tanto li chiudo, capito? Per farli riposare. Non si preoccupi, mister. Conosco questa strada come il palmo della mia mano. La porterò a Tabriz, ok? Si rilassi».

Una volta superata la città di Zanjan, il conducente fece una deviazione verso un ristorante. Io avevo soltanto bisogno di una tazza di tè, e lo presi come al solito con due zollette di zucchero, ma le chiacchiere nella caffetteria mi irritavano, così lo bevvi in fretta e aspettai gli altri all'esterno. Quando l'autista ricomparve, si era perso il terzo passeggero. Aspettammo qualche minuto, poi lui andò a cercarlo. Uscirono dal ristorante discutendo. Il tizio voleva fare un'altra telefonata a casa dei genitori, e stavano quasi per venire alle mani. Il più grosso degli altri due passeggeri si schierò con l'autista, e così la faccenda fu sistemata. Ma, tornato al volante, l'uomo era chiaramente ancora agitato, e guidava male.

«Sta cercando di ucciderci?», dissi. «Rallenti».

Quelli sul sedile posteriore mi diedero manforte. Nessuno andava di fretta.

«Non la vedete la macchina dietro di noi?», gridò l'autista. «Sta cercando di superarci».

«E allora? Glielo lasci fare», dissi.

«Mi sta prendendo in giro, mister?».

Gli facemmo tutti capire chiaramente che volevamo rallentasse.

«Ascoltate, percorro questa strada due volte al giorno», ci rispose. «E nessuna di queste piccole, schifose Paykan mi ha superato, mai. Una Paykan che sorpassa una Chevy? Assolutamente no! È una questione di principio».

«Ma che razza di principio è questo?», ribattei. «Lei sta mettendo a repentaglio le nostre vite, e questo è contro i *miei* princìpi!».

«Questa è una macchina americana!», disse lui. «Anche se fosse da uno sfasciacarrozze, varrebbe più di una Paykan nuova di zecca!».

Premette l'acceleratore a tavoletta e fece mangiare la polvere alla piccola, schifosa Paykan. Capii dalle risatine sul sedile posteriore che gli altri erano passati dalla parte dell'autista. All'improvviso, tutti avevano voglia di chiacchierare. I due amici sul sedile posteriore si conoscevano da tempo e vivevano a Tabriz, mentre l'uomo misterioso sosteneva di essere uno studente di medicina presso l'università locale. Era di ritorno da una settimana di vacanza a Teheran, così disse. Io non credetti alla sua storia. Voleva sapere che lavoro facevo, così gli spiegai che ero un uomo d'affari diretto a Maako per prendere certe merci d'importazione.

«Ehi, io sono di Maako», fece lui.

«Ma guarda un po'», risposi. E non dissi altro. Non riuscivo a credere alla mia fortuna.

Alle cinque e mezzo del pomeriggio entrammo a Tabriz, tutti stanchi e affamati. Ci separammo, ma io rimasi preda di una certa paranoia all'idea di essere un puntino luminoso sui radar dell'intelligence.

Tabriz era una delle mie città preferite. Akram vi era nata e cresciuta, e anche Shahrokh era nato qui mentre io ero di stanza nella Seconda base tattica. Fu da lì che partii per la missione dalla quale non sarei tornato, quella che mi rese un "martire vivente". Conoscevo ogni strada, negozio, ristorante e luogo di interesse, come Shahgholi, nella parte orientale della città, e il parco Golestan, più verso il centro, e nella zona occidentale la Moschea blu, la piazza dell'Orologio e il Gran bazar.

Ero impaziente di vedere come la città fosse cambiata, e di passare dagli amici di famiglia presso i quali speravo di trascorrere la notte. Mi accolsero come sempre, anche se una visita in quel periodo dell'anno probabilmente destò qualche sospetto. Quando durante la conversazione mi venne chiesto lo scopo del mio viaggio, cambiai argomento. Il mattino seguente ci fu un altro giro di addii, e non me la cavai meglio di prima. Il ragazzo, Ali, si offrì di accompagnarmi alla stazione degli autobus in piazza Gajil, dove due anni prima avevo dato il mio traumatico addio a Shahram. Lungo la via, Ali mi raccontò che era tornato da poco dagli Stati Uniti, dove aveva lavorato come ingegnere. Voleva aiutare suo padre ad andare dignitosamente in pensione, poi si sarebbe occupato della ditta di famiglia.

Salutato Ali, mi diressi verso la banchina dei taxi, dove raggiunsi rapidamente un accordo pagando per tutti e cinque i posti. L'autista era un individuo piacevole, dalla pelle scura, i capelli sale e pe-

pe, un gran naso e i baffi. Parlava turco, come quasi tutti a Tabriz. Io me la cavavo con quella lingua, ma volevo nascondere il mio accento finché non avessimo lasciato la città. Era meglio non sapesse che non ero uno del posto.

Una volta partiti, diretti a nordovest, fummo costretti a passare davanti alla mia vecchia base. Non riuscii a distogliere lo sguardo. Dissi all'autista di rallentare. Il cancello era sempre lo stesso, come la biforcazione sulla strada, con una via che portava alle zone residenziali e un'altra alle piste degli aerei, tutto era uguale, solo più vecchio e triste. Ebbi il forte impulso di fermarmi per un po' e attardarmi sulla tomba dei miei vecchi ricordi, ma resistetti. Assaporai la vista della torre di controllo e della rampa sulla quale erano disposti in fila diciotto F-5E Tiger II.

In fondo al campo c'erano gli uffici della mia vecchia squadriglia. C'erano i camion per il trasporto truppe e gli elicotteri come quello a bordo del quale mi fu dato il bentornato da eroe nel 1980. I ricordi mi stavano assalendo, erano come una vecchia droga, così dissi all'autista di accelerare. Le sentinelle al cancello principale stavano guardando dalla mia parte. Ero paranoico? Credo proprio di sì. Ma se mai ci fu un momento giusto per esserlo, era quello.

Il dondolio della macchina sulla strada dissestata ben presto mi fece venire sonno, ma volevo rimanere sveglio per vedere tutto: le montagne, le colline e le pianure in quell'angolo remoto dell'Iran nordoccidentale, tutte così familiari e benevole in queste ultime ore nel mio paese. Arrivammo a destinazione prima di mezzogiorno.

Maako è una città piccola, rannicchiata ai piedi di una montagna che la sovrasta. Chiesi di scendere all'incrocio con la strada che porta al confine con la Turchia. Una breve passeggiata e arrivai al mercato centrale, con il piccolo negozio di elettrodomestici gestito da Hossein e i suoi sei fratelli maggiori, dove l'avevo incontrato la volta precedente. Lo trovai vicino alla stufa a petrolio, e mi invitò a entrare. Era come lo ricordavo, forte, alto e con un aspetto sano, un ghigno sempre stampato in faccia.

«Forse dovrai restare qui stanotte», mi disse.

«Perché?»

«La tua guida non è ancora arrivata. Domani sarà sicuramente qui».

Sembrava che la guida non fosse tornata dal suo ultimo viaggio verso il confine turco. Pensai che fosse un brutto presagio.

Hossein mi presentò a suo fratello maggiore, Vazeir, che lavorava dietro un piccolo tavolo sul retro del locale. Si alzò e mi strinse la mano. Era sulla quarantina, grosso, guance rosse, muscoli e baffi, ma con i capelli corti. Parlavano entrambi farsi con accento turco, ed erano veri gentiluomini. Ma non potevano comunque far materializzare dal nulla la loro guida migliore. Avevano già mandato qualcuno a cercarla.

Hossein mi portò un bicchiere di tè mentre guardavo le misere merci sugli scaffali: due radio, un mangianastri, undici tra bollitori per il riso e pentole a pressione, quattro televisori con schermo da 18 pollici e uno da 27, e poche altre scatole non ancora aperte. Non il tipo di negozio che potesse sostentare due uomini di successo. Era evidente che avessero una qualche attività secondaria, soprattutto del tipo che serviva a me.

Chiacchierammo e bevemmo tè tutti e tre insieme fino all'ora di pranzo, quando andammo in un ristorante nel mercato affollato. Ricordo ancora oggi quello che mangiammo: pane *sangak* caldo e kebab di agnello con cipolle crude e verdure come contorno. Rimasi sgomento quando seppi che il bagno più vicino era alla moschea lì accanto, dove la gente faceva la fila.

Tornati al negozio, non mi rimase altro da fare che aspettare mentre i fratelli portavano avanti i loro affari. Vazeir parlava di continuo al telefono, chiamate misteriose in turco con persone che potevo soltanto immaginare. Hossein si occupava dei vari clienti, una collezione sospetta di personaggi. Alla fine, Vazeir ebbe notizie dalla mia guida: l'uomo sarebbe tornato tardi dalla missione, e questo significava che avrei passato la notte a casa loro. Mi chiesero scusa con grande trasporto.

La casa era ben ammobiliata, un ambiente di lusso, in effetti, con costosi tappeti fatti a mano a Tabriz. Ci sedemmo, noi tre, a una tavola grande abbastanza per dodici persone, e ci gettammo su due polli arrosto presentati su un vassoio ovale, cosparsi di chicchi di melograno e salsa di noci, accompagnati da riso spolverato di zafferano, più vari antipasti e dessert. Mentre mangiavamo, Vazeir e Hossein profilarono una nuova versione del piano.

Sarei rimasto due giorni a Maako, cosa che mi sorprese, ma perché il piano avesse successo bisognava minimizzare i rischi, ed essendo proprio questo il loro mestiere lasciai tutto nelle loro mani. Erano loro gli esperti. Mentre i due fratelli parlavano, il figlio e la figlia di Vazeir continuavano ad affacciarsi nella stanza e poi fuggivano, tra grandi risate. Hossein mise fine al gioco, e tornò chiedendo scusa e dando spiegazioni. I ragazzi mi volevano conoscere, ma erano troppo timidi. Nessuno dei due voleva farlo per primo. Suggerii di lasciare che se la vedessero da soli, e così fummo noi a divertirci aspettando di scoprire chi era il più coraggioso.

Alla fine, mi sentii abbastanza a mio agio con Hossein per chiedergli come mai non fosse diventato dottore, ingegnere o insegnante, qualcosa che gli piacesse. Anche allevare bestiame doveva essere meglio che correre certi rischi. Una volta aveva fatto richiesta per iscriversi all'università, mi disse, ma l'avevano rifiutato, così si era dato all'insegnamento nei piccoli paesi, riuscendo a malapena a trarne di che vivere. Per aumentare i guadagni, nei fine settimana traghettava gente avanti e indietro tra Maako e Tabriz a bordo del suo vecchio rottame di Paykan. Quanto all'allevamento, mi descrisse una situazione tragica.

«Hai visto del bestiame?», mi chiese.

«In effetti, no», risposi.

«Le fattorie sono tutte abbandonate», mi spiegò.

«Perché?»

«Pensaci. Nelle fattorie sono necessari i giovani, ma questi dove sono finiti? Sono spariti. Sacrificati alla guerra. I genitori non sono in grado di mandare avanti la fattoria, e così si arrangiano con le loro misere pensioni».

Il governo concedeva una pensione alle famiglie per la morte di figli, fratelli, padri e mariti.

«Questo è un paese triste», dissi.

«Hai ragione», mi rispose lui.

Ripensando ai tempi dello scià, non ricordavo esattamente come se la passasse il cittadino medio sotto il suo dominio, ma mio padre e i miei fratelli riuscivano senz'altro a vivere dignitosamente senza dover fare ricorso ad attività illegali. Ora, solo pochi burocrati dell'élite si godevano i frutti del loro lavoro in Iran, mentre la grande maggioranza della popolazione faticava tutto il giorno per portare qualcosa da mangiare in tavola.

«Inoltre», riprese Hossein, «la strada che tu stai per fare è stata già calcata dai piedi di persone istruite come te. Dottori, ingegneri, politici, ufficiali delle forze armate, se ne sono andati tutti passando da qui». Aveva dimenticato i non credenti nell'islamismo sciita, soprattutto i baha'i e gli ebrei. Tante persone, tutte costrette a fuggire dalla madrepatria nella speranza di ritornare a essere libere.

«Alcuni ci riescono, altri no», ammise Hossein.

Non c'era bisogno che me lo dicesse. Sapevo già che chi prendeva la via delle montagne rischiava di essere ucciso, abbattuto dalle guardie di confine prima di poter assaporare quella preziosa libertà. Alcuni si smarrivano al freddo. Si poteva facilmente morire di fame lungo il viaggio verso la libertà.

«Ho conosciuto un sacco di contrabbandieri», disse Hossein, «e mai nessuno di loro è stato ingaggiato per scortare fuori dal paese quelli delle classi sociali più basse».

La sua tesi era questa: in un contesto politico così volubile, era meglio avere un negozietto di quartiere che essere uno scienziato importante, un militare o un politico erudito. Più in alto voli, più rischi quando il vento della politica comincia a soffiare in un'altra direzione. I nuovi regnanti tendevano a sospettare delle vecchie alleanze, ed erano assai propensi a sterminare i seguaci del regime precedente. Forse la storia personale di tutti i funzionari di governo nascondeva in sé una fine tragica.

«No, la cultura non fa per me», concluse Hossein.

Vazeir ci ricordò che avevamo tanto da fare per l'indomani.

Io e Hossein dividemmo una stanza con due letti forniti di coperte di lana fatte a mano e un enorme cuscino rosso ciascuno. Non dormii bene, data la preoccupazione per i miei piani. Finché la mia guida non si fosse fatta vedere, la mia partenza dall'Iran sarebbe rimasta in sospeso.

Trascorremmo il giorno seguente al negozio bevendo tè e aspettando, proprio come il giorno prima. Di sera, la guida non era ancora tornata dalla Turchia, così eccoci di nuovo a casa di Vazeir, ma a quel punto la mia impazienza dovette diventare palese, perché Hossein propose un piano alternativo. Se la guida non si faceva viva entro un giorno, mi promise che ne avrebbe assoldata un'altra, un uomo che conosceva come il migliore in quel giro d'affari, ma anche il più costoso. Dal tono con cui ne parlò, sembrava una specie di leggenda vivente.

«Non ha mai fallito», disse. «È capace di trovare la strada attraverso la terra di nessuno anche bendato. Supererebbe il confine anche a costo di scavare una galleria».

«Ok, Hossein», risposi. «Credo di aver capito».

Le sue rassicurazioni servirono comunque a calmarmi.

Era il 21 dicembre 1993, la notte più lunga dell'anno. Gli iraniani la chiamano Shab-e Chelleh, il solstizio d'inverno, e sono soliti celebrarla mangiando dolci, noci e frutta, soprattutto angurie, nella speranza che serva a proteggerli dal caldo dell'estate successiva. I due fratelli mi invitarono a unirmi alle loro famiglie per i festeggiamenti.

Il mattino seguente vagai per la città con una sola voce importante nella mia agenda. L'ufficio postale. Spedii tutti i documenti, la patente di guida e qualche fotografia. Tenni con me solo i dollari americani per pagarmi la fuga, e gli indirizzi e i numeri di telefono dei miei amici a Istanbul, che mi ero cucito nella fodera del bavero della giacca. Quando uscii dall'ufficio postale ero un uomo senza identità. Nel primo pomeriggio, Hossein mi portò a casa di Vazeir, dove ci aspettava suo fratello.

«Sei pronto?»

«Sì», risposi.

Vazeir sorrise. «Lo so che sei pronto, che domanda stupida».

Ci facemmo una bella risata, e ne avevo un gran bisogno, con tutta quella tensione.

La luce del giorno cominciava già a spegnersi quando mi fecero accomodare sul sedile posteriore di una specie di taxi per più persone, un furgone al quale erano stati aggiunti altri sedili. Ci ritrovammo presto fuori Maako, ma avanzavamo lentamente su una strada stretta e ghiacciata. Hossein dovette sforzarsi molto per tenere il furgone in carreggiata, e alla fine restammo incastrati nella neve alta. Io e Vazeir liberammo il veicolo, e una volta ripartiti Hossein non volle più fermarsi per paura di altri problemi. Accelerò per recuperare il tempo perduto, correndo per tutto il tragitto fino alla sommità di un rialzo dove la strada girava in un ultimo tornante prima di scendere sull'altro lato della collina.

Incontrammo due soldati di pattuglia. Ci fecero cenno di fermarci. L'equipaggiamento per l'inverno li faceva sembrare enormi, tutti avvolti in impermeabili mimetici bianchi. Ovviamente avevano dei fucili in spalla. Riuscivo a malapena a respirare.

«Nostro padre abita più avanti, nel villaggio di Aaghgol», mi disse Vazeir.

I soldati riconobbero Hossein e il fratello, prima ancora che ci fermassimo, poi ci fecero un altro cenno, un saluto amichevole, e ci lasciarono proseguire. Tirai un sospiro di sollievo, ma allo stesso tempo ero nervoso per come mi ero lasciato prendere dal panico così in fretta. Vazeir si accorse di quanto ero teso.

«Non ti preoccupare», disse. «Il nostro piano è praticamente infallibile». Avevo un gran bisogno di avere la sua stessa sicurezza. «Tra poche ore avrai varcato il confine, te lo prometto».

Ad Aaghgol ci fermammo a casa dei genitori di Hossein e Vazeir. Il cancello di legno era bloccato, incastonato nel ghiaccio, ma riuscimmo comunque a infilarci nel cortile. In fondo c'era una costruzione bassa fatta con mattoni e fango, una stalla per il bestiame. Al centro dello spiazzo c'era un mucchio di letame, per lo più coperto di neve. Seguii Hossein verso una delle porte sul lato nord del cortile, e da lì in una stanza priva di riscaldamento e di stufa. Ci sedemmo su un tappeto di lana e Hossein mi fornì spessi calzettoni e un lenzuolo bianco con un foro al centro, una specie di poncho. Me lo infilai sopra tutti i vestiti che già indossavo, e bloccai i calzettoni sopra quelli che già avevo stringendo i lacci che avevano in cima. Arrivò un altro fratello con quello che immaginavo potesse essere il mio ultimo pasto. Era identico a Hossein. Portò delle focacce, formaggio feta e una grande tazza di tè. C'era altro cibo per il viaggio: pane, uova sode e noci.

«Ti serviranno», disse Hossein.

Poco dopo, il fratello tornò da noi, questa volta con due uomini ammantati di bianco come me. Uno era ancora giovane e l'altro, poco più alto, sembrava un cinquantenne ma probabilmente era più vicino alla quarantina. Era un personaggio strano, meditabondo, con il viso segnato dalle intemperie e baffi che si stringevano a punta vicino alle orecchie. Non sapevo se ridere o piangere, perché avevo l'inquietante sensazione di dover affidare la mia vita nelle sue mani. Che scelta avevo? Non potevo più aspettare che tornasse l'altra guida. Gli strinsi la mano, dissi qualche parola di circostanza, ma lui non rispose.

Così, era questo il contrabbandiere leggendario. Si chiamava Rajab.

# 26
# Nella terra di nessuno

Il ragazzo era un nipote di Rajab, di circa sedici anni, e si chiamava Reza. Mi ricordò da subito mio figlio, Shahrokh. Questa sarebbe stata la sua prima missione in Turchia, per imparare i segreti del mestiere. Per quanto fosse un ragazzo simpatico ed educato, non mi piaceva l'idea che qualcuno facesse esperienza con la mia missione. Con il mio denaro. E con la mia vita in gioco!

Dopo una breve presentazione, i due se ne andarono. Li avrei ritrovati nel villaggio successivo, mi spiegò Vazeir. Si udì il rumore di un veicolo in avvicinamento, e lui e Hossein uscirono, lasciandomi da solo: li sentii fare baccano, una specie di lite che però non riuscii a capire. Hossein rientrò in tutta fretta e mi condusse oltre una piccola porta nella parete alle mie spalle. All'improvviso ero in un fienile, nell'oscurità quasi totale. Sentii il gregge che si allontanava per l'ingresso degli intrusi.

«Resta qui finché non torno io», mi disse Hossein. Se non fosse rimasto così calmo, non so cosa avrei fatto. «Ti porteremo al prossimo villaggio, dove ti aspetta Rajab. Reza vi seguirà poi. È meglio andare separati, col buio. Troppa gente insieme può attirare l'attenzione».

Mi spiegò cosa fare nel caso in cui le cose si fossero messe male. Se non fosse tornato entro dieci minuti, o se avessi sentito colpi di arma da fuoco o un gran frastuono all'esterno, sarei dovuto uscire da un'altra porta, che mi indicò al buio.

«Vedrai una pista. Corri fino al prossimo villaggio». Mi disse tutto con grande freddezza, come se non fosse altro che una parte del suo piano. Prima che potessi fargli domande, o anche chiedergli di salutarmi suo fratello, andò via. Per il momento mi sentii rassicurato, ma dentro di me mi chiedevo se non stesse andando tutto a catafascio. Le voci che sentivo erano troppo accese per una semplice discussione di famiglia. Poi udii due spari. Dovevo decidere in fretta se era questo il segnale di cui mi aveva parlato Hossein. Sentivo il forte impulso di uscire dal fienile, in modo da non farmi trovare lì dentro. Aprii in silenzio la porta e sfrecciai tra la neve verso la pista. L'aria gelida mi penetrò a fondo nei polmoni.

All'aperto, mi sentii molto più al sicuro. Se fossi stato costretto a nascondermi, sarebbe stato più facile. C'erano tanti burroni, dirupi cosparsi di massi ammantati di neve che costringevano la pista a fare una serie di curve e di svolte. Mi fermai e tesi l'orecchio per appurare che non mi stesse seguendo nessuno, ma c'era solo silenzio in quella fredda notte. La temperatura doveva essere sotto lo zero, eppure stavo sudando.

Cominciavo a intravedere il villaggio, piccolo e desolato, con appena qualche luce tremolante, ma almeno erano segni di vita. Dal momento che non sapevo bene che fare, mi fermai dietro un basso muro di pietra, in attesa di un qualche segnale. Passarono dieci, quindici minuti, e poi vidi qualcuno che somigliava a Reza venire verso di me dal villaggio, ma non ero sicuro che fosse lui. Prima di vedermi, si fermò a pisciare. Lo chiamai, spaventandolo quasi a morte.

«Cos'è successo a Hossein?», gli chiesi.

«Non può venire. Ma ti augura buona fortuna».

«E adesso?», domandai.

«Dirò a mio zio che sei qui», mi rispose, e sparì nel villaggio. Tornò pochi minuti dopo, con zio Rajab. Finalmente, eravamo insieme.

Rajab ci fece strada, proseguendo lungo la stessa pista che usciva da dietro il villaggio. Non avevo idea di quanto sarebbe durato il viaggio, e Rajab non ci aveva certo fornito istruzioni dettagliate. In effetti, non aveva ancora aperto bocca, neppure una parola. Conservava le energie per quel suo passo inarrestabile, lento e costante, lungo il profilo delle colline. Cercai di tenere la sua andatura. Volevo chiedergli di Hossein. Niente da fare. Quando io e Reza ci ritrovammo ad arrancare perdendo terreno, domandai al ragazzo se sapeva cosa fosse successo al villaggio.

«Perché sono dovuto passare dal fienile?», dissi. «È normale?».

Il giovane si strinse nelle spalle. «A volte la Guardia rivoluzionaria fa delle retate», disse. «Perquisiscono le case».

«In cerca di merce umana?», chiesi.

Lui annuì. «Sanno cosa succede da queste parti».

«Sanno di Hossein e Vazeir?», chiesi, sbalordito.

Reza annuì di nuovo.

«Allora tutto quel baccano...».

«Hanno sparato per far scappare i ragazzini ficcanaso».

Raggiungemmo Rajab, che ci stava aspettando per farci bruscamente cenno di tacere, quindi pensai che fossimo vicino al confine. Non gli avevo sentito pronunciare neppure una parola da quando eravamo partiti. Cominciai a chiedermi se non fosse proprio muto. Prese ad avanzare con più cautela, mettendo i piedi nelle impronte dell'ultima persona passata da lì. Sentimmo delle voci dietro di noi, e ci fermammo ad ascoltare: fiochi nitriti di cavalli che si avvicinavano. Visto che Rajab non tentava di nascondersi, rimasi dov'ero e vidi due cavalli, il vapore che saliva dalle loro froge. C'era un solo uomo in sella, l'altro procedeva a piedi. Ignorarono me e Reza, ma si fermarono accanto a Rajab e sembrò che gli stessero offrendo un passaggio, che lui rifiutò con un cenno della mano. Un incontro così casuale, ero stupito.

«Stava per venirmi un colpo», confessai a Rajab.

Lui sorrise, si girò e riprese a camminare lungo la pista. Lasciai che Reza mi raggiungesse e gli chiesi se conosceva quei due uomini. Lui no, ma era sicuro che li conoscesse zio Rajab. Probabilmente questi contrabbandieri ripetevano lo stesso percorso ogni notte.

«Cosa trasportano?», chiesi.

«Whisky», mi rispose. «E vodka, e birra».

«E li vendono al mercato nero», conclusi. «Devono ricavarci una fortuna». Reza annuì. «E i gendarmi lungo il confine?», domandai.

«Li corrompono», mi rispose Reza.

«Di certo nessuna guardia può rifiutare una fornitura regolare di whisky, vero?».

Reza sembrava contento di ricevere tanta attenzione, come se non ci fosse abituato. «Il contrabbando è un ottimo mestiere», disse. «È pericoloso, ma se stai attento non ti succede niente. Molti nel mio villaggio si sono arricchiti così. Alcuni si sono trasferiti in città e sono diventati grandi uomini d'affari».

«La gente non finisce ammazzata facendo certe cose?», chiesi. «O arrestata?»

«Qualcuno», mi disse il ragazzo. «Alcuni spariscono. Nessuno lo sa cosa gli succede. C'è chi si becca una pallottola negli scontri a fuoco con le guardie di confine, e so di un paio che sono stati processati e mandati in prigione, ma rispetto a tutti quelli che sono diventati ricchi non contano quasi niente. Se riesco a farlo abbastanza a lungo da comprare una macchina, forse dopo smetto».

«Meglio se stai attento», gli dissi. «Quando compri una macchina, poi ne vuoi due, magari tre. È così che funziona». Avevo paura che non fosse abbastanza forte da resistere all'ingordigia, che poteva risultargli fatale.

Raggiungemmo Rajab, che ci fece restare fermi dietro un grosso macigno mentre lui avanzava da solo. Eravamo vicini a una strada battuta dalle pattuglie di confine, mi spiegò Reza.

«Siamo al confine?», chiesi.

Reza annuì.

Rimanendo immobile, sentivo assai più freddo. In effetti, non avevo mai provato tanto freddo. Mi faceva lacrimare gli occhi, e succedeva lo stesso anche a Reza, tanto che potei vedere come le lacrime gli si congelavano sulle ciglia prima di cadere sul viso. Anche le narici erano bianche di ghiaccio. La sciarpa che portavo sulla bocca era diventata dura come cartone. Per ravvivare la circolazione del sangue saltellavamo.

Rajab tornò e ci fece cenno di avanzare. Lo seguimmo giù per un pendio in quella che d'estate doveva essere una palude. Il terreno era più piatto, più esposto e luminoso. Io e Reza seguivamo Rajab passo dopo passo, come due cuccioli di leone che restano appiccicati alla madre. Eravamo diretti verso le ombre alla base di una ripida collina, ma non vedevo nulla di simile alle tipiche torri del confine.

Quando Rajab si appiattì nella neve, noi due facemmo lo stesso, senza azzardarci a emettere un fiato. Mi resi conto per la prima volta che la mia vita era totalmente nelle mani di questo personaggio misterioso. Lo osservai. Rivoltella in una mano, binocolo nell'altra. Dopo aver scrutato la valle avanzò lungo la base della collina che ci impediva la visuale della strada in quella direzione, ma ci rendeva parimenti invisibili per eventuali veicoli di pattuglia. Alla fine, riuscii a distinguere la strada che tagliava attraverso la palude, leggermente rialzata nel paesaggio innevato. Dovevamo percorrerla senza esser visti, ma come? Correndo o strisciando? L'avrei scoperto presto.

Su ordine di Rajab, ci accucciammo nella neve in mezzo a un groviglio di cespugli senza foglie. Poi ci alzammo di nuovo, per correre verso la strada, ma prima di arrivarci Rajab si tuffò dietro una roccia bassa. Era impossibile che quel masso potesse nascondere tre persone, eppure eccoci lì. Sentii un veicolo, poi vidi i fari. Si fermava di frequente per puntare un riflettore il cui fascio di luce era offuscato dai tanti cristalli di ghiaccio presenti nell'aria. Potevamo soltanto aspettare che se ne andasse, le nostre mimetiche bianche come unica speranza di salvezza.

Quando il veicolo si avvicinò, riconobbi una jeep dell'esercito. Schiacciai la testa nella neve e la sentii passare. Quando fu quasi fuori dalla nostra visuale, Rajab scattò verso la strada, fermandosi appena sotto il ciglio e stendendosi tra altri cespugli. La strada e i circa cento metri di spazio aperto sull'altro lato sembravano una distanza impossibile da coprire. Rajab doveva aver percepito che non era ancora sicuro provare la traversata, e aveva ragione, perché i fari della macchina girarono e tornarono verso di noi. E avevamo solo uno sparuto mazzo di rametti a proteggerci. Trattenni il respiro, ascoltando il costante avvicinarsi del motore e il crepitio delle ruote sulla neve. Non so cosa fecero Reza e Rajab, ma io cercai di diventare invisibile per forza di volontà, schiacciandomi quanto più possibile nella neve. Nella mente mi si riversarono le immagini della mia famiglia: con ogni probabilità era l'ultima volta che le rimiravo.

La jeep ci superò lentamente e svanì in lontananza.

Alzai la testa e vidi Rajab accovacciato come un felino, lo sguardo concentrato sull'altro lato della strada. Scattò, basso come una pantera che punta letale la sua preda. All'improvviso, fu al sicuro sull'altro versante. Non c'era tempo per riflettere, per pensare ai muscoli indolenziti e agli abiti ghiacciati e al vento pungente che pizzicava la gola e bruciava gli occhi: potevo solo correre. E non mi fermai neppure quando arrivammo dall'altra parte, continuai a correre, arrancando nella neve pesante finché non arrivammo a un tumulo di cemento con su scritto "Iran". Mi accasciai sull'altro lato e vidi la scritta "Turchia". *Ero libero!*

Avrei urlato di gioia se Rajab non mi avesse fatto cenno con la mano di "chiudere il becco", indicandomi il fascio di luce di un proiettore lontano che si muoveva in cerchio. Non ero in grado di stabilire quanto fosse distante. Il paesaggio ondulato e i riflessi della luce sulla neve rendevano impossibile un calcolo: duecento metri o due chilometri?

«Guardie turche», disse Reza. «Guardie e commando. Base operativa».

Quella corsa lungo la strada a un tratto appariva insignificante. I commando turchi non erano le tipiche guardie di confine. Erano soldati pesantemente armati che combattevano contro i ribelli curdi in quella regione. Inoltre, non c'era una pista che attraversasse quella terra di nessuno, o almeno io non ero in grado di individuarla. Ora capivo perché Rajab non sembrava affatto allegro. Si limitava ad avanzare, ma ora con cautela estrema, inginocchiandosi ogni due o tre passi per ascoltare... cosa? Io non sentivo niente. Trattenevo il respiro per paura che facesse troppo rumore, tale era la mia tensione. Il respiro, e il battito del cuore.

Il terreno davanti a noi digradava verso un fiumiciattolo, congelato tranne che per un rivolo d'acqua al centro. Scendendo verso l'argine, perdemmo di vista il faro. Rajab non sprecò altro tempo e mi prese in spalla per aiutarmi a guadare. Ricordai quando Hossein mi aveva detto che sarebbe stato capace di scavare una galleria pur di varcare il confine, se necessario. Reza dovette attraversare da solo, e ci riuscì, con qualche lamentela. I suoi denti battevano così forte che li sentii a quindici metri di distanza. Rajab si complimentò con lui dandogli una pacca su una spalla, poi senza fermarsi un minuto si inerpicò su per il pendio. Reza non ebbe neppure il tempo di lagnarsi per i piedi bagnati che gli si stavano congelando.

Quando la postazione di guardia tornò nella nostra visuale, sembrava a non più di duecento metri di distanza. Rajab cominciò a sfrecciare verso sinistra, poi a destra, come se non sapesse bene da che lato aggirare la torre. Ma perché dovevamo proprio passarle accanto? Non potevamo girare al largo?

Pur gelato e stordito, mi tenni alle calcagna di Rajab, seguendo letteralmente i suoi passi, saltavo quando lui saltava, mi fermavo e mi gettavo nella neve quando lo faceva lui. Non avevo un cervello indipendente, e in un certo senso la cosa era liberatoria. Rajab era il mio Dio, poteva portarci alla salvezza o alla morte. Il suo balzare e tuffarsi divenne ancor più frenetico, andava a zig-zag e si lasciava cadere, poi strisciava e si accovacciava, e poi di nuovo avanzava a zig-zag. Percorrevamo cinque metri alla volta per avvicinarci alla postazione di un metro soltanto. Quando sentimmo gli ululati, ci immobilizzammo. Cos'erano, lupi? Sciacalli? Riconobbi il latrato di cani domestici, e questo voleva dire che c'era un villaggio nelle vicinanze, probabilmente nei pressi del posto di guardia. Sperai che i cani stessero reagendo alla presenza di qualche predatore, non al nostro odore. All'improvviso, dalla torre esplose uno sparo.

Corremmo per ripararci dietro le rocce, evitando altre pallottole prima di cadere faccia a terra nella neve. Una raffica di mitragliatrice squarciò l'aria sopra di noi, non osavamo neppure alzare la testa. Per quanto tempo restammo stesi lì? Ero sicuro di essere giunto al capolinea; restava solo da scoprire come sarebbe arrivata la fine.

Con dita rigide e insensibili, scavai a fondo nella neve, sperando di guadagnare un minimo margine di protezione. Quando il fuoco di fila si fece più intenso, Rajab, che era assai più esposto di me, si rannicchiò più vicino a una roccia. Non poteva arrischiare alcun tipo di movimento, nonostante la mimetica bianca. La resa sembrava una buona scelta, piuttosto che finire ammazzati da un proiettile o morire congelati. Quando gli spari cessarono per un minuto, sentii Rajab digrignare i denti. Alzai la testa. Lui mi fece cenno muovendo su e giù il palmo della mano: "Abbi pazienza". Che tipo. Non aveva ancora perso la speranza. Per lui, trovarsi così vicino alla morte era solo un passo della traversata. Un altro fiume da guadare. Quanta poca presenza di spirito avevo io in confronto a lui, pensai. Quanta poca fede. Sprecavo il mio tempo sognando la mia vita passata, la famiglia, il cibo e gli amici. Ora sembrava tutto così lontano, forse soltanto un sogno.

Per mezz'ora gli spari proseguirono sporadici, poi esplosero in raffiche, poi un colpo singolo, poi una sventagliata. Era impossibile capire se la situazione stesse migliorando o peggiorando. Durante una pausa, Rajab tirò una palla di neve verso Reza. Il ragazzo si mosse, alzò la testa e vide che lo zio gli faceva cenno, ma non reagì. Rajab era di nuovo in piedi, correva con la sua andatura da felino verso la torre, poi sparì alla vista. Io gli andai subito dietro, in un altro ruscello congelato dove si era steso, immobile.

Sentimmo altri spari, come se i movimenti di Reza li avessero allertati. Non appena arrivò il ragazzo, Rajab si rimise in piedi, piegato in due, e attraversò il ruscello con me alle calcagna. Sfruttammo lo slancio della corsa per risalire l'argine, dove ci restavano solo altri cento metri prima di arrivare al posto di guardia. Ma perché andare in quella direzione? Mi sembrava una follia, eppure continuammo a correre, senza sosta, evitando chissà come di finire ammazzati, finché non ci ritrovammo schiacciati contro le mura del fortino, per il momento al sicuro visto che i soldati nella torre non avevano un angolo di tiro; ora non ci avrebbero visti.

Dalla nostra posizione, vedemmo Reza che faticava a muoversi sul ghiaccio. Inciampava, cadeva, strisciava, poi allungò una mano in cerca d'aiuto come se quella prova l'avesse spossato. Percepii Rajab che si preparava a correre in soccorso del nipote, e quando feci per seguirlo quel turco coriaceo mi piazzò il palmo di una mano davanti al viso: "Resta qui". Balzò verso l'oscurità.

Neppure un ballerino professionista avrebbe saputo muoversi con tanta grazia. Arrivò da Reza in pochi secondi, lo tirò su, si mise in spalla il braccio sinistro del ragazzo e, reggendolo per la vita e afferrando la massa di vestiti, lo trascinò con sé. Li osservai con orrore, tremante di freddo, sicuro che li avrebbero uccisi. Eppure, chissà come, ce la fecero.

Il ragazzo aveva il respiro pesante e gemeva per il freddo o per la disperazione, o forse per una ferita. Lo tenemmo dritto in piedi, e lo lasciammo riposare per un paio di minuti, poi lo trascinammo dietro il posto di guardia verso il villaggio, una questione di pochi metri appena.

Era un tipico villaggio di montagna, con casupole di fango con le loro pile di letame e radici di astragalo da usare come combustibile. Due baffuti abitanti ci videro stendere Reza dietro una delle case. Erano senza dubbio stati attirati dal rumore degli spari, ma quando riconobbero Rajab corsero a stringergli la mano come fossero vecchi amici. Senza perder tempo, presero Reza per le braccia e le gambe e lo portarono a una casa al centro del villaggio. Mentre li seguivamo, Rajab mi porse la mano come a volersi congratulare.

«Ora sei libero», disse. «Ma per il momento niente festeggiamenti, per favore».

Portarono Reza in una bassa casupola di pietra. Io e Rajab ci spogliammo dell'attrezzatura congelata e la appendemmo alla ringhiera della veranda. Mi lasciarono in una stanza senza riscaldamento, tremavo letteralmente dal freddo, mentre Rajab seguiva gli altri. Guardai l'orologio: 11:20 di sera. Notai dei giacigli impilati contro una parete. C'era una sola finestra, coperta da un telo di plastica a fiori che forse un tempo era stata una tovaglia. Si unì a me un ragazzo ancora adolescente: scalzo, che ci crediate o meno, e con addosso una logora tuta. Mise del letame nella stufa al centro della stanza e cercò di accenderla. Al terzo o quarto fiammifero il letame prese fuoco, e quasi all'istante potei sentire il tepore che si diffondeva nella stanza. Quel posto dimenticato da Dio cominciò subito a sembrarmi un albergo a cinque stelle.

Entrarono due ragazzi con del cibo. Grazie a Dio! Focacce cotte nel latte con sopra un uovo al forno, che sembrava oro brunito. E feta mista a verdure essiccate e tè. Mai avevo sentito un tale bisogno di nutrirmi. Mi si presentarono in turco, anche se erano curdi. Erano fratelli, Ahmed il maggiore e Abdollah il minore.

«Come sta Reza?», chiesi.

«Sta bene», rispose Ahmed. «Qualche vescica. E un problemino alla gamba destra. Non la sente più. Ma non è niente di grave. Abbiamo un dottore. Lo guarirà, non ti preoccupare».

Non avevo mai assaggiato un pane così fragrante e un formaggio così gustoso. Mangiai come un gatto affamato. Il più piccolo dei due fratelli mi versò del tè bollente da una vecchia teiera in una pesante tazza smaltata di blu.

«Siete fortunati a essere ancora vivi», disse Abdollah. «Di tanto in tanto i soldati turchi attaccano i ribelli curdi lungo il confine, da qui fino alla Siria. Questa è la quarta notte di seguito che sentiamo gli spari».

«Credevano che fossimo curdi», dissi.

«Volevano mandare un messaggio: andate da qualche altra parte, in qualche altro paese».

Dopo avermi preparato il letto, mi lasciarono da solo a dormire. Quella stamberga era uno dei gradini più bassi sulla scala dell'ospitalità, ma che lusso! Non mi sarei sentito meglio neppure in un palazzo. E nessun altro poteva essere più generoso. Queste persone erano devote alla libertà, e non solo alla propria, ma a quella di quanti si trovavano a passare di là. Mi sentivo onorato a stare in mezzo a loro. Che bella sensazione essere esausto, ma ben riscaldato e nutrito. E, cosa più importante, per la prima volta da anni, ero fuori dalla portata dell'intelligencc iraniana. Il sonno arrivò rapido e profondo.

Mi svegliai alle sei del mattino, in una stanza di nuovo gelida. Con la testa ficcata sotto le coperte, non potei che pensare alle mattine d'inverno della mia infanzia, rannicchiato come un bimbo nel grembo materno, ad ascoltare il vento che fustigava le finestre. E ora sentivo lo stesso rumore, il rumore della stanza in cui ero nato.

Alle prime luci dell'alba, Ahmed e Abdollah mi invitarono nella casa accanto per la colazione. I loro genitori erano lì insieme a Rajab. In fondo alla stanza vidi Reza che ancora dormiva, le orecchie rosse come barbabietole e il volto scuro per le ustioni da freddo. Mi chiesi come si sentisse dopo quel primo giro di addestramento. Sedemmo con i piedi sotto il *korsee*, un tavolino basso coperto di lenzuola e riscaldato da tizzoni ardenti che fungeva da braciere comune. La parola *gratitudine* non era sufficiente a descrivere ciò che provavo per questo eterogeneo gruppo di splendide persone.

Al primo segnale che la colazione era terminata, bevvi quel che restava del mio tè e li ringraziai tutti per l'ospitalità. Era ovvio che Reza non avrebbe proseguito il viaggio insieme a noi, così andai da lui e gli poggiai una mano sulla fronte a mo' di saluto e ringraziamento. Il ragazzo aprì gli occhi, sorrise e chiese scusa per i problemi che aveva causato. Mi mostrò le gambe e i piedi avvolti negli stracci. Congelamento, immaginai. Oppure gli avevano sparato a una gamba? Non feci nulla per rompere il silenzio che tutti serbavano al riguardo.

«Non dimenticherò mai la nostra avventura», disse. «Non mi dimenticherò mai di te».

Io mi piegai e lo baciai su entrambe le guance, sentendomi come un padre che dice addio al figlio, e lui a mio figlio assomigliava davvero. «Torna a scuola, Reza», sussurrai. «Deve pur esserci un modo più semplice per guadagnare».

Dogubayazit era la città turca più grande nella regione adiacente al confine iraniano. E fu lì che andammo, in macchina. Io, Rajab e i due fratelli, Ahmed e Abdollah.

# 27
# Vicino, ma ancora molto lontano

Ero libero. Fuori dalla gabbia. E mi sentivo assai meglio di quanto avessi diritto di sentirmi. Senza documenti di viaggio, senza un'identità, la mia famiglia ancora all'altro capo del mondo. Era il 23 dicembre 1993, un freddo e assolato giovedì mattina, quando partimmo per la città di Dogubayazit, venticinque minuti di viaggio lungo una strada di montagna ricoperta di neve. Io, Rajab, Ahmed e Abdollah.

E che splendore, Dogubayazit: un labirinto di vicoli che si riversavano in una manciata di grandi arterie commerciali. Ci fermammo nella zona del mercato, dove Ahmed mi portò in una piccola fumeria, in cui c'era un telefono pubblico. Chiamai Akram.

«Sono a Dogubayazit», dissi.

Lei rimase in silenzio, e questo significava che stava piangendo, al che cominciai a piangere anch'io. Ahmed e il negoziante mi guardavano.

«Sto bene», dissi ad Akram. «Ti richiamo dopo».

«Stai attento», disse lei. Tutto qua. Poi riattaccò.

«Pronto?».

"Che strano", pensai. Neppure una parola di gioia. Ma avevo altre cose di cui preoccuparmi, per esempio come attraversare la Turchia e uscire dal paese senza documenti. I fratelli volevano mettermi su un autobus che sarebbe arrivato ad Ankara, la capitale, in due ore, ma Rajab si oppose.

«Non è sicuro», disse. «Scontri a fuoco dappertutto. L'esercito cerca ribelli curdi. Viaggiare senza documenti è una pazzia. Ti serve un piano migliore. Non possiamo parlare qui».

I fratelli ci guidarono fuori dal brulicante mercato, verso la parte meridionale della città, lungo vicoli stretti fino alla casa di un altro loro fratello, Jamal. Era un tipico edificio dalle mura di cemento con due porte di legno che davano su un cortile. Jamal non era in casa, ma sua moglie ci accolse con un timido sorriso. Fu una gioia vedere una donna così graziosa, il vestito da curda turca indossato su pantaloni larghi che arrivavano fino a terra, e il figlio di cinque anni stretto in braccio.

Seguii Ahmed attraverso il soggiorno fino a una stanza sul retro, dove consumammo un pasto a base di pane, burro, formaggio e uova strapazzate. In effetti, mangiammo come animali selvatici. Dopo aver finito di bere il tè, Rajab diede al piccolo una banconota da venti lire, un'usanza di quel paese in base alla quale si ricompensa una famiglia attraverso il figlio.

«Il mio lavoro qui è finito», mi disse Rajab. «Dovrai arrangiarti da solo per il resto del viaggio. Solo un consiglio: niente fretta».

Lo ringraziai, e gli donai l'unico oggetto di valore che avessi con me: il coltello da pilota. Gli pagai quel che restava del suo compenso, aggiungendo un extra per mostrargli la mia gratitudine, ma quando mi controllai le tasche mi accorsi che mancavano diverse centinaia di dollari. Potevano avermeli rubati soltanto al villaggio, mentre dormivo. Il ladro doveva essere uno dei fratelli, Ahmed, Abdollah o quello più giovane, ma non dissi nulla dal momento che mi serviva ancora il loro aiuto.

Rajab si infilò i soldi in tasca senza contarli, poi diede una lunga occhiata al coltello. «Grazie», disse. Non mostrò emozioni, ma mi strinse forte la mano e disse: «Addio».

Quando la porta si chiuse alle sue spalle, mi resi conto che ancora non sapevo nulla su di lui, e mi chiesi se gli importasse qualcosa di ciò che la gente pensava sul suo conto, e se i miei ringraziamenti gli avessero fatto un qualche effetto. Non conosceva sentimentalismi; era un contrabbandiere esperto che non aveva bisogno di consigli da nessuno. Ma era un buon uomo, e mi rammaricai che non potesse portarmi fino ad Ankara o a Istanbul. Jamal non arrivò fin dopo che Abdollah fu tornato a casa. Fu stupito di vedere un estraneo nella sua dimora, ma mi accolse con un caloroso sorriso. Io andai dritto al punto, chiedendogli quale fosse il modo migliore per arrivare ad Ankara senza documenti. Conosceva un conducente di autobus che, se pagavo abbastanza bene, mi avrebbe nascosto nella cuccetta di solito occupata dal secondo autista. Lo ringraziai, ma mi servivano altre opzioni.

Chiamai il mio amico Maksüt Demir, a Istanbul. Gli avevo telefonato prima di partire da Teheran, era l'unica persona alla quale avessi confidato il mio piano. Aveva già risparmiato la deportazione a Shahram; forse poteva fare qualcosa anche per me.

«Stavo aspettando la tua chiamata, Sharifi», disse.

Mi diede il numero dell'ambasciata canadese e quello di un avvocato che lavorava per le Nazioni Unite ad Ankara. «Spero che potranno aiutarti», aggiunse.

Nel frattempo, chiamai un altro vecchio amico che avevo conosciuto insieme a Maksüt. Ahmet Ergönen era ancora nell'aeronautica, un colonnello (in seguito promosso brigadiere generale), ancora secondo in comando presso una base a circa cinquecento chilometri da Dogubayazit.

«Se riesci ad arrivare a Diyarbakir, Sharifi, ti posso aiutare, certo», disse. «Posso mandarti ad Ankara in aereo».

«Ma come ci arrivo lì?», chiesi. «Come esco da questa città?»

«Ascolta, Sharifi», fece lui. Mi resi conto che non era ottimista. «Quella zona è pericolosa, anche per noi. Le tensioni tra l'esercito turco e i ribelli curdi si stanno aggravando. Praticamente chiunque è un bersaglio, e chiunque non abbia documenti è un sospettato. Mi dispiace, ma per questo non posso fare nulla».

Si fece dare il numero del posto in cui mi trovavo e riattaccò. Pochi minuti dopo, mi chiamò la moglie del colonnello Ahmet, Filiz, e aggiunse le proprie scuse per non essere in grado di assistermi. Confermò la preoccupazione del marito riguardo alla mia intenzione di muovermi in quella zona della Turchia privo di documenti, ma fu bello sentire le voci di amici così cari.

Trascorsi quella prima notte a Dogubayazit chiacchierando con Jamal e guardando la televisione. Mi accorsi subito di essere in un paese con un governo laico. L'Iran e la Turchia sono due nazioni islamiche, ma i programmi della televisione turca riflettevano le considerevoli libertà di cui godeva quella gente: donne con o senza il velo, mescolate a uomini ben vestiti, che cantavano e ballavano insieme, mostrando di avere pari diritti nel loro paese.

Il mattino seguente, usai i recapiti che mi aveva dato Maksüt per chiedere aiuto all'ambasciata canadese e alle Nazioni Unite. Non ottenni altro che le stesse risposte, compassionevoli ma inutili. «Arrivi prima ad Ankara, poi potremo prendere in considerazione il suo caso».

Io e Ahmed trascorremmo la giornata passeggiando per la città, da poco spruzzata da una leggera nevicata. Mi sentivo irrequieto, pensavo spesso a mia moglie e a come l'avevo portata a credere di essere praticamente su un aereo diretto in Canada. Bagnato e tremante, seguii Ahmed in una sala da tè nel mercato di fronte al municipio. Fummo accolti da un'esplosione di calore che veniva dalla stufa a legna al centro della stanza. Il locale era affollato di gente che chiacchierava, beveva tè e giocava a backgammon. Mentre sorseggiavamo il tè a un tavolo vicino alla vetrina, trovammo finalmente una soluzione al mio dilemma. Jamal sarebbe andato a Istanbul per procurarmi un passaporto falso. Era costoso, duemila dollari americani, ma gli diedi il denaro senza pensarci due volte.

«Se te ne serve di più», dissi, «puoi contattare il mio amico Maksüt a Istanbul».

L'ovvio svantaggio di questo piano era che dovevo restare a Dogubayazit fino al ritorno di Jamal.

La mattina di Natale, Jamal mi portò a un bagno turco situato dietro il municipio. Ci spogliammo, ci avvolgemmo un asciugamano in vita ed entrammo in un'ampia sauna con docce sui due lati e una zona per i massaggi al centro. C'erano due uomini che ricevevano il trattamento, con i massaggiatori che li percuotevano come quarti di carne.

Dopo una doccia, chiesi ad Ahmed se potevo farmi fare un massaggio. «Certo, perché no?», mi rispose con una scrollata di spalle. Pochi minuti dopo, ero anch'io un quarto di carne. Steso sulla schiena, vedevo un piccolo cerchio di cielo da una finestra a cupola su nel soffitto. Il massaggiatore mi fece girare sul ventre, poi mi tirò il braccio sinistro verso destra, e quindi quello destro verso sinistra. Gli feci cenno di fermarsi quando iniziai a sentire dolore alle vertebre, e allora cominciò un massaggio dalla testa ai piedi come non ne avevo mai conosciuti. Più tardi, Jamal mi condusse nel negozio di un fotografo al mercato, per le fototessere che avrebbe portato con sé a Istanbul. Partì in autobus quel pomeriggio, promettendomi che sarebbe tornato di lì a tre o quattro giorni.

Mi resi conto che la città, dal punto di vista politico, era una polveriera pronta a saltare in aria. Le forze di liberazione curde erano dappertutto, ma lo stesso valeva per i soldati turchi e i loro carri armati. L'esercito aspettava soltanto una scusa per sopprimere qualsiasi tentativo di autodeterminazione da parte dei curdi. Lo sparo di un cecchino, pensavo, e questa città potrebbe diventare un campo di battaglia. Il giorno seguente accadde proprio quello che temevo. Qualcuno doveva aver lanciato un fiammifero nella polveriera, perché si scatenò l'inferno: scontri a fuoco imperversarono fino alle quattro del mattino. Sentimmo le esplosioni mentre ce ne stavamo rannicchiati in una stanza sul retro, a casa di Jamal. Al mattino, Ahmed uscì di soppiatto per comprare del pane, tornando una ventina di minuti dopo a mani vuote.

«Non c'è un negozio aperto», disse. «Sono tutti sbarrati, le vetrine sfondate, e poche persone che provano a rimettere in ordine. La città è praticamente sotto legge marziale». Non aveva visto cadaveri, ma un sacco di edifici crivellati di proiettili, persino il municipio.

Jamal chiamò da Istanbul, gli servivano altri seicento dollari, e gli dissi che mi sarei organizzato con Maksüt. Mi avvisò che avrebbero potuto esserci ritardi sul suo ritorno, dal momento che le strade nella zona orientale del paese erano bloccate da Arzanjan in poi, finché la situazione non si fosse normalizzata. La carenza di notizie peggiorava il tutto; in televisione la battaglia non venne neppure menzionata. Non riuscii a sapere nulla fino a quando, pochi giorni dopo, a sorpresa arrivò Jamal. Mi diede il mio passaporto.

Certo, sembrava un documento ufficiale, e c'era un nome stampato sopra, ma la foto era solo incollata alla buona. Avevo seri dubbi sulla sua utilità, ma per il momento li tenni per me. Jamal, fu circondato dai figli, raccontò i dettagli del suo viaggio nella grande città e distribuì i regali, inclusi i giubbotti che aveva comprato per ciascuno di loro. Il più piccolo si pavoneggiò nel nuovo giaccone, con una gioia che non avevo mai visto sul volto di nessuno. Chiese alla madre di accompagnarlo al bagno esterno oltre il cortile innevato, benché potesse usare quello che c'era in casa, più comodo e caldo. Voleva semplicemente indossare il giubbotto all'aperto.

Alla fine, Jamal mi prese in disparte per discutere la nostra strategia. «Parti domani», disse. «L'esercito controlla tutti i documenti, perquisisce le valigie e tutto il resto. E ti succederà più di una volta lungo la strada».

Sarei potuto restare ancora un po', ma per quanto? Ero stufo di aspettare. Chiamai Maksüt per aggiornarlo e per comunicargli l'orario previsto per il mio arrivo ad Ankara, se tutto fosse andato bene. Lui era emozionato e non vedeva l'ora di incontrarmi. Avrebbe preso un aereo da Istanbul, e mi diede il suo numero di telefono di Ankara chiedendomi di chiamarlo quando fossi arrivato. Sarebbe venuto a prendermi alla stazione degli autobus.

Quella notte non riuscii a dormire, perché pensai a tutto ciò che poteva andare storto, e a come avrei reagito io in tal caso. Se mi avessero catturato e rispedito in Iran, la mia famiglia non avrebbe mai più avuto mie notizie. Passai la notte intera vittima di questa folle ansia, e all'alba la stanza era ghiacciata. Guardai fuori: tutto era nella morsa del gelo. Sul melo nel cortile la brina era così pesante che l'albero sembrava in fiore. Presi un'aspirina dal flaconcino che portavo in una tasca della giacca.

Dopo colazione, chiesi ad Ahmed di portarmi in un negozio di vestiti dove avrei potuto allestire una sorta di camuffamento. Un commesso adolescente mi mostrò pantaloni neri e giacca grigia da uomo d'affari. Aggiunsi una camicia azzurra, con la cravatta intonata, e un paio di scarpe nere, e all'improvviso ero rispettabile. Al momento di pagare mi accorsi che mi mancavano altri soldi, circa trecento dollari. Non dissi nulla al riguardo, saldai il conto e uscii dal negozio. Poi affrontai Ahmed: mi era stato rubato del denaro. Lui fu lesto ad accusare il più grande dei suoi nipoti. Non mi bevvi quella storia, ma che altro potevo fare?

Tornati a casa, cominciai il giro dei ringraziamenti e saluti, partendo da Jamal, ed esprimendo la mia gratitudine a lui e alla moglie. Poi Ahmed, lo guardai dritto in faccia per vedere come reagiva. Mi parve a disagio, certo, ma lo ringraziai per la compagnia, e gli diedi addirittura del denaro perché comprasse un regalo alla fidanzata.

«Te ne darei di più», dissi, «se non avessi perso tutti quei soldi».

Offrii una piccola somma alla moglie di Jamal, che per tradizione non poté accettarla fin quando il marito non le diede il permesso. Lasciai poi altro denaro a Jamal, nel caso la bolletta per le mie telefonate si fosse rivelata più alta di quanto avessi previsto. Lui insisté per accompagnarmi alla stazione degli autobus.

«*Allahaismarladik*», dissi mentre salivo a bordo. «Addio, Jamal».

«*Güle, güle*», mi rispose. «Addio, e fa' buon viaggio».

Trovai un posto accanto al finestrino tre file dietro l'autista: la mia nuova casa per i successivi 1166 chilometri, dall'estremità orientale della Turchia fino ad Ankara, che si trovava nel centro geografico del paese. Quando il conducente ingranò la marcia, feci un cenno di saluto a Jamal, con il cuore che mi martellava nel petto. Le cose che potevano andare storte erano davvero tante. Jamal ci seguì per qualche passo, poi sparì dalla mia visuale.

Mi succede una cosa strana quando qualcuno che ammiro o mi è caro scompare davanti ai miei occhi. La sua intera vita mi si cristallizza nella mente in un unico disegno organico, assolutamente sensato. Forse perché la mia vita era un tale casino.

Uscimmo presto dalla città e prendemmo la strada principale. Numerosi veicoli, grandi e piccoli, avevano accostato per montare le catene da neve. Anche il nostro autista accostò, ma solo per fare segno con gli abbaglianti a un autobus in arrivo e chiacchierare con il conducente. Quando ripartimmo, il nostro secondo autista fece il giro con una bottiglia di acqua di Colonia, versandocene un po' in mano. Guardai il passeggero seduto accanto a me per capire il senso di quel gesto, e quando vidi che si sfregava le mani per poi passarsele sul viso dalla fronte fino al mento lo imitai.

L'autobus non rimase profumato a lungo, tuttavia, perché praticamente un passeggero su due cominciò a fumare. Mi venne offerta una sigaretta, ma rifiutai. L'uomo seduto accanto a me faceva un tiro e aspirava, poi soffiando fuori il fumo parlava di quanto la strada fosse malconcia, perché al governo non importava nulla di questa parte del paese. Il motivo per cui non spazzavano la neve, scherzò, era che così nessuno avrebbe visto in che condizioni era la strada. Io sorrisi, ma non dissi niente, volevo restare il più possibile anonimo. Non mi dispiaceva che parlasse, ma gli feci capire che non avrei risposto alle sue domande. L'accento mi avrebbe tradito subito. Così chiusi gli occhi, fingendo di dormire, grugnendo solo di tanto in tanto un sì o un no. Alla fine si addormentò, e io rimasi a osservare il panorama. Non che ci fosse molto da vedere, con quella tempesta di neve e il vetro che si appannava dall'interno.

Cominciai a pregare. Dopotutto, una qualche entità aveva operato a mio favore se ero arrivato così lontano, quindi perché non rendere grazie? Chiesi perdono per non aver sempre saputo riconoscere le mie tante fortune. Non avevo ringraziato Dio per avermi protetto da lupi, pallottole, freddo e ladri praticamente a ogni angolo di strada. I chilometri che ronzavano sotto le ruote dell'autobus, portandomi via da tutto quello che conoscevo, mi fecero sentire nostalgia per il mio paese, o per quello che era stato un tempo.

«Posto di blocco in arrivo!», urlò l'autista.

L'autobus si fermò davanti a una piccola postazione militare circondata da filo spinato, con due soldati per ciascun lato, i fucili puntati su di noi. L'autista scese con i documenti in mano e seguì un soldato in un piccolo ufficio. Strano, pensai, vedendo che il militare non aveva le mostrine del rango sulle spalle o sulle maniche. Un civile dall'aspetto autoritario salì a bordo e si fermò a esaminare il carico umano. Dalla cintura gli penzolava una fondina con la pistola. Soldati armati si misero di guardia alle porte, uno davanti e uno dietro, scrutandoci come se fossimo bestie. Quasi tutti i passeggeri avevano già tirato fuori i documenti. Io non ero così entusiasta, dal momento che il mio passaporto era un falso malriuscito... dopo tutti i soldi che mi era costato. Poi mi resi conto che non ricordavo il mio nuovo nome, così controllai, ma mi tremava palesemente la mano. Dovevo evitare il contatto visivo; il funzionario mi avrebbe letto tutto negli occhi. Quando toccò a me, consegnai il passaporto aperto alla pagina con la foto, pensando: "Ok, ci siamo, ora sentirà anche i battiti del mio cuore e da un momento all'altro mi vedrà sudare". Non potei fare a meno di ricordare tempi migliori, quando varcavamo il confine a testa alta e i nostri passaporti erano documenti rispettati. Ora ci trattavano tutti come criminali. L'uomo inarcò un sopracciglio e mi guardò, poi guardò la foto sul passaporto. Lo fece di nuovo, prima me, poi la foto, e un istante dopo girò una pagina e quindi un'altra.

«Data di ingresso?», chiese.

«Pagina 17», dissi. «Due settimane fa».

Lui andò a pagina 17. «Il suo punto di ingresso è Istanbul. Che ci fa qui?»

«Affari», dissi. «Importo merci verso l'Iran. Ero a Dogubayazit per controllare la roba e caricare il camion. Ora andrò ad Ankara e poi di nuovo a Istanbul per controllare altra merce».

Mi restituì il passaporto. «Faccia buon viaggio».

Feci un tale sospiro di sollievo, quasi piansi, tanto mi sentivo stordito. Dopo quello scambio di battute, il mio vicino di posto mi guardò. Voleva saperne di più sul mio conto, ma per fortuna le guardie cominciarono a urlare: «Controllo bagagli!».

Alcuni zaini si limitarono a guardarli, altri li capovolsero, gettando ogni cosa per terra nello spazio tra le due file di sedili e lasciando tutto lì quando avanzarono impettiti lungo l'autobus. Nel frattempo, altre due guardie controllavano le valigie nello scomparto sotto di noi. Li guardai ficcare il naso nella cuccetta riservata al secondo autista, e ripensai a quando Jamal mi aveva proposto di nascondermi lì e Rajab aveva detto che era una pazzia. Ci trattennero per due ore e mezzo, stanchi e affamati, poi finalmente ci diedero il permesso di andarcene per la nostra strada. I fumatori misero mano alle sigarette, e io mi poggiai allo schienale, cullato dal gentile dondolio dell'autobus fino a sprofondare nel sonno. Mi svegliò il passeggero accanto a me. Era mattino.

«Un altro posto di blocco».

Due uomini armati salirono sull'autobus e ci chiesero di nuovo i documenti. Non ebbi neppure il tempo di sentirmi in ansia. Il soldato esaminò la prima pagina e mi restituì il passaporto. Tutto qua? Ottimo! Non controllarono neppure i bagagli. Di nuovo in viaggio. Di nuovo salvo. I posti di blocco si ripresentarono con inquietante frequenza, alcuni più solerti di altri, ma nessuna ispezione fu approfondita come la prima, fino a che non fummo nei pressi della città di Erzurum.

Due soldati studiarono attentamente ciascuno di noi, uno per volta, da vicino, forse perché stava facendo di nuovo buio. Di sicuro non avrei retto un esame tanto accurato a quel primo posto di blocco. Non ci chiesero il passaporto, controllarono solo i bagagli, e questa volta tirarono giù ogni borsa e la ispezionarono a fondo. Sprecammo circa un'ora.

Un'ora e mezzo dopo ci fermammo in un ristorante, dove alcuni mangiarono e altri pregarono. Quando uscimmo, notai che nevicava. Il clima rigido rese la strada ancora più scivolosa, e l'autista dovette faticare ancora di più per non finire in qualche fossato. Ben presto, noi e quasi tutti gli altri veicoli in strada montavamo catene da neve. Ci fermammo nella città di Arzanjan per un tè e una breve sosta, poi proseguimmo il viaggio fino ad Ankara senza altre interruzioni. Almeno fino all'ingresso in città. Lì, un singolo soldato dall'aria stanca salì a bordo e scelse qualche passeggero da interrogare. Mi superò senza neanche dare uno sguardo al mio passaporto falso.

Ero arrivato ad Ankara, la capitale della Turchia, una città che conoscevo per esserci stato inviato nel 1976, diciassette anni prima. Giungemmo al capolinea alle sette del mattino. Il mio primo compito fu telefonare a Maksüt e fargli sapere che ero in città.

Ci incontrammo fuori dalla stazione degli autobus, Maksüt era con un uomo che non conoscevo. Il mio amico aveva perso un sacco di capelli e quelli che restavano, pochi e in piccole ciocche, erano bianchi. Gli occhi, però, erano gentili come sempre, e sul volto gli si disegnò il sorriso più caloroso che avessi mai visto. Ci abbracciammo e ci scambiammo baci sulle guance, poi ci osservammo a vicenda, entrambi senza trovare le parole, come fratelli che non si vedevano da tanto tempo.

«*Hos geldiniz, Sharifi*», disse lui. «Benvenuto».

Mi presentò Cebe, il cognato, che ci accompagnò alla sua auto e ci portò all'albergo di Maksüt. Il mio amico era partito da Istanbul la notte precedente. Gustammo una vera colazione prima di avviarci verso gli uffici delle Nazioni Unite, dove avrei avanzato una richiesta di asilo politico.

# 28
# La storia infinita

Giovedì 5 gennaio 1994, alle 9:30 del mattino, accompagnato da Maksüt, mi unii alla folla che aspettava in strada davanti agli uffici delle Nazioni Unite ad Ankara. C'erano afgani e iraniani, iracheni, pakistani e russi. A giudicare dalla ressa, avrei potuto aspettare tre mesi solo per ottenere un colloquio.

Maksüt aveva un amico avvocato, Nadim Yuca, che lavorava lì, così fece un'incursione nell'edificio per parlare con lui, e tornò mezz'ora dopo con il sorriso sulle labbra. Avrei avuto un trattamento preferenziale. Non avrei dovuto aspettare sei mesi come alcuni di quei poveracci fermi lì fuori al freddo. Maksüt mi informò sul tipo di domande che mi avrebbero fatto. Una volta finito, voleva che lo raggiungessi in albergo. Come previsto, non passò molto prima che sentissi chiamare il mio nome dagli altoparlanti.

Fui indirizzato verso un ufficio sotto il livello della strada, una stanza senza finestre dove una donna mi fotografò e mi chiese di compilare una richiesta, poi mi condusse in un'altra stanza per il primo colloquio. Un'ora dopo, ero negli archivi delle Nazioni Unite con il numero 5-3272. Mi diedero una lettera che mi attribuiva un altro numero ancora, un identificativo per la polizia turca. Dovevo tornare di lì a due settimane per il colloquio principale.

Il giorno seguente, Maksüt mi portò a farmi registrare presso la sezione stranieri del distretto di polizia. Anche qui c'era una gran folla. Il mio amico provò a fare pressione, come alle Nazioni Unite, ma questa volta il suo nome non fece scattare nessuno sull'attenti, così dovemmo restare lì per un paio d'ore. Mentre io facevo la fila, Maksüt se ne andò in giro, perso nei suoi pensieri: leggeva gli avvisi nei corridoi, studiava le mappe, finché non perse la pazienza e propose di levare le tende. Sarei potuto tornare l'indomani per la registrazione. Aveva troppe cose da fare, visto che il giorno seguente sarebbe tornato a Istanbul.

La voce successiva sul nostro elenco era l'ambasciata canadese. Akram mi aveva spedito i moduli di richiesta tanto tempo prima, quindi dovevano essere già in archivio, tutti compilati, e infatti non ci volle molto per trovare qualcuno che avviasse la pratica. Il problema fu che prima di andarcene ci sentimmo dire che avrei potuto aspettare anche otto mesi per una risposta. L'ultima cosa che Maksüt poteva fare per me era raccomandarmi un albergo dai prezzi ragionevoli dove alloggiare a tempo indeterminato. Non solo non trovammo un posto del genere, ma non riuscii neppure a procurarmi una stanza per la notte; nessuno voleva accettarmi senza un documento di identità vero e proprio. Il passaporto falso? No, troppo rischioso ora che avevo fatto rapporto alle Nazioni Unite e alla polizia turca. Avrebbe potuto crearmi altri problemi, pensai. Un direttore di albergo minacciò di chiamare la polizia se non fossi uscito immediatamente dalla hall. Mi definì "immigrato clandestino", e immagino avesse ragione.

Avevo due alternative per restare ad Ankara. La prima era affittare una stanza presso una famiglia turca, l'altra provare al campo profughi gestito dall'ONU, ma lì ci volevano altre lettere ufficiali che sarebbe stato impossibile ottenere per quella notte. Resosi conto delle mie ambasce, Maksüt chiamò il cognato, Cebe, e gli disse che stavamo andando da lui. Arrivammo giusto in tempo per la cena, ma ero così esausto che mi prepararono subito il letto. Dormii un poco, poi mi svegliai in preda all'ansia, che mi rimase dentro in pratica per tutta la notte.

Al mattino, Maksüt mi propose di andare con lui a Istanbul. Rimasi senza parole. Aveva discusso dell'idea con sua moglie, al telefono. Avrei potuto presentarmi alla polizia anche lì, oltre che ad Ankara. Non sapevo come ringraziarlo. Mentre il mio amico prendeva l'aereo, Cebe mi accompagnò alla stazione in tempo per salire sull'autobus dell'una. Per 458 chilometri dovetti sopportare il fumo passivo di ventotto fumatori incalliti, e lo feci volentieri, lasciatemelo dire. Sì, c'erano i posti di blocco, ma non ebbi alcun problema, e per metà serata eravamo a Istanbul.

Andai in taxi a casa di Maksüt. Sua moglie, Emel, mi accolse a braccia aperte, come fossi un fratello che non vedeva da tempo. «*Hos geldiniz*», mi disse. «Benvenuto». Maksüt non era ancora tornato dal lavoro, e non erano in casa neppure Gökhan, il figlio, e Gökcen, la figlia. Uno era al lavoro, l'altra all'università.

Emel volle sapere ogni cosa. Io mi limitai alle buone notizie, le raccontai di tutte le volte in cui l'avevo scampata, incluso quest'ultimo miracolo. Ma lei disse soltanto: «È ben a questo che servono gli amici, no?». Mi descrisse la visita di Shahram presso di loro, e di come il ragazzo avesse parlato della mia esperienza in prigione, inclusa la tortura. La mia ordalia l'aveva terribilmente sconvolta. Mi chiese perché le cose brutte succedevano sempre alla brava gente.

Quando Maksüt tornò dal lavoro, era stanco ma sorridente, e anche lui mi diede il benvenuto nella sua casa e alla sua tavola, che era già tutta imbandita. Dopo il secondo bicchiere di *rakı*, la grappa turca, il mio ospite si addormentò a tavola, ancor prima che sua figlia tornasse da scuola. Rimasi stupito quando vidi che meravigliosa donna era diventata Gökcen. Avevamo così tanto da dirci, dopo diciassette anni, ma avremmo dovuto pazientare fino all'indomani. Gökhan mi fece la gentilezza di dormire da un amico, così poterono destinarmi un divano letto nella sua stanza.

Al mattino, Maksüt mi accompagnò al commissariato per aiutarmi a registrarmi come straniero in Turchia. Un tempo conosceva un agente del posto, ma trovarlo in quel dedalo di uffici non fu facile. L'agente lesse la mia lettera dell'ONU e poi ascoltò Maksüt che gli spiegava il mio caso, ma fu tutto inutile. Non poteva aiutarci. Avevo fatto richiesta ad Ankara, quindi era lì che avrei dovuto attendere che le autorità stabilissero la mia futura residenza. In pratica Maksüt lo supplicò di dargli un'alternativa a quel girotondo burocratico.

«Posso fingere di non sapere che sta a casa tua», disse l'agente. «Ma fai in modo che la polizia non lo scopra».

Ero di nuovo in preda all'ansia. Maksüt mi disse di non preoccuparmi. Sarei rimasto con loro finché non avessi ottenuto risposta dall'ambasciata canadese. Nel frattempo, lui avrebbe contattato il suo amico all'ONU perché ci aiutasse a risolvere questo problema. Dio benedica Maksüt. Mi disse di considerare la permanenza a Istanbul come una vacanza, e di godermela. Ma come potevo, sapendo di creare tanti fastidi al mio amico?

«Non lo dire neanche per scherzo», rispose lui.

Telefonai ad Akram a Vancouver con l'idea di far seguire il mio caso a un avvocato canadese esperto in immigrazione, ma lei era un passo avanti a me: un avvocato si era già messo in contatto via fax con l'ambasciata di Ankara. Mia moglie sembrava triste, come se avesse qualcosa per la mente ma non volesse parlarne. Io non me la sentivo di costringerla a dirmi cose che aveva deciso di tenere per sé.

Pochi giorni dopo, tornai in autobus ad Ankara per il mio secondo colloquio presso gli uffici delle Nazioni Unite. Avevo notato solo di recente che quei miei primi documenti mi proibivano di viaggiare fuori dalla capitale, quindi avevo un altro motivo per sentirmi sempre in agitazione. Il sarto di Maksüt, Hayri Misirōglu, mi aveva organizzato un appuntamento ad Ankara con suo figlio, un ragazzo di nome Murat. Decidemmo di incontrarci confondendoci nel frenetico brulichio di persone del centro, e trovammo rifugio nella frescura di una pasticceria.

Murat era alto, forte ed educato, e parlava persino un po' di inglese. Secondo i piani, avrei dovuto rintanarmi a casa sua, dove abitava con altri due studenti. Erano entrambi brave persone, e così fui sollevato all'idea di poter parcheggiare il mio corpo esausto in un luogo così piacevole.

Il mattino seguente, attesi per due ore negli uffici dell'ONU che chiamassero il mio nome. Fui indirizzato verso una piccola stanza, dove una giovane donna di nome Zeynep mise da parte le sue pile di documenti e mi chiese di accomodarmi. Cominciò con semplici domande, nome, professione, attitudini particolari. Volle sapere perché ero fuggito, ovviamente, e quanto fosse difficile la mia vita in Iran. Risposi alle sue domande, rendendo ben chiaro che, sebbene amassi il mio paese e avessi combattuto in sua difesa, lì non avevo più una vita. Peggio ancora, se ci fossi rimasto avrei rischiato la morte. Ma, cosa più importante, la mia famiglia si era già trasferita in Canada. Diffidai della sua espressione triste, poiché i burocrati erano famosi per la capacità di fingere compassione per poi dare una cattiva notizia. Mi stupii quando lei parve lamentarsi sinceramente per le tragedie umane così diffuse in quella parte del mondo. Era sicura che la mia richiesta sarebbe stata accolta, e mi incoraggiò a essere ottimista.

«Buona fortuna, signor Sharifirad», disse.

Tutto qua. La ringraziai di cuore e me ne andai.

Rimasi un'altra notte da Murat e i suoi amici. Fu corroborante passare del tempo con dei giovani pieni di energie, ai quali piaceva raccontare barzellette e folli storie di avventure con le loro fidanzate. Ma il giorno dopo, mi aspettava un altro fetido viaggio in autobus per tornare a Istanbul. Il mio vicino di posto fumò una sigaretta dietro l'altra per tutto il tragitto, e non ne accese mai una senza prima offrirla anche a me. Ben venti volte dovetti rifiutare cortesemente. Chi poteva avercela con un tizio che mostrava una tale generosità?

Trascorsi venticinque giorni con Maksüt, in attesa di notizie dall'ambasciata canadese. Ogni mattina, Emel usciva per andare a scuola, dove lavorava, e tornava nel pomeriggio. Gökhan se ne stava per lo più con gli amici, tornando a casa di tanto in tanto per giocare a scacchi sul computer. Era completamente rapito da quel gioco, lavorava sempre a nuove strategie contro gli avversari on-line. Venni presto a sapere che era uno dei migliori giocatori del paese e aveva gareggiato a livello internazionale.

Gökcen frequentava l'università e tornava a casa ogni sera con mucchi di libri, e non mancava mai di prepararmi una macedonia prima di mettersi a studiare. Maksüt aveva un orario di lavoro molto irregolare; in quanto pilota, restava spesso fuori casa per giorni di seguito. Per lui, rilassarsi significava crollare sul divano con uno o due bicchieri di *rakı* mentre guardava le partite di calcio alla televisione, spesso addormentandosi prima della fine.

Non sarei riuscito a conservare il mio ottimismo se non fossi uscito di casa ogni giorno, così partivo al mattino, andavo al mercato coperto in centro e poi tornavo indietro, una spedizione di otto ore. Solo quando Maksüt aveva la giornata libera mi avventuravo più lontano, andavamo nei club, nei pub, nelle chiese e nelle moschee, nei musei e ai siti storici, nei centri commerciali e in costosi ristoranti. Maksüt sapeva vivere ed era l'ospite perfetto, non mi permetteva mai di tirare fuori un centesimo. «No no, Sharifi, sei mio ospite», diceva. «Goditi la vacanza».

A metà febbraio, l'ambasciata canadese chiamò per avvisarmi che avrei dovuto sostenere un colloquio a Istanbul di lì a due giorni. Il consolato si trovava in una vecchia chiesa, fiocamente illuminata e quasi spoglia. Ovviamente, l'incaricata, Elizabet Huff, consulente della polizia per cittadinanza e immigrazione, dovette cominciare da zero, così tornai con la mente agli inizi della guerra con l'Iraq.

«Non voglio sapere della guerra», mi disse. «Mi racconti soltanto della sua vita in Iran, perché è intollerabile, e come mai il Canada è la sua sola alternativa».

Mi sentii colto alla sprovvista, non potendo fare riferimento alla storia drammatica che aveva portato al mio disastro personale. Così saltai direttamente al periodo passato in prigione, alla tortura e alle persecuzioni che ne seguirono. Poi descrissi le disavventure della mia famiglia nel tentativo di raggiungere Vancouver, e infine l'incubo dal quale ero appena uscito grazie a Rajab, aggiungendo piccoli dettagli che sottolineassero i rischi che avevo corso. Si sarebbe portati a credere che, avendo raccontato così spesso la mia storia, la cosa non dovesse più suscitare in me grandi emozioni, ma alla fine mi ritrovai comunque esausto.

«Lei non ha l'aria di uno appena uscito dall'inferno», disse la donna.

E questo che significava? Si assentò per conferire con il suo capo, mentre io rimasi lì ad angustiarmi. Tornò dopo dieci minuti, portando con sé dei documenti e il permesso di inviarmi all'American Hospital per una visita di controllo. «Se va tutto bene», disse, «sarà in Canada prima di me».

Incredibile. Incredibile! Niente più documenti, niente avvisi o divieti. Avrei voluto abbracciarla, ma probabilmente non era il caso. Le chiesi il suo numero di telefono in Canada, e come se niente fosse lei me lo diede! Quanta schiettezza, nessuna paranoia: ero sbalordito. La donna mi augurò buona fortuna e finì lì. Uscii dalla vecchia chiesa e mi diressi verso l'ospedale per fissare quella visita. Poi tornai a casa di Maksüt per chiamare Akram.

Pochi giorni dopo, andai all'American Hospital per la visita di controllo. Anche lì c'erano moltissime persone che aspettavano di sentir chiamare il proprio nome. La mia visita durò due ore. Avrebbero spedito i risultati all'ambasciata canadese senza che io avessi modo di vederli. Non avendo altri colloqui in calendario, e con l'avvocato di Akram che stava seguendo il mio caso passo dopo passo, non mi restava che aspettare notizie dall'ambasciata.

A mano a mano che l'attesa si trascinava, cominciai a temere di non aver passato la visita medica, e divenni pessimista e preda del mio umore. Un giorno, di punto in bianco, Maksüt mi chiese quando me ne sarei andato. Che potevo dire? Emel rimase contrariata dalla scortesia del marito, e mi chiese di perdonarlo, per quello e per l'abitudine che aveva di monopolizzare la TV con la sua ossessione per il calcio, impedendomi di guardare i miei programmi preferiti.

«Lo conosci», disse, «sai quanto è gentile, non lasciare che un solo momento di malumore rovini ogni cosa. La verità è che non ci dai nessun fastidio. Se a volte ti chiediamo perché i canadesi ci mettono tanto è solo perché pensiamo ad Akram e ai vostri ragazzi a Vancouver, a quanto deve essere dura per loro questa attesa. Qui sei il benvenuto e puoi restare per tutto il tempo che ci vuole, perché per noi sei come un fratello».

Il giorno dopo andammo tutti in gita alla stazione sciistica di Bursa. La settimana seguente, Maksüt mi avrebbe portato in visita da suo padre e suo fratello in una piccola città chiamata Uzunköprü, 235 chilometri a ovest di Istanbul. Emel era sicura che al ritorno avremmo scoperto che l'ambasciata aveva chiamato con buone notizie.

E così partimmo, io, Maksüt, Emel e Gökcen, e passammo due giorni alla stazione sciistica, inebriandoci del meraviglioso paesaggio naturale di giorno, e lasciandoci deliziare dalla cucina di Sami Gündüz, marito della zia di Maksüt, di sera. La vacanza incluse anche un matrimonio, la sera del nostro arrivo. Non conoscevo nessuno, ma questo non mi impedì di divertirmi.

Il giorno seguente ci incontrammo con Ayse, una donna che era stata come una madre per me e Akram quando, nel 1976, avevamo soggiornato a Merzifon.

Ayse era inoltre la madre di Remzi Armen, un pilota dell'aeronautica turca. Sami e la sua famiglia continuarono a essere ospitali come solo i turchi sanno essere. Era proprio il tipo di distrazione di cui avevo bisogno per distogliere la mente da quella lunga attesa.

Due giorni più tardi, dopo essere tornati a Istanbul, io e Maksüt partimmo per andare a trovare suo padre Suleyman, un caro vecchietto che parlava poco ma aveva il cuore d'oro. Viveva da solo, fedele alla moglie morta tanti anni prima. Sulla via del ritorno verso Istanbul, Maksüt ascoltò senza sosta le radiocronache delle partite di calcio.

«Quando finalmente arriverò in Canada», gli dissi, «non guarderò né ascolterò mai più una partita di calcio. Ne ho avuto abbastanza per una vita intera».

Lui rise, ma non cambiò stazione.

Arrivati a Istanbul, osservai l'espressione di Emel per capire se c'erano novità, ma niente da fare. Telefonai ad Ahmet Ergönen ad Ankara, per sentire se sapeva dove potessi trascorrere dieci giorni mentre terminavo la procedura di registrazione presso la polizia. Lui mi richiamò quella sera stessa, dicendomi che potevo stare per un po' con sua figlia, Gökce, studentessa universitaria, e poi nella dépendance del dirigente di una compagnia petrolifera, ma soltanto per dieci giorni. Il mattino seguente, tornai ad Ankara.

I tre giorni con Gökce furono una gioia, poiché la ragazza mi ricordava mia figlia. Poi mi trasferii nella dépendance di quel dirigente. Ma dopo dieci giorni ancora non avevo notizie dall'ambasciata né dall'ONU. Per fortuna, potei restare in quegli alloggi altri quattro giorni. Nel corso dei miei rapporti quotidiani alla stazione di polizia, l'agente incaricato finì per conoscermi e apprezzarmi per la mia puntualità. Mi avvisò che di lì a venticinque giorni avrei dovuto trasferirmi da Ankara in un'altra città. Ero disperato.

Chiamai mia moglie, facendole pressione perché stesse addosso all'avvocato dell'immigrazione.

«Se li sta guadagnando i suoi soldi?», le chiesi.

Sentii di nuovo che qualcosa in lei non andava, e questa volta insistei perché parlasse. Quindi, immagino, me l'andai praticamente a cercare. A parte la notizia su Shahrokh che si era rotto un braccio in un incontro di lotta a scuola, e Shahram che aveva bisogno di un intervento al ginocchio, e Mahrokh che si era fatta male mentre per gioco lottava con Shahrokh, mi confessò che negli ultimi tre mesi era stata ripetutamente in ospedale. Cominciò a piangere, e quasi diede la colpa a me per i problemi che stava vivendo. Poi venne fuori tutto: non ne poteva più di badare da sola a tre ragazzi, incapace di rispondere alle loro domande su come stavo e quando sarei arrivato. Stava farfugliando, disse che voleva morire, e questo fece piangere anche me.

«Nell'istante stesso in cui arrivi, Yadi, io mi prendo una pausa», disse Akram. «Non voglio più occuparmi dei ragazzi».

Cosa non avrei dato per fare cambio con lei.

«Per favore», la implorai, «devi soltanto resistere queste ultime settimane. Presto ci lasceremo alle spalle tutte le nostre miserie». La salutai con le lacrime che ancora mi scorrevano sul viso.

Di ritorno dalla mia visita quotidiana alla polizia, telefonai all'ambasciata canadese. Che male poteva fare? Di sicuro i canadesi non mi avrebbero sbattuto la porta in faccia, come avevano fatto con Akram a Teheran. Dissi chi ero, descrissi il mio caso e aggiunsi che aspettavo da tre mesi, avendo sostenuto tutti i colloqui e il controllo medico, ma non avevo notizie da nessuno. L'incaricata all'altro capo della linea ci mise appena un istante a trovare il mio fascicolo.

«Sharifirad», disse. «Sì. La sua richiesta è stata approvata, e i documenti per l'immigrazione sono proprio qui, può passare a prenderli quando vuole».

«Mi scusi?», feci. «Posso venire adesso? Oggi?»

«Quando vuole», mi rispose. «C'è altro?».

Mentre andavo in taxi all'ambasciata, mi sovvenne che forse la donna aveva scambiato il mio fascicolo con quello di Shahram. Perché altrimenti non mi avevano chiamato? Pronto a tale eventualità, mi presentai alla reception dell'ambasciata. Poco dopo, una donna che teneva in mano un fascicolo mi invitò dentro un piccolo ufficio.

«Ha il permesso di uscita della polizia turca?»

«No», risposi.

«Be', dovrà procurarselo», mi disse lei. Non potevano darmi quei documenti se prima non ricevevo il permesso dalla polizia per lasciare il paese. Dovevo anche organizzarmi il viaggio in aereo per il Canada, che potevo pagare io stesso, oppure avrei dovuto aspettare una settimana e se ne sarebbero occupati loro.

«Una settimana? Non se ne parla», dissi. «Comprerò il biglietto oggi stesso».

«Bene», rispose la donna, e mi consegnò una lettera per la polizia nella quale era richiesto il mio permesso di uscita. «Buona fortuna», concluse.

Andai direttamente all'agenzia di viaggi e acquistai un biglietto per la tratta Istanbul-Amsterdam-Vancouver. Cosa strana, il biglietto di andata e ritorno con la KLM era più economico di quello di sola andata. Non feci domande. Uscii dall'agenzia e mi avviai in strada come un uomo nuovo. Tutto mi sembrava più bello, il clima, la gente, il manicomio di automobili nell'ora di punta. Niente più ansie se uscivo da Ankara, non avrei più vissuto nel terrore della polizia. Di tanto in tanto, mi tastavo la tasca per accertarmi che il mio biglietto per la libertà fosse ancora lì.

Pensai di telefonare ad Akram, ma resistetti alla tentazione: prima volevo essere sicuro di avere il permesso della polizia e stringere tra le mani i documenti per l'immigrazione. Non potevo darle altre false speranze.

Festeggiai cenando al ristorante dello Sheraton. Più tardi chiamai Maksüt, che però non era ancora tornato dal lavoro, allora diedi la buona notizia a Emel, che si congratulò con me e disse che non vedeva l'ora che tornassi a Istanbul di lì a un paio di giorni.

# 29
# Oh, Canada!

Abbandonai il rituale quotidiano di andare a piedi al commissariato per ammazzare il tempo, e presi invece il taxi. Il dipartimento che si occupava dei rifugiati era affollato come al solito. Mostrai la lettera dell'ambasciata al poliziotto, che ormai era diventato una specie di amico. Mi spiegò che ero nel posto sbagliato. La lettera doveva essere portata al ministero degli Esteri. C'era un commissariato anche lì, e loro avrebbero redatto il documento col quale sarei poi dovuto tornare da lui. «Non possono dettarla per telefono o spedirla via fax?», chiesi. Andavo di fretta.

«No! Fai come ti ho detto», mi rispose. Dato il tono che aveva usato non osai chiedergli altro, neppure dove si trovasse il commissariato del ministero o come potevo arrivarci.

Da una sala da tè lì vicino telefonai a Maksüt. Volevo qualche consiglio prima di affrontare di nuovo la burocrazia, per non parlare delle altre code infinite. Forse lui aveva dei contatti presso il ministero. Maksüt sapeva come ottenere quella dannata lettera senza grandi fastidi. Dovevo parlare con Rafik Kosmaz, un suo amico del settore assicurativo, il quale era anche ex colonnello dell'esercito con amici influenti all'interno del governo, incluso un parente stretto all'Assemblea nazionale. Se Rafik non poteva aiutarmi, avrei dovuto richiamare immediatamente il mio amico. Caro, vecchio Maksüt. Intanto, lui avrebbe telefonato a Rafik per avvertirlo del mio arrivo. Aspettai mezz'ora per dargli il tempo di chiamare, poi telefonai a mia volta. Rafik mi diede le indicazioni e mi disse di andare lì subito. Non era lontano.

Al citofono rispose una donna, che mi fece entrare. Un gentiluomo elegantemente vestito si alzò da dietro la scrivania, mi porse la mano in segno di benvenuto e si presentò come Rafik. Maksüt gli aveva già spiegato ogni cosa, mi disse, quindi non era necessario che entrassi nei dettagli. Né dovetti sforzarmi col mio accento turco, perché lui parlava inglese. Rafik fece una telefonata e descrisse la mia situazione. Lo guardai prendere appunti mentre ascoltava, aggiungendo i suoi brevi «sì, sì, sì, signore» per poi concludere con «la ringrazio davvero tanto».

«Ha un appuntamento con il capo della polizia al ministero degli Esteri domattina alle nove», mi disse.

Fatto. Fantastico. Incredibile! Rafik non aveva dubbi che il mio problema fosse risolto, e spostò senza indugi la conversazione su Maksüt, per chiedermi come ci fossimo conosciuti. Gli parlai della nostra amicizia che risaliva quasi a vent'anni prima e gli descrissi tutto quello che aveva fatto per me negli ultimi tre mesi. Quanto a Rafik, aveva conosciuto Maksüt mentre erano entrambi alla scuola di inglese nel centro di studi delle forze armate, ma non aveva mai incontrato la sua famiglia. Mi chiese perché avessi scelto il Canada, e gli spiegai che la mia famiglia era lì, poi mi augurò buona fortuna e mi invitò a chiamarlo ancora se fossero sorti altri problemi.

Il giorno seguente mi alzai presto, con l'adrenalina che mi pompava nelle vene. Quando arrivai alla stazione di polizia, mi indirizzarono verso l'ufficio del comandante, dove dovetti usare il mio turco stentato per spiegare il problema relativo al mio «permesso». Gli dissi che, se non lo ottenevo entro quarantott'ore, avrei perso i soldi del biglietto, 1200 dollari, e non ne avevo altri per ricomprarlo. Lui ascoltò quello che avevo da dire, poi convocò un tenente colonnello. Gli ordinò: «scriva una lettera alla polizia di sicurezza, per riabilitare questo gentiluomo affinché possa lasciare immediatamente il paese, e che lo facciano subito!». Il tenente colonnello mi chiese di seguirlo. Mi alzai, ringraziai il comandante e gli dissi addio, ma lui mi degnò a malapena di uno sguardo. Salimmo al quarto piano, dove la segretaria dell'ufficiale si mise al lavoro sulla lettera. Quarantacinque minuti dopo, stringevo tra le mani il benedetto documento.

Presi un taxi per il comando della polizia di sicurezza generale, sezione stranieri, lo stesso commissariato dove mi ero presentato a rapporto tutte quelle settimane. Per consegnare la lettera alle autorità giuste, dovevo mettermi in fila con tutti i rifugiati nel corridoio. E se non avessi ottenuto il permesso prima dell'orario di chiusura? Era una specie di paradosso alla *Comma 22*. Mi avevano avvisato che ero rimasto ad Ankara più del necessario, e ora che avevo i documenti per andarmene, ero bloccato nel loro complesso sistema burocratico. Eravamo in troppi. Dopo un paio d'ore di ansiosa attesa, fui ammesso al cospetto dell'ufficiale giusto.

«Come l'ha ottenuta?», mi chiese, guardando la lettera.

«Grazie al capo della polizia in persona, signore», risposi. «Se n'è occupato lui».

«Mi dispiace, ma oggi non posso prepararle il documento che le serve», disse. «Ho troppe cose da fare».

Dentro di me ero furioso. C'è un limite alla burocrazia che una persona può sopportare senza impazzire.

«Torni domani», mi disse l'ufficiale.

Stavo per perdere il controllo e rovinare ogni cosa. Subito! Volevo la mia lettera subito!

«Quando torna», aggiunse quello, «venga direttamente nel mio ufficio. La lettera sarà qui ad attenderla».

Che potevo dire? Qualsiasi cosa avessi detto, rischiavo altre complicazioni.

Mentre tornavo a casa, camminai per un po' con un altro giovane iraniano, che mi invitò a stare nel posto che divideva con altri rifugiati del nostro paese. Scoprii che si trovava in uno dei quartieri più poveri e disperati di Ankara, un vero squallore. Mi sentii davvero benedetto per avere amici come Maksüt e Ahmet. Nell'andar via, diedi al giovane tutti i dollari ai quali potevo rinunciare. Lui sulle prime rifiutò, ma insistetti.

Una volta in centro, telefonai a Maksüt per spiegargli la mia situazione: se l'indomani avessi ottenuto il permesso al mattino, avrei preso l'autobus per Istanbul per trascorrere la mia ultima notte in Turchia con lui e la sua famiglia. Finalmente, era libero da tutti i problemi di Sharifi! Lui rise e disse che non vedeva l'ora che arrivassi a Istanbul. Telefonai a quante più persone possibile per ringraziarle di ciò che avevano fatto per me. Molti non erano in casa e lasciai dei messaggi. Per il resto della giornata, vagai per il mercato, tornando in albergo solo quando cominciò a fare buio.

Il giorno seguente, mi svegliai presto per fare le valigie, poi mi fermai a una pasticceria per prendere una confezione dei loro dolci migliori prima di andare in taxi al commissariato. Superai la solita fila, entrai nell'ufficio per prendere la mia lettera, accolto dall'ufficiale che stava chiacchierando coi suoi colleghi, e posizionai i dolci sulla sua scrivania.

«Cosa c'è lì dentro?», mi chiese.

«Dei dolci», risposi, «per ringraziarla della sua gentilezza».

«Be', grazie. Ma la sua lettera non è ancora pronta». Guardò nel pacchetto. «La preparo subito», aggiunse.

Mai sottovalutare il potere di un dono.

Non gli ci volle molto. Qualche minuto dopo, avevo in mano la mia lettera. Era difficile credere che tutte le mie preoccupazioni erano davvero finite, e che finalmente potevo volare in Canada e unirmi alla mia famiglia in tutta libertà. Ringraziai gli ufficiali lì presenti e uscii, diretto alla mia ultima fermata, l'ambasciata canadese.

Pur costringendo il tassista a prendere tutte le scorciatoie che conosceva, ci misi mezz'ora per arrivare a destinazione. Una volta passato il controllo della sicurezza, andai dalla receptionist e le chiesi i miei documenti per l'espatrio. Lei mi chiese a sua volta il permesso della polizia e il biglietto per il viaggio, e glieli porsi entrambi. Sembrò emozionata per me, e mi invitò a sedermi mentre metteva insieme il mio fascicolo. Perché ero così nervoso? Eppure fremevo, perché la burocrazia era davvero imprevedibile.

«Ya-dol-lah». Sentii chiamare il mio nome quando la receptionist si avvicinò con i documenti tra le mani e me li consegnò rammentandomi quanto fossero importanti e preziosi, come se non lo sapessi già, mio Dio! Dovevo presentarli in aeroporto, insieme alla lettera dell'ONU e al permesso della polizia. Ringraziai la donna e il soldato di guardia, quindi me ne andai.

Per strada, mi resi conto di tutte le altre persone con le quali ero in debito, molte delle quali non avrei mai potuto ringraziare abbastanza, persone che neppure mi conoscevano, ma che avevano fatto di tutto per tenermi su di morale durante quell'avventura. Tornai in albergo per impacchettare le ultime cose, poi andai in taxi alla stazione degli autobus, arrivando in tempo per prendere quello dell'una.

Che sollievo, quando accostammo per un posto di blocco lungo la strada per Istanbul, non dovermi più preoccupare della polizia. Adesso ero un uomo con una identità. E una patria. Stavo per diventare canadese. Neppure i fumatori incalliti sull'autobus potevano infastidirmi. Anzi, quando mi offrirono una sigaretta, la accesi e intossicai l'autobus insieme a tutti gli altri. Alle nove di sera ero con Maksüt, Emel e la figlia Gökcen, che mi stavano aspettando già dalle sei. La cena di festeggiamento si era raffreddata, ma la loro accoglienza fu più calda che mai.

La cena divenne stranamente tranquilla, però, e tentavamo tutti di rompere quell'imbarazzante silenzio. Quanto a me, provavo una curiosa miscela di tristezza ed eccitazione. Dovevo così tanto a queste persone, per la loro pazienza, per come avevano risolto i miei problemi; anche al ragazzo, Gökhan, che non avevo incontrato quasi mai perché era rimasto spesso dagli amici in modo che potessi dormire nella sua stanza. Ero diventato uno di famiglia, e non c'era dubbio che li avrei portati in eterno nel cuore, parte anche loro della mia famiglia.

Dopo cena, telefonai ad Akram e le dissi che sarei arrivato il giorno dopo verso le sei di sera. Lei non mi sembrò stupita né emozionata.

«Com'è il tempo lì?», le chiesi. «Fa freddo?»

«No», mi rispose. E non aggiunse altro.

Che altro avrei potuto aggiungere? Quella mancanza di entusiasmo mi turbava. I suoi sentimenti per me erano cambiati? Erano passati quasi tre anni, dopotutto. O c'erano altre cattive notizie? Mi aveva già tenuto nascoste tante cose, forse per impedire che mi preoccupassi. Questo potevo capirlo. Ricordai quando si era aperta informandomi sui ragazzi e su tutti i loro problemi, quanto le pesava dover affrontare tutto da sola. Mi chiesi che stava succedendo, la testa inondata di domande alle quali non avrei trovato risposta finché non l'avessi rivista a Vancouver.

Al mattino non riuscivo a mangiare, ma Emel mi costrinse a mandare giù qualcosa. Maksüt mi accompagnò in aeroporto e venne con me al bancone del check-in, dove ottenni la carta d'imbarco. Da lì superai subito il controllo della sicurezza, e Maksüt poté seguirmi mostrando i suoi documenti di pilota. Al controllo passaporti spiegai che non ce l'avevo, e mostrai invece il mio permesso di uscita. L'addetto non parve molto convinto. Ci indirizzò dal suo superiore. Maksüt riassunse la mia situazione mentre il funzionario leggeva la lettera, poi senza altre domande l'uomo la firmò e mi lasciò andare, augurandomi anche buon viaggio. Eravamo dunque liberi di unirci agli altri passeggeri che aspettavano di salire a bordo.

Non restavano che gli addii, e le lacrime erano già pronte a trasformarli in tragedia, quindi evitammo di salutarci e ci sedemmo su una panchina a ridosso della parete. Maksüt mi chiese se volevo qualcosa dai negozi duty-free, ma non mi serviva nulla. Si alzò.

«Ora, amico mio, me ne vado», disse. «Ti lascio prepararti per il volo».

Mi alzai e lo abbracciai. Eravamo davvero come fratelli.

«Porgi i miei omaggi ad Akram», disse lui con voce tremante. «E salutami i ragazzi».

«Ti ringrazio, Maksüt, dal profondo del cuore», dissi.

Mi abbracciò ancora più forte.

«Fintanto che il cuore continuerà a battermi nel petto», aggiunsi, «mi ricorderò della tua generosità». Ed era vero. In futuro, chiunque mi avesse chiesto chi più di ogni altro dovevo ringraziare per la mia fuga verso la libertà, io avrei risposto "Maksüt".

«Non è niente», mi disse lui. «Siamo amici da così tanti anni. Il mio cuore ha parlato e io l'ho semplicemente ascoltato. Che altro potevo fare?».

Mi strinse di nuovo la mano. «Tu avresti fatto lo stesso per me», concluse. «Abbi cura di te, Sharifi».

Indietreggiò, con le lacrime agli occhi, si girò e varcò i cancelli della sicurezza. Lo vidi uscire nel terminal, e continuai a guardarlo finché non sparì.

*Che Dio ti benedica, Maksüt.*

Alle nove del mattino, l'aereo decollò per Amsterdam. Di nuovo in volo! Ero di nuovo in volo! Guardai giù, i tanti posti in cui ero stato, le strade che avevo percorso, i quartieri che avevo esplorato. Quando fummo al di sopra delle nuvole e l'aereo assunse una posizione orizzontale, ci fu servita la colazione, poi cominciai a prendere qualche appunto sull'addio con Maksüt.

Provai a dormire, ma non ci riuscivo, neanche con l'aiuto di un sonnifero. Guardai lo schermo che mostrava il progredire del nostro viaggio da Istanbul ad Amsterdam, ma troppe erano le cose che mi passavano per la mente. Alla fine comunque finii per addormentarmi, perché all'improvviso una hostess mi scrollò delicatamente per comunicarmi che ci stavamo avvicinando a destinazione.

L'aeroporto di Amsterdam era un altro mondo. Negozi e ristoranti mi attiravano, ma il volo per Vancouver di lì a poco non mi lasciava tempo per fare il turista. Al bancone della KLM, presentai i miei documenti. «Non ha niente con una foto?», mi domandò l'impiegato. Sarei dovuto tornare in Turchia, mi disse. Ero in preda all'orrore. Mi accompagnarono in un ufficio della sicurezza, dove gli agenti tentarono di contattare l'ambasciata canadese per avere informazioni sul mio conto. Avrei dovuto aspettare finché non ne avessero ottenute. «Aspettare qui?», chiesi. Ero libero di aggirarmi per l'aeroporto finché non fossero arrivate notizie. Una cosa era certa: non avrei preso l'aereo, perché era già partito.

Chiamai Akram per metterla al corrente di quest'ultimo intoppo. «Domani», le dissi, «con un po' di fortuna». Lei mi diede la colpa di tutto, come al solito, e cominciai a capire perché sembrava così turbata dalle mie infinite promesse.

Non potevo girare più di tanto per il terminal, se volevo che mi trovassero non appena avessero ottenuto le informazioni che cercavano. Come volevasi dimostrare, dopo tre ore un agente della sicurezza venne a chiamarmi e mi chiese dov'ero finito. Erano venuti due diplomatici canadesi per parlare con me, mi disse, e io ero sparito. Mi comunicò che un fax dell'ambasciata canadese in Turchia aveva spiegato ogni cosa. Avrei preso un volo l'indomani mattina, ma poiché non potevo allontanarmi dall'aeroporto avrei dovuto dormire nella sala d'attesa. La KLM mi avrebbe fornito dei buoni pasto. L'impiegato era dispiaciuto perché avevo perso l'aereo ma, mi spiegò, lui stava solo facendo il suo mestiere. Anche se il giorno dopo aveva il turno di riposo, mi promise che sarebbe venuto a darmi una mano.

Sollevato, mangiai con gusto, poi vagai per l'aeroporto finché non ne potei più, e mi unii agli altri passeggeri rimasti nella sala d'attesa, accingendomi ad affrontare una scomoda nottata. Mi stesi a terra ma non riuscivo a dormire, così lessi il giornale e poi annotai gli eventi di quella giornata nel taccuino. Al mattino, l'impiegato della KLM arrivò come promesso per accertarsi che prendessi l'aereo, e mi chiese ancora una volta scusa prima di dirmi addio.

Quando l'aereo prese quota, provai la divina sensazione della forza di gravità unita al peso del mio corpo. Chiusi gli occhi, persuaso che avrei dormito per tutto il viaggio, ma avevo la testa piena di sensazioni dolorose che non riuscivo bene a identificare. Più cercavo di analizzare cosa mi turbasse, meno lo capivo. Forse ero solo troppo stanco. Magari una birra mi avrebbe fatto bene. Ne ordinai una, due, tre, e alla quarta sonnecchiavo. Solo il calo della pressione quando il pilota scese sotto l'altitudine di crociera riuscì a svegliarmi. Stavamo atterrando a Toronto. Avevamo un'ora di attesa prima del volo per Vancouver. Un'agente donna mi intercettò alla dogana, mi portò in un ufficio dell'immigrazione per compilare dei moduli e rispondere a qualche domanda. Mi restavano le ultime briciole di pazienza e gli ultimi diciassette dollari in contanti, quindi non avrei potuto sopportare altri intoppi burocratici. Prima di risalire a bordo, chiesi alla donna di poter telefonare a mia moglie per comunicarle l'orario del mio arrivo a Vancouver.

Era buio e pioveva quando l'aereo decollò da Toronto diretto a ovest. Non ero più stanco, ma mi sentivo stordito per quella che pareva carenza di ossigeno. Forse, dopo tutto quello che aveva passato, il mio organismo stava cedendo. Piombai in uno stato semionirico, nel quale vidi i miei figli, che si stavano preparando per venirmi a prendere all'aeroporto, e mia moglie, che tanto aveva sofferto a causa mia, per motivi non spiegati e semplicemente inspiegabili. E che aveva dovuto crescere tre figli da sola. A ogni ora che mi portava più vicino alla mia famiglia, il mio cuore batteva sempre più forte, finché potei letteralmente sentirlo. Temevo di avere un esaurimento nervoso; ero agli sgoccioli. Non ce la facevo più, non potevo più aspettare.

Quando l'aereo cominciò la manovra di avvicinamento al Vancouver International Airport, mi resi conto che dovevo prepararmi a vedere i miei cari. Volevo assolutamente mostrarmi normale e non scoppiare in lacrime davanti a tutti. Cercai di ricordare la mia famiglia come meglio potevo, di riabituarmi a loro, così da non presentarmi con i nervi a pezzi. Se solo fossi riuscito a vederli prima che loro vedessero me, avrei potuto guardarli lentamente, diluire una gioia che, tutta insieme, sarebbe stata di sicuro eccessiva.

Nel terminal, riconobbi il ritmo dei passi della gente libera, l'espressione serena sui volti di persone libere che correvano verso mogli e figli che li aspettavano nella zona destinata agli arrivi. A un tratto mi sentii schiacciare dalla mia storia, da tutti gli eventi che avevano portato a questa ritrovata libertà. Tutti i crimini contro di noi e i sacrifici che avevamo fatto. Il senso di colpa per le disgrazie della mia famiglia. Più mi avvicinavo, più il passato sembrava incombere su di me, mi seguì persino alla dogana. Ma non appena vidi mia moglie e i miei figli, con i loro volti mezzo sorridenti, il passato scappò a nascondersi come un traditore. Corsi verso di loro, spingendo via la gente, devo confessarlo. Chi dovevo abbracciare per primo? I miei ragazzi, benedetti, fecero spazio alla madre. Aveva gli occhi verdi inondati di lacrime. I nostri figli rimasero immobili a fissarci, come imbambolati.

Sentii la mano di Shahrokh su un braccio, bramosa di attenzioni. Con riluttanza, Akram mi lasciò andare per permettermi di concentrarmi sulla nostra bambina, aggrappata alle gonne della madre. La presi in braccio e le poggiai mille baci sul viso. Me la strinsi al cuore, per sentire di nuovo la vita. Lei era in imbarazzo, e la capivo perfettamente. Chi era questo sconosciuto? Ero davvero suo padre? Probabilmente voleva che le mostrassi una qualche prova, che le presentassi dei documenti. Dimostramelo! La misi giù e mi ritrovai tra i miei due figli. L'ultima volta che li avevo visti erano dei ragazzini, e ora eccoli qua, uomini giovani e meravigliosi. Mi seppellii nel loro abbraccio e cominciammo a piangere tutti e tre, sentendo uno il sapore delle lacrime dell'altro che ci scorrevano sul viso.

Parlare era fuori discussione. Ricordo che pensai con un certo stupore che quando sei triste piangi, e quando sei molto felice piangi lo stesso. Quanto ero stato stupido a illudermi di aver finito le lacrime! La gente ci fissava. Qualcuno senza dubbio commosso da questo profluvio di emozioni, altri semplicemente incuriositi dal cameraman di una delle stazioni televisive locali che ci stava filmando. Era stata un'idea di Akram, e mi rincuorò vederla convinta almeno quanto me che la nostra storia, al suo apice proprio lì in aeroporto, fosse degna di essere ricordata, soprattutto dal momento che lei ne conosceva soltanto una metà. Proprio come me, che non avevo idea di ciò che lei aveva patito.

Shahram ci portò tutti a casa, con Shahrokh seduto davanti accanto a lui, mentre io, Akram e Mahrokh eravamo accoccolati sul sedile posteriore. Procedemmo a zig-zag per la splendida città di Vancouver, prendemmo il Lions Gate Bridge e Marine Drive fino a North Vancouver, dove era situata la mia nuova casa. Era un piccolo appartamento con una sola stanza da letto, un giornale poggiato accanto allo zerbino e, all'interno, il profumo di *ghor-meh sabzi* messo a sobbollire, uno stufato di carne e verdure servito con il riso. Dietro l'appendiabiti, il poster di un atleta, tale Wayne Gretzky, e in soggiorno un televisore e un divano leopardato, e sulla parete alle sue spalle una mia foto.

Il colonnello Sharifirad inginocchiato sulla pista davanti al suo F-5.

Tanto tempo fa.

# Epilogo

Non comprendiamo il valore della libertà fino a quando non ne veniamo privati, e soltanto allora ci rendiamo conto di quanto sia preziosa. In questo libro ho fatto del mio meglio per raccontare la mia storia, ma le parole non possono descrivere quanto sia tragico essere costretti a lasciarsi tutta una vita alle spalle.

Sono passati molti anni dalla mia partenza dall'Iran, ma ben poco è cambiato da allora. I dissidenti vengono ancora arrestati, torturati e ammazzati. Per esempio, l'omicidio di Zahra Kazemi, una fotogiornalista iraniano-canadese, nel 2003 e l'uccisione di una ragazza di nome Neda Agha-Soltan nel 2009, durante le elezioni presidenziali, sono eventi noti in tutto il mondo.

La popolazione ha compreso che è stata derubata della libertà e la paura non impedisce più a nessuno di dimostrare il proprio scontento attraverso azioni di massa che chiedono democrazia. In questi giorni sempre più persone partecipano alle manifestazioni di piazza, e le nuove generazioni usano internet per rompere il silenzio sui reali rapporti tra il popolo e il governo iraniani.

Sebbene sia una speranza assai ambiziosa, io mi auguro di vedere la caduta di questo regime, e di vedere la mia gente unita per riconquistare quella libertà che le è stata rubata quasi trent'anni fa.

YADI SHARIFIRAD
*Dicembre 2009*

# Ringraziamenti

Voglio ringraziare mia moglie, la vera eroina della mia vita, per il sostegno e la pazienza che mi ha dimostrato durante tutta questa ordalia, come descritto nel libro.

Vorrei anche ringraziare i miei due figli, Shahram e Shahrokh, che mi hanno aiutato leggendo e correggendo le prime versioni del manoscritto. Dedico un ringraziamento speciale alla mia splendida figlia, Mahi, per le sue capacità di dattilografa e per le tante ore dedicate a trasporre la mia scrittura in formato digitale.

Devo anche ribadire che non è stato affatto facile per la mia famiglia sopportare tante difficoltà, e sono e sempre sarò fiero di loro e del loro spirito combattivo.

Grazie poi a PJ Reece per aver contribuito a dar vita a questa storia. È stato la mia prima e principale fonte di ispirazione nel tradurre il testo dal farsi all'inglese.

Devo dei ringraziamenti ai miei amici Michael Angelo, Stephen Rybak, Timothy Kevin O'keeffe e Jen Barsky, che mi hanno più volte aiutato nella stesura del libro.

Voglio salutare Michael Lee, che mi ha fatto conoscere Barry Kennedy, al quale sono immensamente grato per avermi presentato il suo agente, Peter Taylor.

Ringraziamenti e riconoscenza infiniti vanno allo stesso Peter Taylor, ora mio agente, per aver riconosciuto il valore del mio libro ed essersi prodigato per spianare la strada verso la sua pubblicazione.

Sono grato alla mia editor, Janice Zawerbny, per il talento, l'esperienza, i consigli e gli incoraggiamenti. Ha posto tutte le domande giuste in fase di editing affinché il libro fosse migliore.

Grazie a Wendy Thomas, direttrice editoriale, e a tutto il personale della Thomas Allen Publishing che ha lavorato al libro.

Un ringraziamento speciale a una persona stupenda, il mio editore, Patrick Crean, che ho incontrato solo qualche mese fa eppure mi sembra di conoscere da una vita! Lo definisco l'angelo custode del mio libro, e mio fratello in una vita passata.

Grazie ai miei amici di sempre, gli emeriti professori Reza A., Mehrat H. e Morteza F., per l'incoraggiamento e il sostegno incondizionato, e soprattutto per essere sempre stati miei sinceri amici.

Grazie,
Yadi

# Indice

I volti della storia

Tra gli ultimi volumi pubblicati

DOMINIC STREATFEILD, *Storia del mondo dopo l'11 settembre*
CLAUDIO RENDINA, *Le papesse*
ANDREA ACCORSI – DANIELA FERRO, *Le famiglie più malvagie della storia*
SIMONE VENTURINI, *Il libro segreto di Gesù*
DENIS AVEY, *Auschwitz. Ero il numero 220543*
YADI SHARIFIRAD, *L'amore ai tempi della rivoluzione*
FARIBA NAWA, *La moglie afghana*
MINEKO IWASAKI – RANDE BROWN, *Storia proibita di una geisha*